公共安全与应急管理

李 明 主 编
王 秉 副主编

化学工业出版社

·北京·

内容简介

《公共安全与应急管理》系统梳理了公共安全、应急管理的基本概念与理论体系，全书以突发事件的应急预防、应急准备、应急响应和事后恢复四个阶段为主体脉络展开章节安排。首先，介绍公共安全、应急管理、危机等基本概念与方法理论；其次，阐述应急管理的预案、体系、机制和法制等基本概念和主要内容；再次，从突发事件的预防、准备、响应、事后恢复重建和危机公关五个方面介绍应急管理工作的主要内容和基本方法，并结合具体突发事件进行案例分析与论述；第四，结合当前的大数据、云计算技术发展趋势，探讨应急信息管理的基本方法和途径；最后，介绍国内相关法律法规和相关国际公约。

本书可作为高等院校安全工程类、应急管理类、消防工程类、行政管理与公共安全类及相关专业的教材，也可作为各级政府机构、社会组织及企事业单位的安全管理人员的培训教材和参考用书。

图书在版编目（CIP）数据

公共安全与应急管理/李明主编；王秉副主编. —北京：化学工业出版社，2023.7（2025.1重印）
ISBN 978-7-122-43348-0

Ⅰ.①公⋯　Ⅱ.①李⋯②王⋯　Ⅲ.①公共安全-安全管理-研究　Ⅳ.①D035

中国国家版本馆 CIP 数据核字（2023）第 087800 号

责任编辑：高　震　　　　　　　　文字编辑：李　彤　刘　璐
责任校对：李露洁　　　　　　　　装帧设计：韩　飞

出版发行：化学工业出版社（北京市东城区青年湖南街13号　邮政编码100011）
印　　装：北京七彩京通数码快印有限公司
787mm×1092mm　1/16　印张11¼　字数275千字　2025年1月北京第1版第2次印刷

购书咨询：010-64518888　　　　　售后服务：010-64518899
网　　址：http://www.cip.com.cn
凡购买本书，如有缺损质量问题，本社销售中心负责调换。

定　价：48.00元　　　　　　　　　　　　　　　　　　　　版权所有　违者必究

前 言

现代社会无时无刻不存在着繁杂多样的风险,有效管理和处置各类突发事件,维护正常的社会秩序,保障人民群众的生命财产安全,已经成为现代社会文明程度的重要标志。21世纪以来,风险成为全人类关注的重大议题,不同层面、领域的风险因素交汇累加,使风险治理、应急管理问题日趋复杂,世界范围内出现了一系列重大公共危机事件,如美国"9·11"恐怖事件、汶川"5·12"大地震、天津港"8·12"爆炸事故等,这些事件均对人类的生产、生活造成重大影响。我国正处于现代化、工业化、城镇化的快速发展期,社会、经济、文化、人口结构都发生了显著变化,防范化解重大风险,提升应急管理能力成为当前公共安全领域的重大任务。

为防范、化解重特大安全风险,健全公共安全体系,整合、优化应急力量和资源,推动形成统一指挥、专常兼备、反应灵敏、上下联动、平战结合的中国特色应急管理体制,提高防灾减灾救灾能力,确保人民群众生命财产安全和社会稳定,2018年3月,第十三届全国人民代表大会第一次会议批准通过了国务院机构改革方案,将国家安全生产监督管理总局的职责,国务院办公厅的应急管理职责,公安部的消防管理职责,民政部的救灾职责,国土资源部的地质灾害防治、水利部的水旱灾害防治、农业部的草原防火、国家林业局的森林防火相关职责,中国地震局的震灾应急救援职责,以及国家防汛抗旱总指挥部、国家减灾委员会、国务院抗震救灾指挥部、国家森林防火指挥部的职责整合,组建了应急管理部。

为了适应新时代对公共安全与应急管理发展的需要,本书在系统梳理现有理论知识体系的前提下,以应急管理的"一案三制"为基础,构建了完备的应急预防、应急准备、应急响应和事后恢复等四个阶段的知识体系,使读者能系统地掌握应急管理的基础内容和理论知识。在此基础上,结合当前社会信息化、网络化发展的新特点,专门介绍了应急处置过程中危机公关方面的理论与方法,使读者了解信息社会条件下应急处置工作所面临的新问题与挑战。结合当前大数据、云计算等新技术的发展趋势,本书重点介绍了如何运用新技术提升应对突发事件能力的方法。为了将理论知识与社会实践结合起来,本书优选了自然灾害、事故灾难、公共卫生事件和社会安全事件中极具代表性的案例进行分析,借此提高读者运用所学知识解决实际问题的能力。除此之外,为落实"依宪治国"、"依法治安"的要求,附录部分收集整理了国内相关的法律法规和部分国际组织制定的相关国际公约,进一步体现了应急管理工作的国际化视野。本书以基础理论知识体系化、理论联系实践案例化为特点,使读者能够比较系统地了解、掌握应急管理领域的基础知识、理论和方法,具备较好突发事件的应急管理能力与综合素质。

本书由中南大学李明任主编，王秉任副主编。参加编写的有中南大学吴超、黄锐、潘伟、廖慧敏、周智勇、仇林玲、唐姣、殷婉捷。具体编写分工为：第一章由李明、仇林玲共同编写，第二章由吴超、王秉共同编写，第三章由黄锐、潘伟共同编写，第四、五、六、七章由李明、仇林玲、殷婉捷共同编写，第八章由李明、廖慧敏共同编写，第九章由王秉、周智勇共同编写，附录由李明、黄锐、唐姣、殷婉捷共同编写。全书由李明、王秉统稿。

由于编者水平和时间有限，不妥之处在所难免，恳请读者批评指正。

编者
2023 年 3 月

目 录

第一章 绪论 — 1

第一节 公共安全管理概述 — 1
一、公共安全的定义 — 2
二、安全管理的概念及原则 — 3
三、公共安全管理的解析 — 4

第二节 应急管理概述 — 5
一、突发事件的相关概念 — 5
二、应急管理的相关概念 — 6
三、应急管理的基本特征、原则和内涵 — 6
四、应急管理研究的对象、内容和目的 — 7

第三节 国内公共安全与应急管理发展 — 8
一、我国的应急管理发展阶段 — 9
二、我国的应急管理发展现状 — 11
三、我国的应急管理发展方向 — 12

第四节 国外公共安全与应急管理发展 — 14
一、美国的应急管理发展情况 — 15
二、英国的应急管理发展情况 — 16
三、澳大利亚的应急管理发展情况 — 17
四、俄罗斯的应急管理发展情况 — 18
五、日本的应急管理发展情况 — 19

复习思考题 — 20

第二章 公共安全与应急管理基础知识 — 21

第一节 危机与应急管理基础理论 — 21
一、危机管理理论 — 21
二、灾害学理论 — 22
三、应急管理理论 — 23
四、协同管理理论 — 24

第二节　全面应急管理的基础理论 ·· 25
　　一、全危险方法理论 ··· 26
　　二、整合应急管理理论 ··· 26
　　三、应急管理生命周期理论 ··· 27
　　四、有准备的社区理论 ··· 27
　　五、公共安全管理的基本原理 ·· 28
第三节　城市公共安全与应急管理发展 ··· 29
　　一、城市公共安全的风险与挑战 ··· 29
　　二、城市公共安全的发展战略 ·· 31
　　三、城市公共安全的监测 ··· 33
　　四、城市应急管理的资源储备 ·· 35
　　五、城市公共安全体系的建设 ·· 37
第四节　公共安全与应急管理的发展趋势 ······································ 39
复习思考题 ·· 42

第三章　公共突发事件的应急管理体系 ········· 43

第一节　突发事件应急预案 ··· 43
　　一、应急预案的体系 ·· 43
　　二、应急预案的制定和管理 ··· 46
第二节　突发事件应急管理体制 ··· 47
　　一、统一领导 ·· 47
　　二、综合协调 ·· 48
　　三、分类管理 ·· 49
　　四、分级负责 ·· 50
　　五、属地管理为主 ··· 50
第三节　突发事件应急管理机制 ··· 50
　　一、监测预警机制 ··· 51
　　二、应急信息沟通机制 ··· 52
　　三、应急指挥、协调和决策机制 ··· 53
　　四、分级负责与响应机制 ·· 54
　　五、社会动员机制 ··· 54
　　六、应急保障机制 ··· 56
　　七、奖惩机制 ·· 56
　　八、社会管理机制 ··· 57
　　九、国际合作机制 ··· 57
第四节　突发事件应急管理法制 ··· 58

一、我国应急管理法律体系建设的发展历史 ………… 58
　　二、应急管理法律体系的基本构成 ………………… 59
　复习思考题 …………………………………………………… 61

第四章　公共突发事件的预防与预警管理　62

　第一节　突发事件预防的基本原则 ……………………… 62
　　一、可预防与可缩减原则 …………………………… 63
　　二、防患于未然原则 ………………………………… 63
　　三、可能原因必须根除原则 ………………………… 64
　第二节　突发事件风险评估 ……………………………… 64
　　一、风险的基本认识 ………………………………… 64
　　二、风险的类型 ……………………………………… 65
　　三、风险评估的理论模式 …………………………… 65
　　四、风险评估的基本方法 …………………………… 67
　第三节　突发事件预防体系 ……………………………… 68
　　一、强化脆弱性定期分析评估制度 ………………… 68
　　二、设立危机管理团队 ……………………………… 70
　　三、制订危机管理计划 ……………………………… 70
　　四、重视危机管理科普宣教培训与演练 …………… 72
　　五、加强"防灾型社区"的危机管理文化建设 …… 75
　第四节　公共危机预警管理系统 ………………………… 75
　　一、公共危机预警管理基本概念 …………………… 75
　　二、公共危机预警管理主要内容 …………………… 76
　　三、公共危机预警管理系统的构成和流程 ………… 77
　　四、公共危机预警管理机制设计 …………………… 79
　复习思考题 …………………………………………………… 81

第五章　突发事件的应急准备　82

　第一节　应急预案的制定与演练 ………………………… 82
　　一、应急预案的制定 ………………………………… 82
　　二、应急预案的演练 ………………………………… 88
　第二节　应急处置的后勤保障 …………………………… 89
　　一、物资装备保障 …………………………………… 90
　　二、应急资金保障 …………………………………… 90
　　三、医疗卫生保障 …………………………………… 91
　　四、应急通信保障 …………………………………… 91

第三节　应急队伍的组成和建设 ································ 92
　一、应急队伍的组成 ··· 92
　二、应急队伍的建设 ··· 93
复习思考题 ··· 95

第六章　突发事件的现场应急处置　96

第一节　现场应急管理基本目标 ································ 96
　一、进行先期处置，控制事态蔓延扩大 ······················ 96
　二、维护现场秩序，控制违法犯罪 ····························· 97
　三、为事后恢复创造条件 ······································· 97
　四、保护现场与证据不被破坏 ·································· 97
第二节　现场应急管理基本原则 ································ 97
　一、快速反应原则 ·· 97
　二、协调联动原则 ·· 98
　三、适度反应原则 ·· 98
　四、合法性原则 ··· 99
　五、无歧视原则 ··· 99
　六、程序性原则 ··· 99
　七、安全第一原则 ·· 100
　八、资源共享原则 ·· 100
第三节　现场应急处置基本方法 ································ 100
　一、信息收集研判 ·· 101
　二、设置警戒线 ··· 101
　三、先期控制 ·· 101
　四、组织人员安全疏散 ·· 102
　五、受害人救助 ··· 102
　六、现场交通管制 ·· 103
　七、现场以及相关场所的治安维护 ····························· 103
　八、保护重要设施、目标与贵重物品和财产的安全 ······ 103
　九、收集现场遗留物品 ·· 103
　十、突发事件信息管理 ·· 103
复习思考题 ··· 104

第七章　突发事件的恢复与重建　105

第一节　突发事件恢复与重建的目标 ························· 105
　一、促进受害者的心理恢复 ···································· 106

二、重建受损公共设施 ······················ 106
　　三、恢复生产、生活、工作和社会秩序 ·········· 106
　　四、把握突发事件恢复中蕴含的机会 ············ 107
第二节　突发事件恢复与重建的内容 ·················· 107
　　一、建立恢复管理领导机构 ···················· 107
　　二、开展前期评估 ···························· 108
　　三、制订恢复重建计划 ························ 108
　　四、总结整改与监督落实 ······················ 110
　　五、进行后期恢复评价 ························ 111
第三节　突发事件恢复与重建的实施 ·················· 111
　　一、开展恢复与重建准备工作 ·················· 111
　　二、充分发挥所有恢复参与者的作用 ············ 111
　　三、因地制宜开展现场紧急恢复工作 ············ 112
　　四、及时有效地联络沟通 ······················ 112
　　五、注意开展政府危机公关工作 ················ 112
复习思考题 ·· 113

第八章　突发事件的危机公关　114

第一节　突发事件危机公关的原则 ···················· 116
　　一、速度第一原则 ···························· 116
　　二、系统运行原则 ···························· 116
　　三、真诚沟通原则 ···························· 116
　　四、承担责任原则 ···························· 117
　　五、权威证实原则 ···························· 117
第二节　突发事件危机公关的策略 ···················· 117
第三节　突发事件危机公关的内容 ···················· 119
复习思考题 ·· 121

第九章　大数据、云计算与应急信息管理　122

第一节　大数据与云计算概述 ························ 122
　　一、大数据的定义及特征 ······················ 122
　　二、云计算的定义及特征 ······················ 123
　　三、大数据技术与云计算的关系 ················ 124
　　四、大数据时代的应急管理 ···················· 124
第二节　应急信息的采集 ···························· 125
　　一、应急信息采集主体 ························ 125

二、应急信息采集方法 …………………………… 126
　第三节　应急信息的处理 …………………………… 128
　　一、应急信息分析方法分类 ……………………… 128
　　二、风险信息分析方法 …………………………… 129
　第四节　应急信息的数据挖掘 ……………………… 131
　　一、数据挖掘技术 ………………………………… 131
　　二、数据挖掘的功能 ……………………………… 131
　第五节　应急信息的决策 …………………………… 133
　　一、决策、信息决策与信息决策过程 …………… 133
　　二、大数据背景下应急信息决策的机制建设 …… 135
　　三、大数据在应急信息决策中的效用 …………… 136
　第六节　应急信息的传播 …………………………… 137
　　一、预警信息传播 ………………………………… 137
　　二、应急处置信息传播 …………………………… 139
　　三、事后恢复信息传播 …………………………… 140
　第七节　应急信息共享 ……………………………… 140
　　一、应急信息共享组织结构 ……………………… 141
　　二、应急信息共享机制 …………………………… 142
　　三、应急信息共享平台 …………………………… 142
　第八节　大数据技术条件下的应急信息应用 ……… 143
　　一、大数据技术介入自然灾害类突发事件治理 … 143
　　二、大数据技术介入事故灾难类突发事件治理 … 144
　　三、大数据技术介入公共卫生类突发事件治理 … 144
　　四、大数据技术介入社会安全类突发事件治理 … 145
　复习思考题 …………………………………………… 146

附录一　公共安全与应急管理综合案例 …………… 147

附录二　国内相关法规一览 ………………………… 160

附录三　相关国际公约一览 ………………………… 164

参考文献 ……………………………………………… 169

第一章
绪　论

我国目前正处于经济社会快速发展时期，人民对美好生活的需求与公共安全保障基础相对薄弱之间存在的矛盾日益突出，影响了社会全面协调可持续发展。尤其是2001年的美国"9·11"事件，2004年的禽流感、2009年的甲型H1N1流感，进一步加深了公众对建立公共安全管理体系、加强公共安全管理的必要性和紧迫性的认识。公共安全事件所造成的负面效应，仅靠经济损失、人员伤亡这两个量化指标是无法完全体现的。如2001年发生的美国"9·11"恐怖事件，不仅造成了大量人员伤亡与经济损失，还对人们造成了严重的心理影响，加大了国际关系调整的难度和加剧了社会动荡的程度，同时限制了社会经济活动。因此加强公共安全管理，是实现人民对美好生活向往的最根本保障。

第一节　公共安全管理概述

"公共"（public）本身包含公有的、公众（事务）的、社会的、公用的、公开的等多种意思，与之相悖的是"私人的"（private）。"公共"概念的直观理解比较明确，但在具体探讨其内涵时，可能会遇到难以回答的问题。大多数人认为，理解"公共"的含义和意义最有效的方法是利用一些社会学、人类学等学科中的概念，用功能分析方法和文化概念对其进行解释。

"安全"是免除了不可接受的损害风险的状态。安全与否是从人的身心需要的角度提出来的，是与人的身心存在状态（包括健康状况）直接或间接相关的事或者物。

狭义的安全指：生产中的安全，即在劳动保护政策的范围之内，保护劳动者在生产过程中的安全和健康。换言之，是指劳动者在上班或生产期间的安全，即在国家法律法规所限定的劳动安全与卫生的条件和环境下从事生产、工作或其他活动。

在生产过程中，从事职业活动要保障劳动者（职工）不伤、不病、不影响身体健康、不出人身事故。这是工业社会中最普遍的安全标准，是对行业或企业安全状况最基本、最低的要求，是当代各国的一种工业文明标志，也是我国各级政府和行业主管部门以及公众当前最为关心的问题。

广义的安全指生产、生活、生存、科学实践以及人类可能活动的一切领域、场所中的所有安全问题。安全不仅是指身体和心理的安全与健康，涉及范围还拓展到人的活动的一切领域与空间；安全需求的水平与质量随社会发展、科技进步而变化，安全在不同的时代具有不同的内容和标准。

具体地说，安全是指当外界存在不利因素时，人的躯体及其生理功能免受损伤、毒害或威胁以及人不感到惊恐、危险或害怕，并能健康、舒适和高效率地进行生产、生活，参与各种社会活动，而不仅仅是人处于一种不病、不伤或不死的状态。安全也是使人的身心处于健康、舒适和高效率活动状态的客观保障条件，即物质的、精神的或者与物质相联系的客观保障因素。

绝对安全或理想安全是一种纯粹、完美的状态，指永远对人的身心无损无害，绝对保障人能安全、舒适、高效地从事一切活动的一种境界。事故和灾害为零只是安全的理想值。实际上，要实现绝对安全是不可能的。人们总是在不同时期、不同客观条件下，不断地提出公众或社会需要的安全目标，即相对安全的标准，每个时代都有与其时空、社会背景相对应的安全标准，这就是安全的相对性。

一、公共安全的定义

公共安全包括两个词，一个是公共，一个是安全。从词义出发，查阅有关工具书，得到如下描述。"公共"，指不特定的、多数人的、共同的，包含有公有的、公众的、公立的、社会的、公用的、公开的等多种意思。"安全"，在希腊文中的意思是"完整"；而在梵语中的意思是"没有伤害"或"完整"；在拉丁语中有"卫生"之意；从汉字字面上来说，"安"字指不受威胁，没有危险，太平、安全、安适、稳定等，所谓无危则安，"全"字指完满、完整或者指没有伤害、无残缺等。综上所述，"安全"的意思是"有保障、无危险"，即没有受到损害或者失败的现实可能。为了获得安全的真实含义，从安全的科学层面去查阅相关的资料，得到了"安全"的以下定义：指免除了不可接受的损害风险的状态，人类能与生存环境和谐相处，互相不伤害，不存在危险、危害的隐患。狭义的安全可理解为人、工具及人和工具构成的环境三者处于协调、平衡状态，一旦打破这种平衡，安全就不存在了。

公共安全是指不特定或者多数人的生命、健康、财产安全，重大公私财产安全，重大生产安全，公共生活安宁以及重大公共利益的安全。

在有关学术文献中，关于"公共安全"也给出了几种不同但意义相近的解释。如"公共安全是指公民全体及个人和社会的安全，指社会和公民个人从事和进行正常的生活、学习、工作、娱乐、交往所必需的稳定的外部环境和秩序。它包括经济安全，学习、生产和工作场所安全，环境安全，公共卫生安全等"。又如"公共安全是指社会公众享有安全和谐的生活和工作环境以及良好的社会秩序，公众的生命财产、身心健康、民主权利和自我发展有安全的保障，最大限度地避免各种灾难的伤害"。

国外的公共安全概念跟我国区别不大，如美国的公共安全通常是指政府为社会日常运转所提供的安全保护，诸如防火、维护交通秩序、预防犯罪等。在美国的地方政府机构中，警察局、消防队和"911"呼救中心构成公共安全的核心。在英国，公共安全指的是一种紧急事态或者紧急事件的应急。根据英国的法律规定，如果公民福利、环境或者安全受到威胁，国家要采取行动，确保公共安全。

公共安全应包括以下几方面含义：

①公共安全主要是为公众提供服务。②强调执行公共安全管理活动的主体主要是政府管理部门或公共服务机构，而不是私人机构。③强调公共部门所承担的社会责任和义务。④强调公众的参与性。公共安全的整个活动过程和广大公众的利益有密切关系，这种参与主要表现在公众对政府安全决策的影响。⑤强调安全活动的公开性。公开性一方面要求政府部门的安全工作要有透明度，让公众知晓；另一方面要求要让新闻媒体和公众了解主要的安全管理工作，并随时接受监督、检查和调查。⑥运用管理的、政治的、法律的、军事的理论和手段对整个社会及其各个部分进行安全管理和提供安全服务。

在现代社会，公共安全已经不仅是传统意义上的公共安全秩序，更是国家安全的重要组成部分，是经济和社会发展的重要条件，是政府加强社会管理和提供公共服务的重要内容，是人民安居乐业和建设和谐社会的基本保证。公共安全包括：政治安全、经济安全、军事安全、社会安全、生产安全、环境安全、文化安全、科技安全。《国家中长期科学和技术发展规划纲要（2006—2020）》首次将公共安全列为我国未来科技发展的重点领域，其中应急管理是公共安全的核心问题。

二、安全管理的概念及原则

安全管理所涉及的问题与范围非常广泛，就国家安全而言，大至国土安全，小至个人的健康与生命安全都是安全管理研究的课题。就公私领域而言，可分为公领域安全与私领域安全，前者包括政府机关所涉及的各种安全问题，后者则包括私人企业、银行账号等的安全。但有许多安全问题经常是跨领域的，如环境安全、信息安全及走私等。

就公共安全而言，安全管理就是管理者在自然灾害、事故灾难、公共卫生与社会安全事件发生后通过计划、组织、领导、协调和控制等一系列活动来保障人民的人身安全与健康、财产不遭受或减少损失的一种管理手段。

就企业安全而言，安全管理是企业生产管理的重要组成部分，是对生产中一切人、物、环境状态的管理与控制，是一种动态管理。安全管理是为了实现安全生产或营运而组织协调人力、物力、财力等各种资源的过程。

以施工工地的施工安全为例，安全管理可分为安全组织管理、场地与设施管理、行为控制和安全技术管理等四个方面，分别对生产中的人、物、环境的行为与状态进行具体的管理与控制，有效地控制好生产因素的状态。

企业生产中安全管理的原则具体如下。

（1）生产与安全并重。安全与生产在实施过程中存在着密切的联系，有进行共同管理的基础，国务院在《关于加强企业生产中安全工作的几项规定》中明确指出："各级领导人员在管理生产的同时，必须负责管理安全工作。"即安全寓于生产之中，并对生产发挥促进与保障的作用。因此，一切与生产有关的组织机构及人员，都必须参与安全管理，且在管理中承担责任。

（2）坚持安全管理的目的性。安全管理的内容是对生产中的人、事、物、环境等因素状态的管理，有效地控制人的不安全行为和物的不安全状态，消除或避免事故，以达到保护劳动者和设备等的安全目的。

（3）安全管理以预防为主。安全管理的方针是"安全第一，预防为主，综合治理"。要贯彻预防为主，首先要加强对生产中不安全因素的认知，消除各种不安全因素。在生产活动过程中，必须经常检查，及时发现不安全因素，采取妥当措施予以解决。

（4）坚持"四全"的动态管理。安全管理不仅仅是领导或组织机构的工作，更是一切与生产有关的人应共同关心与参与的工作。缺乏全体的参与，便无法发挥安全管理的管理效果。因此，领导者、组织机构及组织成员的管理同等重要，在生产过程中必须坚持全体成员、全部过程、全方位及全天候动态安全管理。

（5）安全管理重在控制。安全管理重在控制的目的是防止或减少事故的发生，减轻或消除事故伤害，保护劳动者的安全与健康。在安全管理的四个方面中，虽然都是为了达到安全管理的目的，但是对生产因素状态的控制，与安全管理目的关系更直接。因此，对生产中人的不安全行为和物的不安全状态的控制，成为动态安全管理的重点。

（6）在管理中发展及提高安全需求。安全管理是在变化的生产过程中的动态管理，这意味着管理是不断发展及变化的，在这一过程中，必须不断地摸索新的规则，总结管理、控制的方法与经验，引导新变化后的管理，有效提升安全管理水平。

三、公共安全管理的解析

我国公共安全管理的基本概念在美国、澳大利亚等国称为"应急管理"，美国联邦应急管理局（FEMA）定义为：组织分析、规划、决策和对可用资源加以分配，以实施对灾难影响的减除、准备、应急和恢复重建，其管理目标是拯救生命、防止伤亡、保护财产和环境；澳大利亚定义为：处理针对社区和环境危险的一系列措施，包括建立预案、机构和计划，将政府、志愿者和私人部门等努力结合到一起，以综合及协调方法满足应对各类紧急事态的需求，包括预防、应急和恢复重建。

公共安全管理应包括以下概念：

（1）有组织的政府行为。无论是"分析、规划、决策和对可用资源的分配"，还是"建立的预案、机构和制订计划，将政府、志愿者等的努力结合到一起"，或者是"实施对灾难影响的减除、准备、应急和恢复重建"，都是政府对公权力的行使。而这种职责的履行，需要政府专门机构对政府的、民间的、社区的和个人的力量实施组织和协调。

（2）管理的对象是各种灾害。包括战争和恐怖主义的暴力灾害，也包括各种自然灾害和技术灾难等。例如，自从美国联邦应急管理局成立，将五个单一的应急管理机构合并之后，把这种针对所有灾难的应急管理称为全面应急管理；这一管理模式被各级政府广泛接受，统称为应急管理。

（3）管理的目标是保护民众的生命、财产和环境。

（4）管理的过程是从灾害发生之前的准备、预防，到灾害发生时的应急处置，以及灾害过后的重建。

公共安全管理可维护社会秩序和保障公共安全，保护公民人身、财产安全和公共财产安全，促进经济和社会和谐发展。

a. 公共安全管理过程是政府为实现社会安全所采取的种种行为。公共安全管理是政府持续不断的"安全业务"工作。

b. 公共安全管理是政府运用管理的、政治的、法律的理论履行对整个社会进行安全管理和提供安全服务的职能。

公共安全管理研究涉及安全管理主体、安全管理现象、安全管理活动、安全管理职能、安全管理要素、安全管理过程、安全管理决策、安全管理效率、安全管理责任、安全管理行为等各个方面，而且需要把它们作为一个相互联系的整体进行分析和执行。

公共安全管理的目标是建设一个"相对安全"的社会。"相对安全"的概念是指通过个人和社会力量，避免一切可以事先预防的各种灾难，降低或减少一切不可避免的灾难的影响，以及尽快从灾难影响中恢复。

公共安全管理主要由政府负责。因为任何事件，只要危及公共安全，一般都具有规模大、危险性强、后果严重及影响深远的特征。个人、家庭和社区在面对公共事件时，经常无能为力，必须有社会整体力量的参与。而政府作为社会力量的组织者和协调者，有能力调动广泛人力、物力和财力资源，甚至国际资源，确保能妥善处理突发事件。

此外，由于各种灾难的发生有其必然性，政府必须制定相关法律法规，并建立一套专门处理灾难的常设组织、机构、制度或体系，以确保突发灾难的影响降至最低。民间组织（如各类慈善基金会、志愿者组织等）参与公共安全管理也有其必要性，它们在各种救灾活动中扮演着积极角色，但因其实力远不如政府组织强大，面对灾难事件所造成的各种破坏结果，只能小范围地为灾民提供紧急救援及临时食宿等救济，其他主要的抗灾工作还必须依靠政府整体性的规划。

传统上，公共安全管理主要是对各种灾难的处理，加上部分准备和预防工作，如修建排洪工程、储备灾害和战争所需的各类资源。而现在的公共安全管理，是指国家有全方位及完善的立法，在政府组织中成立专门处理机构，且有一套完整的标准作业流程和成形的指导性理论体系。

第二节 应急管理概述

2006年我国颁布了《国家突发公共事件总体应急预案》，2007年发布了《中华人民共和国突发事件应对法》（简称《突发事件应对法》），至此我国应急管理工作从最初应对特重大事故灾难问题，转向社会面临的各类风险挑战和意外事件。

一、突发事件的相关概念

国内外对突发事件的理解大同小异，有的人认为突发事件是指系统的行为出现异常情况而发生的一类无秩序的事故。有的人认为突发事件是指超常规的、突然发生的、需要立即处理的事件。有的人认为突发事件是指突然发生并呈现出异常状态，公众对此缺乏思想准备却普遍予以关注的新闻事件。有的人认为突发事件是造成重大人员伤亡，或者有重大影响，可能产生重大后果的自然灾害、安全事故、重大刑事案件、社会群体性事件、恐怖主义的破坏活动等。还有的人认为突发事件是社会偏离正常轨道的过程与非均衡状态，虽然其影响范围、层面和程度有大小之别，但都会对整体社会价值观构成相当严重的威胁。也有人从狭义和广义角度分析，认为狭义上的突发事件是指在一定区域内突然发生的、规模较大且对社会产生广泛负面影响的，对生命和财产构成严重威胁的事件和灾难；广义上的突发事件是指在组织或者个人原定计划之外或者在其认识范围之外突然发生的，对其利益具有损伤性或潜在危害性的一切事件。

美国国土安全部将突发事件定义为："一种自然发生的或人为原因引起的需要紧急应对以保护生命或财产安全的事故或事件，包括重大灾难、紧急事态、恐怖主义袭击、荒野和城区火灾、洪水、危险物质泄漏、核事故、空难、地震、飓风、龙卷风、热带风暴、与战争相关的灾难、公共卫生与医疗紧急事态，以及其他需要积极应对的事件"。英国政府在关于鉴别突发事件的意见中将其定义为："使健康、生命、财产或环境遭受直接危害的情况"。我国《国家突发公共事件总体应急预案》将突发事件定义为："突然发生，造成或者可能造成重大人员伤亡、财产损失、生态环境破坏和严重社会危害，危及公共安全的紧急事件"。2007年的《突发事件应对法》中界定为："突然发生，造成或者可能造成严重社会危害，需要采取应急处置措施予以应对的自然灾害、事故灾难、公共卫生事件和社会安全事件"。

从字面意义上看，"突发事件"中的"突发"是指突然发生的、带有异常性质的、出乎人们意料的一种情况，"事件"是指历史上或社会上突然发生的意料之外的不平常的大事情。人们关注突发事件，是因为突发事件往往会带来重大的社会影响，并由于缺乏相应的准备而给人们造成严重的不安全感。从以上界定可以看出，不论从何种观点看，突发事件这一概念应包含突然发生、重大影响、危害严重和需要采取应急措施四个方面。从社会危害程度、影响范围等因素出发，突发事件分为特别重大、重大、较大和一般四级。如果从突发事件发生的时间维度看，各类突发事件的应急过程可分为三阶段：事前预防、事中应急和事后恢复。

二、应急管理的相关概念

应急管理是指政府及其他公共机构在突发事件的事前预防、事发应对、事中处置和善后恢复过程中，特别是针对事发阶段，通过建立必要的应对预案、机制、体制和法制，采取一系列必要措施，应用管理、规划、科技、教育等手段，保障公众生命、健康和财产安全，促进社会和谐健康发展的有关活动。应急管理工作一般分为四个阶段，即减缓（mitigation）、准备（preparation）、响应（response）、恢复（recovery），分别代表应急管理中的四种活动。

减缓是指减少影响人类生命、财产安全的自然或人为致灾因子，如实施建筑标准、推行灾害保险、管理土地的使用、颁布安全法规等。其目的主要是减小突发事件发生的可能性或限制突发事件的影响。准备是指提高应对各种突发事件的能力，如制定应急预案、建立预警系统、成立应急指挥中心、进行灾害救援培训与演练等，以提高备灾水平。响应是指采取行动以挽救生命、减少损失，如激活应急预案、启动应急系统、提供应急医疗援助、组织疏散与搜救等。恢复既指按照最低运行标准将重要生活支持系统复原的短期行为，也指推动社会生活恢复常态的长期活动。

可以将以上四个阶段看作一个闭合的流程，构成应急管理的一个生命周期。减缓既是这个生命周期的开始，也是这个生命周期的结束。在减缓阶段，人们可采取措施减少影响公共安全的风险。准备的目的不仅仅是响应，准备阶段的活动及资源也指向预防、减缓与恢复。一般而言，准备阶段的资源投入就是用于形成、保持响应能力，增强突发事件的恢复能力。

三、应急管理的基本特征、原则和内涵

应急管理基本特征：第一，就应急管理的主体来说，它包括政府、军队、非政府组织、企业和个人等；第二，就应急管理的客体来说，它包括自然风险、技术风险与人为风险，涵盖了自然灾害、事故灾难、公共卫生事件和社会安全事件四大类，体现了"全风险"的原

则；第三，就应急管理的过程来说，它包括预防、处置和恢复重建等阶段，体现了"全阶段"的原则。

应急管理的原则：第一，将突发事件消灭于萌芽状态，即有效地预防、充分地准备；第二，突发事件发生后，实现影响的最小化，即快速地处置、妥善地恢复。应急管理过程中还应遵循的原则包括：预防为主，防救结合；以人为本，生命第一；依靠科学，快速反应；社会动员，全民参与；军民结合，平战结合；安全效益与经济效益兼顾；信息公开，引导舆论等。

应急管理可以归纳为预防准备、监测监控、预测预警、救援处置、恢复重建等几个关键环节，针对突发事件，应急管理的每个环节都有其特定的内涵，同时应急管理本身在各个环节中也有其特定的内涵。

(1) 应急管理的预防准备。针对可能的突发事件的特点和规律，分析应急管理的需求，从体制、机制、法制、预案和设施、资源、队伍、保障等方面进行科学有效的预防准备。

(2) 应急管理的监测监控。基于突发事件的作用机理和规律，确定合理有效的监测监控源头、范围、方式、方法等；对应急管理的组织、流程、设施、资源、队伍、基础保障等进行全面翔实的数据统计并及时更新；对应急管理流程进行跟踪记录。

(3) 应急管理的预测预警。基于对即将发生或已经发生的突发事件的当前态势掌握和可能发展趋势的分析，结合对突发事件可能的破坏及破坏程度的认识，对突发事件可能导致的综合性后果进行科学有效的预测和预警。对应急管理所需的组织机构、设施、资源、力量等方面进行预先分析，对所采取应急措施的程度、规模等是否恰当有效进行判断；基于全面综合的风险评估和应急管理能力评估，对应急管理能力的冗余度进行预测预警。

(4) 应急管理的救援处置。在应急过程中需要根据突发事件的实时发展与态势分析，及时调整应对方案和措施，从而使应急管理更加科学有效，保证应急过程中的组织、流程、设施、资源、队伍、基础保障等各方面的协同应对。

(5) 应急管理的恢复重建。对突发事件应对过程进行总结评估，对消耗的应急物资等进行补充修整，恢复应急能力。

四、应急管理研究的对象、内容和目的

1. 应急管理研究的对象

应急管理研究的对象是针对突发事件（自然灾害、事故灾难、公共卫生事件、社会安全事件）的预防与应对的管理方法和手段，具体包括以下内容。

(1) 安全风险管理。通过识别日常生产生活过程中的安全风险，运用有效的资源，进行有关决策、计划、组织和控制等活动，确定风险控制的方案和控制措施，实现人与机器设备和人造工程环境的和谐，以达到改善安全环境、减少和杜绝安全事故的目标。

(2) 自然灾害的应急管理。主要包括为干旱、洪涝、台风、风暴潮、冰雹、冻雨、海啸、地震、火山、滑坡、泥石流、森林或草原火灾等突发重大自然灾害的应对提供科学的管理理论和方法。

(3) 工业事故的应急管理。主要为包括工矿商贸等企业的各类安全事故、公共设施和设备事故、交通运输事故、核辐射事故、生态破坏与环境污染等突发重大工业事故的应对提供科学的管理理论和方法。

(4) 社会公共事件的应急管理。主要为包括经济安全事件、重大群体事件、恐怖袭击事

件、传染病疫情、群体性不明原因疾病、食品安全和职业危害，以及其他严重影响公众健康和生命等突发事件的应对提供科学的管理理论和方法。

（5）人的安全心理与行为管理。运用心理学、行为学、管理学、人机工效学等的基本原理和方法，探讨在生产和生活过程中人的心理行为与安全事件的关系问题，揭示人在生产和生活过程中的行为规律，预测、调适和引导人的心理与行为。

2. 应急管理研究的内容

应急管理的研究内容覆盖各种突发事件的形成机理机制、预防、检测、预报、识别、测定、控制、应急预案和事发时的快速反应及事后评估与重建等领域。要科学应对各类突发事件，就必须深入认识突发事件的预防、准备、处置和恢复，遵守应急管理过程中的基本规律。具体研究内容如下。

（1）采用科学的方法理解、分析各类突发事件的形成、演化、传导和变异的机理机制。

（2）采用科学的方法与工具理解、分析各类突发事件的预警信息并构建预警模型，以便对突发事件进行预警管理、分级分类管理以及及时监控预警等。

（3）科学管理、调度和协调整个应急管理过程中的人、财、物以及信息资源等。

（4）采用科学的方法认识和面对灾害，科学地设计、开发应急管理系统。

（5）采用科学的方法认识和评估突发事件对社会、经济、环境以及人的影响，为科学地开展灾害之后的恢复重建奠定基础。

（6）采用科学的方法加强日常安全风险管理，通过对安全隐患的排查、安全风险预警进行安全风险管理。

3. 应急管理研究的目的

应急管理研究目的是通过研究应急管理中的计划、组织、决策、处置等问题，将管理方法和工程技术结合，拟定生产和生活中的应急管理综合措施，以保障人、财、物的安全，包括以下内容。

（1）揭示突发事件的孕育、发生、发展演化的机理，认识突发事件的本质特性，为科学预防突发事件并确保人、财、物的安全奠定基础。

（2）正确辨识突发事件的安全风险，认识风险可能产生的危害，对安全风险进行评估，并采取有效的措施，对突发事件进行监测、监控与预警。

（3）制定突发事件应急规划与应急预案，科学进行突发事件的应急救援及处置，统筹应急资源配置，正确疏导公众应急避险，评估灾后恢复能力，科学高效开展灾后重建。

（4）揭示安全生产中人的心理及行为特征与规律，矫正人的不安全行为，提升作业人员安全职业适应性，制订灾害及事故后人员心理援助计划。

（5）建立健全安全法律法规保障体系，统筹生产经济与安全效益，提升企业和社会安全治理能力。

第三节 国内公共安全与应急管理发展

自 20 世纪 70 年代中后期以来，地震、水旱灾害的频繁出现，我国学术界在单项灾害、区域综合灾害以及灾害理论、减灾对策、灾害保险等方面都取得了一批重要研究成果。

一、我国的应急管理发展阶段

（一） 2003~2007年发展阶段

2003年7月28日，全国防治非典工作会议中提出，应对风险和突发事件的能力需加强，要时刻准备如何应对风险和突发事件，做好防范和应急等各项工作。

2003年10月，党的十六届三中全会通过《中共中央关于完善社会主义市场经济体制若干问题的决定》，强调要建立健全各种预警和应急机制，提高政府应对突发事件和风险的能力。

2003年成为中国全面加强应急管理研究的起步之年。研究成果有彭宗超、钟开斌的《非典危机中的民众脆弱性分析》、房宁等主编的《突发事件中的公共管理——"非典"之后的反思》等；同时也有学者从整体的角度对政府的应急管理进行反思和总结，如马建珍的《浅析政府危机管理》等。

2004年1月15日召开了国务院各部门制定和完善突发公共事件应急预案工作会议。

2004年3月5日，国务院向十届全国人大二次会议作政府工作报告，指出要重点加快建立健全各种突发事件应急机制，提高政府应对公共危机的能力。

2004年9月，党的十六届四中全会通过的《中共中央关于加强党的执政能力建设的决定》强调建立健全社会预警体系，形成统一指挥、功能齐全、反应灵敏、运转高效的应急机制，提高保障公共安全和处置突发事件的能力。

2005年3月14日，十届全国人大三次会议审议通过的政府工作报告写道："我们组织制定了国家突发公共事件总体应急预案，以及应对自然灾害、事故灾难、公共卫生和社会安全等方面105个专项和部门应急预案；各省（自治区、直辖市）也完成了省级总体应急预案的编制工作。建设法治政府，全面履行政府职能，取得突破性进展。"

2005年7月22日第一次全国应急管理工作会议在北京召开，强调各级政府要以"一案三制"（制定修订应急预案，建立健全应急管理工作的体制、机制和法制）为重点，全面加强应急管理工作。

2005年10月，党的十六届五中全会通过了《中共中央关于制定国民经济和社会发展第十一个五年规划的建议》，其第九部分"推进社会主义和谐社会建设"中提出要"建立健全社会预警体系和应急救援、社会动员机制，提高处置突发性事件的能力"。

2006年3月14日，十届全国人大四次会议批准《中华人民共和国国民经济和社会发展第十一个五年规划纲要》，其中第四十一章"加强公共安全建设"就增强防灾减灾能力、提高安全生产水平，保障饮食和用药安全，维护国家安全和社会稳定，以及强化应急体系建设等做出了专门安排。

2006年6月，国务院出台了《国务院关于全面加强应急管理工作的意见》。

2006年10月，党的十六届六中全会通过的《中共中央关于构建社会主义和谐社会若干重大问题的决定》完整地就"一案三制"建设做出部署。

2007年7月，国务院办公厅发布了《国务院办公厅关于加强基层应急管理工作的意见》。

2007年11月13日召开全国贯彻实施《突发事件应对法》电视电话会议，会议中提到当年11月1日起，《突发事件应对法》即开始施行。《突发事件应对法》是人民群众伟大实践的总结和升华，要深刻理解和把握《突发事件应对法》所蕴含的规律性认识，要以法律为武器进一步做好应急管理工作。

综上所述，随着抗击非典斗争的胜利和全国防治非典工作会议的召开，党中央、国务院一系列重要举措的陆续出台，我国应急管理工作的基本思路越来越清晰，以"一案三制"为主要内容的应急管理体系的总体设计基本形成，我国应急管理体系建设全面起步并扎实推进。

回顾 2003~2007 年这五年，2003 年是抗击非典取得重大胜利并总结经验教训的一年，是我国全面加强应急管理工作的起步之年；2004 年是全国应急预案编制年；2005 年是应急预案落实年；2006 年是深入推进全国"一案三制"建设和应急管理进企业的一年；2007 年是推进应急体系建设和应急管理进基层的一年。从国务院办公厅应急预案工作小组的成立到国务院应急管理办公室的组建和各地各部门应急管理机构的建立；从着手起草《国家突发公共事件总体预案》到全国应急预案体系框架的建立和"横向到边、纵向到底"预案体系的基本建成；从突发事件的应对工作以部门为主到以统一领导、综合协调、分类管理、分级负责、属地管理为主格局的基本建立；从应急保障不足到应急保障能力不断加强和《"十一五"期间国家突发公共事件应急体系建设规划》制定实施；从单项的防洪、抗震、传染病防治等法律到综合性的《突发事件应对法》的颁布实施，一年一个重点，一年一个台阶，一年一个大步，应急管理工作在全国积极稳妥推进。

（二） 2008~2012 年发展阶段

2008 年，中国大灾多发，年初罕见的低温雨雪冰冻灾害和汶川"5·12"特大地震灾难，给人民群众的生命、财产造成重大损失。我国刚建立的"一案三制"体系经受了实践的严峻考验，成为我国应急管理历程中的又一重要里程碑。此后，我国将应急管理能力建设纳入中国经济社会建设的重要议程，《"十一五"期间国家突发事件应急体系建设规划》《国家综合减灾"十一五"规划》和《国家中长期科学和技术发展规划纲要（2006—2020年）》全面实施。这些规划的最大共同点是：保障人民生命财产安全和国家安全，维护社会安定，依靠技术进步和创新，提高保障公共安全和应对突发事件的能力。特别强调加强防灾减灾重点工程建设，加强多种技术的综合集成，突破公共安全领域的关键技术，提升公共安全的科技服务能力，提升基层的应急管理能力，建立健全应急管理体系和国家公共安全技术支撑体系。

2008 年北京市率先出台了《北京市实施〈中华人民共和国突发事件应对法〉办法》后，全国各省（自治区、直辖市）陆续出台了《突发事件应对法》的实施办法，各地依法加强了应急体制、机制和法制的建设，加强了应急救援队伍建设和必要的应急物资储备，全国应对突发事件的综合能力得到明显提升。

（三）新时代的发展阶段

2012 年党的十八大以来，党中央在应对各类突发事件中更加依法、有力、有序、有度、有效，公共安全体系进一步健全。"十二五"时期，我国进一步加强法律法规和政策制度建设，完善应急管理和灾害管理法律体系，把应急管理和健全防灾减灾救灾体制作为公共安全体系建设的重要内容，提高各项工作法治化和规范化水平。我国进一步强化依法治国理念，坚持依法行政，贯彻落实《突发事件应对法》和自然灾害救助、抗旱、地震地质灾害防治、气象灾害防御、森林防火、野生动物疫源疾病监测防控等法律法规，修订了《防洪法》《海洋环境保护法》《环境保护法》和《安全生产法》等法律，应急管理和灾害管理法律体系进一步完善。

2016 年 12 月 18 日，新华社发布了《中共中央 国务院关于推进防灾减灾救灾体制机制改革的意见》，该意见从健全落实安全生产责任制、改革安全监管监察体制、大力推进依法治理、建立安全预防控制体系和加强安全基础保障能力建设等方面提出了具体任务和要求。

2017年1月10日,新华社发布了《中共中央 国务院关于推进防灾减灾救灾体制机制改革的意见》,该意见从健全统筹协调体制、健全属地管理体制、完善社会力量和市场参与机制和全面提升综合减灾能力等方面提出了具体任务和要求。

2018年3月13日,十三届全国人大一次会议召开第四次全体会议提出,组建应急管理部,不再保留国家安全生产监督管理总局。

2018年4月16日,应急管理部正式挂牌。按照《深化党和国家机构改革方案》,将国家安全生产监督管理总局的职责,国务院办公厅的应急管理职责,公安部的消防管理职责,民政部的救灾职责,国土资源部的地质灾害防治、水利部的水旱灾害防治、农业部的草原防火、国家林业局的森林防火相关职责,中国地震局的震灾应急救援职责以及国家防汛抗旱总指挥部、国家减灾委员会、国务院抗震救灾指挥部、国家森林防火指挥部的职责整合,组建应急管理部,作为国务院组成部门。

2020年2月3日,中共中央政治局常务委员会召开会议,研究加强新型冠状病毒感染疫情防控工作,疫情暴露出了我们在城市公共环境治理方面存在短板死角,应彻底排查整治,补齐公共卫生短板,吸取教训,健全国家应急管理体系,从而提高处理急难险重任务的能力。

党的十九大之后,国家自上而下构建了新时代以综合应急管理部门为龙头的应急管理新体制,基本形成了中国特色应急管理体系。形成了应对特别重大灾害"1个响应总册+15个分灾种手册+7个保障机制"的应急工作体系,探索形成了"扁平化"组织指挥体系、防范救援救灾"一体化"运作体系。统一指挥、专常兼备、反应灵敏、上下联动的中国特色应急管理体制正加快形成。

二、我国的应急管理发展现状

我国疆土辽阔,人口众多,自然地理环境复杂,突发事件高发。随着经济发展、社会转型等进程的加快,加之全球局势动荡,各地区冲突矛盾激化,我国公共安全形势日趋复杂严峻,突发事件应急管理任务难度不断增大,主要体现在以下三个方面。

(1) 自然灾害频发。由于我国领土南北跨度大,东西纵横广,地质结构和自然地理环境复杂且差异巨大,致使灾害种类多、分布地域广、发生频率高。其中,洪涝、台风、滑坡、泥石流、干旱、风雹、低温冰冻、地震、森林草原火灾、鼠害和虫害等灾害发生频繁,受灾范围广,对人民生命、财产安全造成严重威胁。近年来全球生态环境破坏严重,气候变迁导致极端天气气候事件频发,加重了自然灾害及衍生、次生灾害的复杂性、危害性和不可控性,使防灾、抗灾、减灾、救灾工作面临更加严峻的态势。

(2) 安全生产态势不容乐观。当前,我国正处在工业化快速发展的阶段,经济增长模式正由粗放型向集约型转变,影响我国安全生产和环境安全的诸多深层次矛盾尚未根本解决,各行各业依然存在较多消耗高、成本高、安全性低的现象,各类生产安全事故发生率高、损失重,重大、特大安全事故时有发生。一些企业存在安全生产投入不足、安全生产基础薄弱、人员安全意识淡薄、违章作业现象严重等问题,伴随大量事故隐患,导致我国安全生产事故高发的态势难以在短期内得到根本遏制。

(3) 公共卫生形势非常严峻。经济全球化为人民生活带来便利的同时,也使公共卫生事件传播全球化。近年来,全球新发现的30多种传染病已有半数在我国境内出现病例,传染病疫情防控形势颇为严峻。例如严重急性呼吸综合征(SARS)、高致病性禽流感、甲型

H1N1流感、中东呼吸综合征、埃博拉病毒、寨卡病毒、新型冠状病毒感染疫情等重特大疫情和群体性不明原因疾病时有发生，新时期传染病的特征有：人畜共患、传播速度快、波及范围全球化、防控难度大。除此之外，我国食品药品安全问题愈加突出，一些特别重大公共卫生事件，如劣质奶粉事件、学生集体食物中毒事件等，严重威胁人民群众身体健康和生命安全，在国内外造成了十分恶劣的影响。

除此之外，随着我国经济体制改革的深入、利益格局的调整，以及工业化、城镇化进程的不断加快，我国的公共安全也将面临更多新的挑战，如城市建设日益信息化、管网化、立体化，带来高层建筑和油、气、水、电等生命线工程安全管理等一系列新的问题；交通、能源、水利等重要基础设施建设不断加快，安全运行保障工作压力越来越大；电子、信息等高新技术快速发展，在促进经济发展、方便群众生活的同时，也带来新的安全威胁和风险；对外商贸和出入境人数的持续增长，加大了外来有害生物和疫病、疫情入侵的威胁；国际上恐怖主义的抬头以及民族宗教矛盾、地区冲突加剧，对我国安全带来新的不利因素等。

三、我国的应急管理发展方向

从我国当前突发事件应急管理的国情来看，尽管已经取得了举世瞩目的成就，但仍存在突发事件发生的领域多、频次高、规模大、起因多样化、突发性强、蔓延迅速的特点。基于以上认识，我国应急管理应在巩固、深化"一案三制"建设成果的基础上，增强整合性，强化各部门之间的协调联动，形成一个全社会共同参与、各要素无缝对接的应急网络，加强应急管理的系统性，进一步推动实现应急管理的转型升级，从政府主导型向全民参与型、从重救援轻预防型向预防为主型，从结果导向型向风险导向型，从各自为战型向综合协调型转变。

党中央、国务院历来高度重视突发事件应急管理工作，一方面尽力做好预防准备工作，将危机消除在萌芽阶段，另一方面在危机发生后尽最大可能降低损失。2003年在全国防治非典工作会议上要求推动各方面突发事件应急机制的健全和完善，加强政府对公共危机的应对处置能力。党在十六届三中、四中全会要求全面加强突发事件防治能力和公共安全保障能力，并将其列入党执政能力是否提高、科学发展观是否落实的重要参考之一，十六届六中全会将应急管理工作纳入建设社会主义和谐社会的总体布局之中。国务院在2006年印发《关于全面加强应急管理工作的意见》，全面部署了关于提高突发公共事件的应对能力以及健全完善应急管理体系的各方面工作。2007年发布了《国家应急平台体系建设技术要求》（试行）。

2013年党的十八届中央委员会第三次全体会议通过的《中共中央关于全面深化改革若干重大问题的决定》强调"健全公共安全体系，完善国家安全体制和国家安全战略，确保国家安全"。党的十九大报告对公共安全与应急管理做了重要部署，提出统筹发展和安全，增强忧患意识，做到居安思危；完善国家安全制度体系，加强国家安全能力建设。党的二十大报告提出推进国家安全体系和能力现代化，坚决维护国家安全和社会稳定，指出坚持以人民安全为宗旨、以政治安全为根本、以经济安全为基础、以军事科技文化社会安全为保障、以促进国际安全为依托，统筹外部安全和内部安全、国土安全和国民安全、传统安全和非传统安全、自身安全和共同安全，统筹维护和塑造国家安全，夯实国家安全和社会稳定基层基础，完善参与全球安全治理机制，建设更高水平的平安中国，以新安全格局保障新发展格局。

1. 加快推进应急管理体制机制的完善

我国应急管理体制的完善必须建立在基本国情之上，同时借鉴国外先进理念与经验，以"统一领导、综合协调、分类管理、分级负责、属地管理为主"为总体要求，把中央、地方、相关职能机构及部门之间的权责关系由上及下进一步理顺。加快建设各层级应急管理工作相关机构，从上至下由点及面全面健全完善，以提高快速反应、统一指挥和协调联动的能力。以"统一指挥、反应灵敏、协调有序、运转高效"为原则，对突发事件应急管理工作中的各环节运作模式进行完善。注重建设协同联动机制，制定应急联动协调响应级别标准，将各方权责明确和分工细化，建立区域联动、军地协作、上下一致、全民动员的工作机制；深入贯彻"及时准确、公开透明、有序开放、有效管理、正确引导"的方针，推进建设科学高效合理的信息发布机制和舆论引导机制，加强政府监控舆情及负面信息的能力，通过舆情控制来提高政府对突发事件的处置水平；加强社会动员机制建设，切实发挥我国的政治优势和组织优势，动员群众、组织群众、团结群众，积极支持和引导群众团结社会组织、自治组织和公民加入突发事件的防治工作。

2. 健全应急管理方面法律法规

突发事件越是紧急、复杂，越要根据法律来处置，用法律来规范、引导、推进和保障应急管理工作的开展。应急管理的效能源自健全的法律保障，法律制度的建设可以将总结的规律和成熟的经验规范和升华，对实际工作有很好的指导帮助作用。2007年颁布实施的《突发事件应对法》对各项突发事件进行了统一规范，但突发事件的多变性和复杂性导致一部法律很难涵盖全部。应以《突发事件应对法》为依据，加快完善应急管理工作中每个环节的相关法律法规，健全预防、监测、应对、信息发布、事件分级等方面的法律制度；同时要对现行的单行法律法规进行清理协调，将那些规定内容存在不一致、不合时宜的情况及时修改，加快起草修订应急管理工作每个方面的专项应急法律法规，建立健全高效的应急管理法治体系。

3. 扩充修订各类应急预案

对于各类应急预案应建立一个动态化管理制度，避免生搬硬套，应该具有一定的灵活性，及时根据实践中遇到的问题对应急预案进行不断修订完善。我国各级政府、部门和各类企事业单位等都已制定了突发事件应急预案，但有些预案还存在问题和不足，例如预案内容针对性不高、操作性不强、相互之间脱节严重等。这些问题要引起高度的重视，对现有应急预案要进行评估、修订和扩充完善，并进一步明确具体操作流程和其中涉及的相关方的权责；制定好更科学的突发事件分级标准，提高各项预案间的协作性和衔接性，使各方在实际行动中达成有序的协作联动；积极开展预案的常规性演练，以此达到对预案进行可行性检验，发现潜在问题隐患，锻炼应急管理相关队伍，对相关机制进行磨合和应急管理教育宣传的目的；定时开展跨单位、跨行业、跨地域的重点演练，加强相关部门及人员在应急管理方面的实战能力和综合应对能力；继续深入推进应急预案编制工作，进一步健全预案分类分级，扩大基层单位的应急预案覆盖面。

4. 努力提高应急保障能力

为了提高我国应急管理工作的应急保障能力，应从硬件、软件等多方面开展应急能力建设，主要工作包括：

第一，制定并完善建设应急通信硬件设施的标准规范，建立安全性高、稳定性强的专用应急通信保障系统，提高突发事件应急通信能力。第二，着力组建、健全各类专业应急救援队伍，鼓励应急救援职业化发展，充分发挥专业人员的专业特长和技术优势，同时加强基层应急队伍自救能力，推进应急志愿者队伍建设。第三，科学储备和管理应急物资，通过科学合理的综合评估确定储备物资种类、规模、布局，做到以实物储备为基础，优化生产能力储备、社会力量储备相结合的储备格局，着力发展应急物资预警监测系统，及时、准确预测应急物资的需求状况。第四，完善应急管理专项资金的管理，建立应急管理专项资金监管机制和快速拨付机制，保障应急管理专项资金能够及时、快速惠及受突发事件影响的地区和群众。第五，重视应急科技基础理论和关键技术的研究、开发、创新和应用，积极吸收和引进国际最新的高科技应急技术，加快推动公共安全领域的课题研究和科技创新，建立健全应急管理科技支撑体系。

5. 稳步提升监测预警水平

突发事件应急管理的第一道防线是监测预警体系。监测预警能有效消除或将事件控制在萌芽状态，通过技术手段及时发现突发事件的征兆，达到早发现、早报告、早预警、早处置的效果。按照《突发事件应对法》和《国家突发公共事件总体应急预案》的要求，建立监测预警机制应做到：第一，信息共享机制建设要统筹规划、统一部署、分级实施，加强跨地区、跨部门、跨领域信息共享，将各级政府、专业机构、监测网点串联，实现突发事件信息系统的互联互通；第二，规范信息报告制度，提高信息上传、下达效率，简化报送程序、规范报送内容、规定报送时限，对事故灾难隐患、社会矛盾纠纷做到定期排查和动态跟踪，建立信息报告激励机制、信息反馈机制和责任追究制度，增强信息收集能力和情报分析研判能力；第三，增加高科技监测设备设施的投资和建设，对灾害多发地区重点监控，完善突发事件监测网络；第四，加强突发事件预警能力建设，建立统一的预警制度和预警级别划分标准，提高预警的时效性、准确性，拓宽预警渠道，力争做到监测全覆盖、预警零失误。

6. 增强风险防范意识和灾害应对能力

在突发严重灾难面前，生存概率往往取决于个人的避灾行为是否积极有效，因此，掌握避灾、救灾知识和自救、互救本领，增强风险防范意识尤为重要。立足我国国情，参考国际上成熟的做法，应建立政府、新闻媒体和社会各界力量防灾减灾宣传教育的协同机制，将应急管理理念渗透进社区、农村和基层单位，将各类应急救援知识纳入国民教育体系，将防灾避险、自救互救等公共安全教育带入课堂，应重点抓好以下几类人群的宣传教育：一是培养青少年的安全意识和自我防护能力；二是对多灾地区人民群众、高危行业从业者等加强宣传和培训；三是切实强化各级领导干部的应急管理思维，提高突发事件应急管理能力，化解各类风险、有效应对各类灾害的能力是领导干部执政能力的重要体现。应打造全民动员、全社会联动的防灾减灾氛围，切实增强全社会的风险防范意识和灾害应对能力。

第四节　国外公共安全与应急管理发展

进入 21 世纪以来，全球性重大突发事件发生的频率、危害性不但没有显著降低，还在一定程度、一定范围内呈现越发严重的发展态势，并对现有的应急管理产生了严重影响，特别是美国"9·11"恐怖事件发生后，许多国家认识到原有的应急管理体系已不能适应新型社会危机事件处置。近年来世界各国应急管理发展总体态势呈现以下几个特点：一是由单项应急管理向综合应急管理转变；二是由单纯应急管理向危机全过程管理转变；三是由加强应急处置工作向加强预防工作方向转变；四是进一步明确了政府、企业、社团组织和个人在危机全过程管理中各自的责权。

虽然世界各国的应急管理体制存在差异性，但却有一些共同的特点和发展趋势。当前，公民的安全观和价值观发生了深刻变化，政府的公共安全保障和应急管理的目标，不再局限于保护公民的生命和财产，还涉及提高政府的执政能力、运行能力和公信力等。在1995年日本东京地铁沙林恐怖事件、2005年美国的"卡特里娜"飓风袭击等突发事件中，由于政府处理乏力，引起公民强烈不满，引发政府信任危机。为了有效应对突发事件，许多国家把应急管理能力作为重要的政府职能不断予以加强，着重研究突发事件预警预报和应急处置的科学方法，探索建立适合本国国情、民情的应急管理体系，积累了较多有效的经验和做法。

一、美国的应急管理发展情况

美国在1979年成立的联邦应急管理局（FEMA），由美国消防管理局（USFA）、联邦保险管理局（FIA）、美国联邦民防管理局（FCDA）、联邦灾害救济管理局（FDRA）和联邦防务局（FDA）等合并而成。"9·11"事件以后，美国将应对突发事件提升到关乎国家安全的重要地位，成立了美国国土安全部（DHS），将美国海岸警卫队（USCG）、海关、移民局及联邦应急管理局等22个联邦机构纳入其中，以保证在紧急情况发生时能迅速、有效应对。政府对突发事件实行4R管理，即减轻（reduction）、准备（readiness）、响应（response）、恢复（recovery）。当某一地方政府不足以应对危机事件时，政府间通常采取横向和纵向两种合作模式：横向合作包括各州之间，州与邻国之间，各州内部地方政府之间；纵向合作包括州政府和州内地方政府之间，联邦政府、州政府和州内地方政府之间。这种合作模式的中心目标是在必要时举全州或全国之力来应对突发事件，将突发事件造成的损失降至最低。美国政府鼓励各城市与周边州市、各相邻区县之间在资源、设施、专业人员和服务等领域签订突发事件救援互助协议。为了协助政府在应对突发事件时作出科学的决策，美国建立了许多应对突发事件的决策咨询机构，例如兰德公司（RAND Corporation）、美国斯坦福国际咨询研究所（Stanford Research Institute International）、哈德森研究所（Hudson Institute），此外还设立了一些企业研究所，如布鲁金斯学会（Brookings Institution）、麦肯锡公司（McKinsey & Company）等。同时美国还加大突发事件应急管理方面的教育投入，以大学和学院为基础，建立了危机与应急管理教学研究机构、训练基地和信息中心。美国应急管理具体发展阶段如下。

（1）二战结束前的美国应急管理。在这一阶段，基于美国的战争局势，美国的应急管理包括战时应急与非战时应急，两种应急模式的侧重点不同，战时以应战为主，非战时以救灾为主。美国在经历了两次世界大战后，战时应急管理为非战时应急管理积累了丰富的经验。

（2）冷战时期的美国应急管理。二战结束后，美苏关系紧张，为了争夺世界霸权展开了长达半个世纪的冷战，在此期间，美国的应急管理深受国际安全形势、特别是美苏关系的影响。1979年卡特政府为了实现政府应急管理与民防的功能整合，成立了联邦应急管理局，成为美国应急管理发展史上具有里程碑意义的大事。联邦应急管理局的成立体现了美国"综合性应急管理"的新理念，该理念包括两层含义：第一，从横向视角出发，联邦应急管理局要将各个下属机构协调起来，从应对单一灾种模式向应对多灾种模式转变；第二，从纵向视角出发，应急管理应该是一种全过程的管理，即减缓、准备、响应和恢复四个阶段。克林顿政府对联邦应急管理局内外部进行了改革：在内部，在灾害服务领域大胆地采用新技术，突出强调应急管理的减缓及风险规避的作用；在外部，加强与各州及地方应急管理者的联系，建立了联邦应急管理局与国会、媒体的新型关系。构建了以风险为基础、采用全风险方法的国家应急管理体系；将风险减缓作为国家应急管理系统的基础，对任何灾害都提供快速、有效的响应；加强了各州及地方的应急管理能力建设。

(3)"9·11"恐怖事件后的美国应急管理。2001年"9·11"恐怖事件是美国应急管理的重要转折点，它标志着反恐成为突发事件的一个重点防治任务，成为应急管理的核心。2001年10月美国通过了《反恐怖主义法》，2002年11月签署了《国土安全法》；2003年内阁级的国土安全部正式成立，下辖22个联邦部门，拥有雇员17.9万人，成为美国政府的第17个部门，联邦应急管理局并入国土安全部。

二、英国的应急管理发展情况

在英国，突发事件被定义为"对人的福祉、环境或安全构成威胁或造成严重损失的情境或一系列事件"。作为工业化最早的西方发达国家，英国经历了各种各样的突发事件，例如牛海绵状脑病等公共卫生事件，伦敦地铁爆炸案等社会安全事件。2012年伦敦奥运会期间，英国政府建立了一套快捷、有效的应急管理体系。

英国的应急管理起源于民防。1948年政府出台了《民防法》，2001年7月内阁办公室设立国民紧急事务秘书处，主要履行突发事件应急管理的职能，2004年颁布了《国民紧急事务法》。

英国政府在全国设立9个区域性管理局，各局直属中央政府领导，对内阁办公室负责。各局设立应急金色指挥机构，制订区域性防御计划及实施细则，组织所辖区域应急管理宣教、培训和演练。建立"金、银、铜"三级处置机制："金级"是战略层，主要负责制定方针、策略、长期规划，调度应急资源；"银级"是战术层，主要负责应急处置的组织与协调；"铜级"是操作层，具体负责事件发生现场有关处置措施的执行。三个层级的组成人员和职责分工各不相同，通过逐级下达命令的方式共同构成一个高效的应急处置工作系统。突发事件发生后，"铜级"处置人员首先到达现场，指挥官须立即对情况进行评估，如果事件超出本部门处置能力，需要其他部门的协作，迅速向上一层级报告，上级按照应急预案立即启动"银级"处置机制；如果事件影响范围较大，则按需要启动"金级"处置机制。

英国的应急体系中，最为重要的三个组织是：①国民紧急事务秘书处，设在内阁办公室，主要负责应对重大自然灾害和恐怖主义危机事件。②主责政府部门是对突发事件的情境和类别进行认定。③内阁紧急应变小组是英国政府的主要危机管理机构，主要应对国家级的突发事件应急管理。

各应急管理部门主要职责分工。警察部门：负责控制和警戒灾害、事故或事态现场，维持现场秩序，协调各部门工作职责的执行与落实，根据需要做好现场保护工作。现场工作优先抢救、保护人的生命安全。消防部门：负责现场控制、清理与终止，对灾害、事故或事态现场受害人员实施营救和疏散，并确保现场工作人员的安全。医疗急救：负责现场的紧急救护、伤员医疗输送转运和对公众的健康问题提供专家咨询与指导等。环保部门：负责保护所在地区的水土资源和大气环境，在发生污染事故时，收集相关证据。海上及海岸警卫署：负责处理涉及海事的突发事件，包括海上搜救活动，海上污染事故的处理工作。军事部门：主要提供直接或间接的营救与支援行动，特别是大规模突发事件或影响较大的紧急事态中的应急增援行动。

当英国遭受严重突发事件侵袭时，政府可以行使紧急权力，考虑到紧急权力对社会公众基本权利与自由进行了限制，为了防止紧急权力滥用，英国政府对紧急权力的行使条件进行了严格限制，紧急权力的行使必须满足：严重性；必要性；比例性，即紧急权力所采取的措施与其所达目的之间必须相称。此外，英国政府规定紧急权力的行使不能用来实现以下目的：限制罢工或其他与工业有关的行动，实施军事政变，改变刑事程序，违反《人权法案》或欧盟法律等。

三、澳大利亚的应急管理发展情况

澳大利亚位于南半球，是世界上唯一一个国土覆盖一个大陆的国家，其国土广袤、人口基数小、气候多变，是一个自然灾害频发的国家。据近年来的统计数据，每年有几十万人遭受不同程度的灾害影响，自然灾害和突发事件对澳大利亚的家庭、商业、国家基础设施造成的损失较为严重。澳大利亚目前已建立一套较为完整的应急管理体系和财政援助体系。

1. 多层次的法律体系

澳大利亚已建立了较为完备的、多层次的法律体系。《国家应急救援管理》是澳大利亚应急管理的纲领性法律，《澳大利亚应急管理安排》就联邦、州、领地政府在紧急情况（包括灾害事件）发生后的应对措施，进行了总体性概述。联邦、州、领地政府在此基础上制定了一系列的减灾计划、应急预案和灾后救助安排。该安排由澳大利亚应急管理委员会和相关机构进行定期修改与更新，以保持其长期的适用性。在此基础上，澳大利亚制订了一系列的救灾计划，对不同的紧急情况或者灾害事件进行有针对性的规定，基本上囊括了所有的灾害类别，包括：《澳大利亚政府的救灾计划》《海外的澳大利亚公民和批准疏散的外国居民的澳大利亚政府计划》《澳大利亚政府航空灾害应变计划》《澳大利亚政府海上辐射应急计划》《澳大利亚政府空间碎片应变计划》《海外澳大利亚人大规模伤亡事件的国家应急反应计划》和《澳大利亚政府海外灾害援助计划》。各州、领地政府也颁布了各自的灾害法或者紧急情况法，以规定各州、领地及以下的应急管理行为。在紧急情况发生之后，《自然灾害救济和恢复安排》就具体的财政援助项目和标准，以及联邦和州、领地政府的事权和资金责任进行了细致的规定。

2. 完备的应急管理组织体系

在国家层面，澳大利亚政府委员会是应急管理总体政策的制定者。现行的国家决策框架主要由澳大利亚应急管理委员会（AEMC）和警察与应急管理委员会（MCPEM）组成，负责具体应急政策的制定和实施。其中，澳大利亚应急管理委员会是澳大利亚最高应急管理咨询机构，委员会每年举行两次会议，就国家战略性应急管理问题提出咨询意见和指导。主席由司法部部长担任，成员包括各州和领地的主席和行政人员。警察与应急管理委员会在澳大利亚应急管理委员会的支持下，总体上负责救灾政策的执行。澳大利亚还建立了一个专门的管理机构——澳大利亚联邦应急管理局（EMA），负责各部门、组织的协调管理和日常培训等工作。各州和领地也分别建立有各自的减灾委员会和应急管理委员会，负责该州的防灾政策和应急管理。由此可见,澳大利亚在应急管理机构的设置上强调专业性、常设性。各机构在正常情况下和紧急情况下的事权责任清晰,既保证了平时防灾减灾的需要,也能满足紧急情况下快速反应的要求。

此外,澳大利亚的应急管理体系涵盖了应急管理的各个方面,包括应急准备、预防、反应、恢复四个部分,并且各级政府通过法律法规的形式进行了详尽规定,形成了一个完整的、确定而又行之有效的体系。更为重要的是,这四个部分并不是独立分割的,预防和反应措施密切结合,恢复政策又需要根据紧急情况的影响制定。地方政府综合各应急管理法律法规的规定,实现对各个程序的有效整合。同时,澳大利亚非常强调社会团体、社区组织、志愿者、学术界、企业和个人的共同参与,并不仅仅将应急管理局限于政府公共管理的内容,而是通过社会各界的协作,实现风险共管共担。

四、俄罗斯的应急管理发展情况

俄罗斯是一个自然灾害和人为灾难多发的国家,政府在1994年设立了紧急情况部,全名为俄联邦民防、紧急情况与消除自然灾害后果部,专门负责俄罗斯的民防事业,在发生紧急情况时向受害者提供紧急救助。紧急情况部下设居民与领土保护局、灾难预防局、防灾部队局、国际合作局、消除放射性及其他部门等。

紧急情况部拥有多所院校,这些教学机构源源不断地为其输送专业人才,从而使其预防和处理灾害事故的能力得到持续提高。此外它还拥有自己的科研机构,即全俄急救和放射医学中心,主要负责为消防队员和其他救援人员提供专门医疗服务,同时把科研成果用于临床实践。1995年成立了紧急情况保险公司,在发生紧急情况时向国民提供保险服务。1997年成立了紧急情况监测与预测机构,对可能发生的紧急情况进行预测并采取预防措施,力求将灾害危险消除在萌芽阶段。

为了有效地防灾救灾,俄罗斯建立健全了法律法规,确保国家防灾救灾应急机制充分发挥效能。1994年通过了《关于保护居民和领土免遭自然和人为灾害法》,对在俄罗斯生活的各国公民,包括无国籍人员提供旨在使其免受自然和人为灾害影响的法律保护。1995年通过了《事故救援机构和救援人员地位法》。在发生紧急情况时,联邦政府将依据相关法律法规来协调国家各机构与地方自治机关、企业、组织及其他法人之间的工作,并规定了救援人员的权责。

俄罗斯逐渐建立了以总统为核心,以联邦安全会议为决策中枢,以紧急情况部为综合协调机构,联邦安全局、国防部、外交部、情报局等权力执行部门协调配合的垂直型应急管理体制。联邦安全会议由总统直接领导,是保障国家安全的整个国家机制的核心,其下常设12个跨部门委员会,职能涵盖了从国家安全情报的收集与分析、突发事件预测、制定应急预案,到形成实际决策、协调行动、决策效果评估等应急管理的全部环节。

紧急情况部是俄罗斯应对突发事件的组织核心,主要负责自然灾害、技术性突发事件和公共安全事件的预防和救援工作,在必要时可调用本地资源,并可通过总理办公室请求获得国防部或内务部的支持。在纵向组织体系上,俄罗斯在联邦、联邦主体(州、联邦直辖市、共和国、边疆区等)、城市和基层村镇四级设置了垂直领导的应急管理机构。为强化应急管理机构的权威性和统一性,紧急情况部在联邦和联邦主体之间设立了几个区域中心,每个区域中心的应急管理工作由紧急情况部的区域分部负责。联邦、区域中心、联邦主体和城市的紧急情况机构下设指挥中心、救援队、信息中心、培训基地等管理和技术支撑机构,确保紧急情况部发挥中枢协调作用。在具体实施环节，俄罗斯还建有"全国紧急情况预防与应对体系"，覆盖了俄罗斯联邦的各个行政区划单位，形成了横向协调、纵向贯通的全国应急管理组织体系。

五、日本的应急管理发展情况

日本地处环太平洋火山地震带，台风、地震、海啸、暴雨等各种灾害极为常见，是世界上易遭受自然灾害的国家之一，在长期对抗自然灾害中已经形成一套完善的综合性防灾减灾救灾机制。

日本是一个重视行政程序与规范的法治国家。由于地少人多，灾情复杂，在不断摸索总结中，日本已经形成了一套健全的应急管理法律体制。日本先后颁布了《灾害救助法》《灾害对策基本法》《河川法》《海岸法》等200多部应急管理法律法规。这些法律法规充分诠释了日本关于防灾减灾救灾的理念、目的、规划、组织体系等，明确了地方政府的职责，社会团队及公民的责任，形成了一套有特色有成效的应急管理法律体制，提高了日本的应急管理水平。

日本构建了完备的应急管理资源管理体系，主要有以下方面的表现。

①应急队伍：日本建立了专职和兼职相结合的应急队伍。专职应急救援队伍主要由警察、消防队员、自卫队等组成。兼职队伍主要是日本公民自愿参加的消防团。专职和兼职相互合作，互通灾害情报，开展日常协作演习，形成了日本自有的特色应急队伍。②自救能力：日本公民的防灾意识强，这点离不开日本政府长期开展应急科普工作。日本还充分利用中小学牢固的体育馆、教室、公园等，建立了众多的应急避难场所，并设有指示牌，能够迅速将群众疏散。同时，日本每年都要组织公民进行防灾演练，设置了防灾日、减灾周等。此外，政府部门及社会团体根据本地区有可能出现的灾害类型，编写形式多样、通俗易懂、多国语言的应急宣传手册，免费向公众发放，普及防灾避灾常识。日本公民通过诸多的学习、体验、实践，掌握了基本的自救、互救技能。③应急物资：日本应急体系最为显著的一个特点就是应急物资种类多、数量足、质量高。他们建立了应急物资储备和定期轮换制度，各级政府和地方公共团体预先设计好救灾物资的储备点，建立了储备库和调配机制。

按照《灾害对策基本法》的要求，日本各部门分别制订了防灾计划，可分国家级的防灾基本计划、防灾业务计划和地方防灾计划三大类，建立了分级管理的有机体系。①减灾体系分为灾害监测预报体系和防灾体系，前者属业务范围内的科研活动，进行灾害的科学研究和监测预报工作；后者属行政管理，实施具体的防灾减灾活动。②灾害分等级管理，日本将灾害分为一般灾害和非常规灾害两类。一般灾害属地方管理范围；非常规灾害属国家管理范围。考虑到地震灾害的严重性，单独制定了地震灾害行政管理办法。③全国形成完整的防灾系统，建立了以内阁府为中枢，通过中央防灾会议决策，突发事件牵头部门相对集中管理的应急体制。按照日本行政系统，依法设立了中央（国家级）、都道府县（省部级）、市町村（基层）三级防灾会议机制。在中央一级，平时由内阁总理大臣召集相关部门负责人共同参与中央防灾会议，在地方一级，地方首长和相关人士共同参与地区性的防灾会议，制订地区性防灾计划。内阁府作为中枢，汇总、分析日常预防预警信息，制定防灾和减灾政策，承担中央防灾会议日常工作等，形成了防灾减灾工作整体协调一致的有机体系。

 **复习思考题**

1. 公共安全的基本概念是什么？如何理解公共安全概念的内涵与外延？
2. 突发事件的基本概念是什么？有何特点？突发事件的分类分级标准是什么？
3. 应急管理的基本概念是什么？其基本特征、原则和内容有哪些？
4. 我国应急管理发展的标志性事件有哪些？其未来的发展方向体现在哪些方面？
5. 世界主要国家应急管理发展的基本特点与主要区别有哪些？

第二章
公共安全与应急管理基础知识

安全是个人、社会和国家生存与发展的基础，是人类开展各类社会活动的基本前提，人类在社会发展历程中都经历过不同规模、层次和类型的安全风险挑战。原始社会的人类为了生存与繁衍，面临的突发事件主要是野兽、野火、洪水等自然灾害对生命的威胁；随着农耕文明的发展，风险转移到各类自然灾害引发的农作物减产导致的食物不足；随着工业化发展，风险主要来自工业生产过程中的各类工伤事故伤害。现在，由于大规模城市化和现代工业文明的发展，环境问题、传染病、城市生命线工程等安全问题日益突出。为了有效解决人类面临的各类风险挑战和事故，人们从社会安全、应急管理的角度提出了许多理论与方法，通过加强公共安全管理来保障人类生活、生产的基本安全条件。

第一节　危机与应急管理基础理论

一、危机管理理论

清华大学薛澜在《危机管理：转型期中国面临的挑战》中对危机管理进行了定义，认为危机管理就是在紧急状态下，对爆发后会严重影响社会正常运行，对生命、财产、环境等造成威胁、损害的事态，要求政府紧急采用特殊的应对措施加以快速应对的管理过程。

危机管理（应急管理）作为决策学的一个重要分支，首先被运用于国家外交和国际政治领域，随着社会的多元化发展，城市功能日趋复杂多样，各类潜在的公共安全问题逐步凸显出来，并呈现出不断加重和频发的态势。现代危机管理顺应时代发展需要，其范畴也从单一的政治危机领域拓展到了现代社会的各个层面，涉及自然灾害、经济危机、政治危机、文化冲突等领域。当代危机管理理论也日趋成熟，表现出如下特征。

（1）研究目的由原来的政治目标转变为建立整合的突发事件危机管理体系，实现有效的危机管理，维护国家大局稳定，确保社会、经济的正常发展。

（2）研究内容从单一的政治危机扩展到公共管理的各个领域。现代社会是一个庞杂的系统工程，牵一发而动全身，任何领域的突发事件都有可能带来公共安全领域的严重危机和后果。

（3）研究重点由现场应急处置过渡到危机全过程管理，尤其关注危机事前的监测预警研究。

（4）研究导向由各国内部情况研究转向国与国之间的比较研究。美国、日本、欧洲等国家的危机管理实践各具特色，现代危机管理理论是在总结各国危机管理实践的基础上发展起来的。

（5）研究方法呈现多样、立体的特点。危机管理研究表现出从单纯定性研究到定性、定量研究相结合。在个体层面上运用心理学、博弈论，在组织层面上运用组织理论、管理理论，在社会层面上运用社会学、政治学、经济学等研究方法，体现了当代危机管理研究的多元化和全面融合的发展趋势。

目前，我国的危机管理研究还处于快速发展阶段，在借鉴西方发达国家现有理论成果和实践经验的基础上，应充分考虑我国的基本国情和制度特色，深入思考我国危机管理体系建设问题，结合我国当前实际情况，在机构设置、应急管理立法、突发事件预警、信息传递机制、全社会合作协调等方面继续发展和完善。

二、灾害学理论

灾害学是 20 世纪 80 年代兴起的一门新学科，它是以灾害及灾害系统为研究对象，揭示灾害形成、发生与发展规律，建立灾害评价体系，探求减轻灾害途径的一门综合性学科。灾害是指在自然界内的矛盾运动和自然界与人类的矛盾运动中，由于自然因素、人为因素等的叠加作用，对人类生存发展及其所依存的条件、环境造成严重危害的非常态事件和现象。灾害是对能够给人类和人类赖以生存的环境造成破坏性影响的事物总称，即一切对自然生态环境、人类社会的物质和精神文明建设，尤其是人们的生命财产等造成危害的自然事件和社会事件，如地震、火山喷发、风灾、火灾、水灾、旱灾、雹灾、雪灾、泥石流、传染病疫情等。灾害通常不表示严重程度，它可以通过扩张和发展，演变成灾难性事件，例如蝗虫虫害的现象在生物界广泛存在，但当蝗虫大量繁殖、大面积传播并毁损农作物造成严重饥荒时，即构成了蝗灾；如传染病大范围感染和流行，造成严重危害后就酿成了灾难事件。

随着"国际减灾十年"等活动的开展，国际灾害学研究获得了长足发展。灾害学是自然灾害学与人为灾害学（或自然与人为混合灾害）的总称，即通过研究灾害的成因和时空分布规律来寻求减轻灾害损失的途径。在灾害学学科体系结构中，灾害学处于最高层次，综合了所有的灾害研究成果。它的研究体现在宏观层次和微观层次两个方面，两大层次之间及其内部既相互区别，又相互联系。灾害学涉及众多的自然因素和社会因素，是一大类学科的总称，是一门综合性强并不断扩展的学科，灾害学学科体系一般包括理论灾害学、分类灾害学和灾害对策学三个层次，如图 2-1 所示。

（1）理论灾害学。主要研究灾害形成的机理、发生发展的规律和特点，分类方法不同会产生不同的学科分类结果，例如按自然科学、社会科学进行划分，自然科学类有灾害地理学、灾害物理学、灾害医学、环境灾害学、灾害信息学等；社会科学类有灾害社会学、灾害心理学、灾害伦理学、灾害管理学、灾害经济学等。

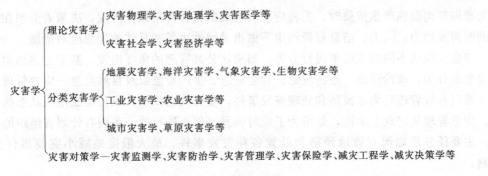

图 2-1 灾害学学科体系

(2) 分类灾害学。通常可按照灾害类型、产业部门和影响区域进行分类，例如，按自然灾害类型可划分为：气象灾害学、海洋灾害学、地质灾害学、地震灾害学、农林业灾害学、生物灾害学、天文灾害学等。每种自然灾害还可以进一步细化分类，例如气象灾害学可进一步划分为洪涝灾害学、干旱灾害学、低温灾害学等。根据灾害所涉及的产业部门可划分为：工业灾害学、农业灾害学、建筑灾害学、交通灾害学、商业灾害学、旅游灾害学、军事灾害学等。根据灾害的影响区域特征可划分为：城市灾害学、农村灾害学、草原灾害学、沙漠灾害学、海洋灾害学、山地灾害学、森林灾害学等。

(3) 灾害对策学。根据对防灾减灾工作的要求和科技发展的水平，在理论灾害学的指导下，从工程、技术、管理、社会等多角度开展的对策措施研究。主要学科分类有：灾害预报学、灾害防治学、灾害管理学、减灾工程学、减灾决策学、灾害保险学等。

目前国内开展的灾害学研究主要包括自然与社会两大方面，其研究内容、方向和方法如下。

(1) 基本研究内容：自然灾害事件的性质特点、自然灾害事件的诱发因素及其成灾机制、原发自然灾害与次生自然灾害的关系、自然灾害事件规模和损害程度的评定（含减灾措施实施实际效能的评定）；自然灾害未来发展趋势预测等。

(2) 灾害学研究方向：基于可靠预测评估技术的立项依据研究；基于投入-产出经济关系的自然灾害防治技术及工程研究；基于不同防治目标的自然灾害防治研究，包括延迟灾害发生时间、改变灾害事件的规模和特性、制止灾害的蔓延等；基于灾害对人类社会产生不利影响的特殊问题研究等。

(3) 跨学科的灾害学研究方法：历史灾害分析方法；相关因子的比较分析；典型灾例的实地调查分析；计算机技术及互联网的应用；编制减灾规划及应急预案等。

灾害学研究应遵循灾害成因→灾害加剧过程→灾害管理决策的思路展开，通过不断内生研究点和外生交叉点来拓展研究空间。

三、应急管理理论

从公共管理的角度出发，美国学者罗森塔尔认为应急是指"对一个社会系统的基本价值和行为准则架构产生严重威胁，并且在时间压力和不确定性极高的情况下必须对其做出关键决策的事件"。即应急通常是决策者的核心价值观念受到严重威胁或挑战、有关信息很不充分、事态发展具有高度不确定性和需要快速决策等不利情况的汇聚。罗森塔尔的观点描述了应急的本质特征，是一种特殊的决策形式，当决策者（例如政府）所认定的社会基本价值和行为准则架构面临严重威胁时,为将应急所造成的损害降至最低限度,决策者必须在相当有限的时间及物力、人力、信息资源约束下做出关键性决策和具体的应急应对措施。

应急可以从不同的维度来进行分类,如果从公共管理的角度出发,基于上述原则,可以将应急划分为:政治应急、经济应急、社会应急、生产应急以及自然应急。应急管理就是通过一系列有效管理行为来预防和处理突发事件,使公共组织及其成员摆脱危机状态的行为过程。应急管理从宏观上来讲,是指为了应对突发事件而进行的一系列有计划有组织的管理过程,主要任务是如何有效地预防和处置各种突发事件,最大限度地减小突发事件的负面影响。

应急管理一般是指针对突发、具有破坏力事件所采取预防、响应和恢复的活动与计划。应急管理工作的主要目标是对突发事件做出预警,控制突发事件发生与扩大,开展有效救援,减少损失和迅速组织恢复正常状态。由于应对突发事件需要政府采取与常态管理不同的紧急措施和程序,超出了常态管理的范畴,所以政府应急管理又是一种特殊的管理形态,即非常态管理。

应急管理的对象是潜在的和已经发生的突发事件。在应对突发事件的过程中,政府因其责任地位和能力之所在,必然要发挥主导作用,不仅要组织动员各种力量和资源共同应对危机,而且要统一指挥、协调、处置各项应急事务。因此,不断探讨总结政府应急管理的经验教训,提高政府应对突发公共事件的能力,成为现代各国政府和社会普遍关注的问题,且其重要性日益凸显。针对潜在突发事件,政府管理部门及管理机构要做好预测与预防工作,针对已经发生的突发事件,则要做好应急计划、决策和处置等方面的工作。

应急管理的目的包括:第一,采取积极有效的预防措施,防止突发公共事件发生,避免公共利益和公共安全受到损失;第二,主动作为使组织及成员尽快摆脱危机状态,进入机会或机遇的发展阶段。应急管理与其他常规管理不同,例如应急的紧迫性和长期性、预测和处置过程的不确定性、事件反应的链条效应、应对方法的权变性、参与者的心理约束性等。应急管理本身并不仅指危机发生过程的时间序列,还要考虑到每个应急管理阶段的相应行为选择。应急管理行为包括四个方面:第一,突发事件前的预防;第二,突发事件前的准备;第三,突发事件中的响应;第四,突发事件之后的恢复与重建。

如何建立高效的应急管理体系和机制是目前焦点问题之一。从各国的实践经验来看,建立一个高效的应急管理预警、处置机制,已经成为或正在成为各国突发事件应急管理的必由之路。George D. Haddow 和 Jane A. Bullock 认为"应急管理是关于处理和避免风险的科学,包括灾害发生前的准备,灾害响应以及自然或人为灾害发生后的支持和社会重建"。William L. Waugh 认为"应急管理的目的就是使社会能够承受和应对环境、技术风险所致的灾害"。计雷认为:应急管理是在突发事件的过程中,为了降低突发事件的危害,达到优化决策的目的,基于对突发事件的原因、过程及后果进行分析,有效集成社会各方面的相关资源,对突发事件进行有效预警、控制和处理的过程。

对各种突发事件实施有效的应急管理是政府的一项重要管理职能和责任,应急管理就是政府为了应对突发事件而进行的一系列有计划有组织的管理过程,主要任务是如何有效地预防和处置各种突发事件,最大限度地减小突发事件的负面影响。

四、协同管理理论

协同学(synergetics)是研究各种由大量子系统组成的系统在一定条件下,通过子系统间的协同作用，在宏观上呈有序状态，形成具有一定功能的自组织结构机理的学科。协同学理论已经被运用于研究社会范畴的复杂系统，用来研究由完全不同性质的大量子系统（诸如电子、原子、分子、细胞、神经元、力学元、光子、器官、动物乃至人类）所构成的各种系统，在一定条件下子系统间通过非线性作用产生协同现象和相干效应，使系统形成一种自组织结构，从而放大了系统的功能。简而言之，协同学是研究系统从无序到有序的理论，被应用于讨论从物理学到社会学中的无序、有序以及它们之间相转变的原理。

协同管理是一种独特的制度形式，不同于市场自发协作或者等级制度下有意识管理的诸多过程。协同管理是一个大概念，类似的还有网络化治理、水平化管理和跨部门协作等。协同是现代管理发展的必然要求，也是现代管理学必须并且长期研究的课题。协同管理就是尽可能地调动社会各方面资源和拓宽参与渠道，形成政府、非政府组织、企业、个人等社会多元要素共同参与，以期利用系统中自组织的力量使得各因素之间的无序状态转为有序，从而产生大于本系统的协同效应，联动应对公共危机。目前，从我国现有的比较成熟的公共危机管理理论来看，研究人员都提到要在公共危机管理的过程中加强信息化的建设，采取协作、协同管理的方式达到全方位的资源整合，实现提高应急管理效率的目的。中国人民大学张成福教授提出全面整合的公共危机管理模式："在高层政治领导者的直接领导和参与下，透过法律、制度、政策的作用，在各种资源系统的支持下，通过整合的组织和社会协作，通过全程的危机管理提升政府危机管理的能力，以有效地预防、回应、化解和消除各种危机"。首先，他认为整合危机管理需要政府、公民、企业、国际社会和国际组织之间形成协作伙伴关系，强调的是一种统一领导、分工协作、利益共享、责任共担的危机管理。除此之外，还要加强多边合作和国际合作，积极争取在资金、人员、技术、教育和培训以及道义上的支持，同时加强与国际组织在信息方面的沟通。从这些理论中可以看出采取整合广泛资源应对危机的协作、协同管理的思想。要建立公共危机管理信息系统和决策支持系统，包括资料库、知识系统、规范模型、危机的预警系统、电子信息技术的应用平台等。及时地进行信息沟通，控制危机及其影响、加强反危机的协调工作；防止信息的误传和谣言的传播。因此，现代信息技术能在公共危机管理之中发挥良好的协同管理能力。

张立荣、冷向明基于协同学理论的视角提出了我国公共危机管理模式的创新——协同治理："公共危机管理主体，包括政府部门、非政府组织、企业部门和公民个人，通过自觉的组织活动，利用网络、信息技术等现代科技手段，把公共危机管理系统中各种无规则、无秩序的要素，在一个行为目标和规范相对统一的网络结构中有机地组合起来，使系统中的各种要素由无序状态转变为具有一定规则和秩序的、相互协同的自组织状态，针对潜在的或者显现的危机，协同实施系列的控制活动，以期有效地预防、处置和消除危机"。

第二节 全面应急管理的基础理论

在公共安全管理理论中，全面应急管理理论的主要含义包括：①对各种类型的灾难及其后果实施管理，发展形成了"全危险方法"（all-hazards approach）的管理理论；②对所有应急管理的参与者实施统一协调与领导，形成"整合应急管理系统"（emergency management system）的原则；③对紧急事态的全过程（预防、准备、处置、事后恢复）或全生命周期（emergency lifecycle）实施管理；④对国内各级政府、各种组织的所有合适资源实施统一调配使用。

一、全危险方法理论

全危险方法是在公共安全管理实践中逐渐形成的管理原则，它是利用同一套公共安全管理方法来处理和应对各类的紧急事态、灾难和民防需求。全危险方法是伴随着公共安全管理体制的形成而来的，始于战争年代的民防事业。冷战结束后发生核袭击的风险日益降低，而遭受自然灾害袭击的频率、规模则表现出相对增大的趋势，这要求政府建立适用于应对自然灾害的管理机制，例如新西兰政府调整了原有的民防机构，形成了具有应对所有可能危险的公共安全管理机制。部分国家则开始设立应对各种灾难的专门机构，例如1974年澳大利亚政府建立了国家救灾组织，在灾难事件中协调联邦对各州和地区的物质援助，帮助地方各级政府提高紧急事务管理的能力，在1993年将其更名为应急管理署（EMA）。

从20世纪70年代开始，许多国家的公共安全管理都合并或集中为一个专门机构，采用全面的准备、应急和重建措施，面对可能发生的所有危险和灾难，包括自然灾害、技术灾难、人为灾难、恐怖主义，甚至民防需求，形成了"全危险方法"的理念基础。实施"全危险方法"的主要原因包括以下几点。

第一，一套系统能够确保最经济的公共安全管理成本。第二，能够满足公共安全管理的基本需求。无论是哪一类灾难，自然的、人为的，还是技术的，其预防和应急都有相同的基本需求，例如事前的风险管理、预案编制、预报与预警，事中的人员疏散与撤离、搜救与救援、急救、食宿安置，事后的恢复重建等，这些都与医疗、消防、治安、电力、交通、通信等部门息息相关，全危险方法能够满足所有可能发生灾难的基本需求。第三，能够实现统一、高效的指挥和运作。如果不同类型的灾难由不同管理机构负责处理，当一种灾难引起其他灾难时，就会出现多头管理或无人过问的权责不一或不明现象，例如美国经历"9·11"恐怖事件后，人们对恐怖主义多头管理的强烈不满，最终督促政府组建了国土安全部。

二、整合应急管理理论

当紧急事态发生时，需要来自不同机构、部门、各级政府的代表一起工作、相互配合，且必须迅速做出决策。如果缺乏具有计划性、协调和统一的领导，势必影响政府反应速度和应急能力，就无法实施有效应急管理。因此要求建立一个使所有应急管理工作的参与者都能够一起工作的指挥系统，即整合应急管理系统。整合应急管理系统要求各级政府依据各部门、社区等的法规安排，通过提供治安、消防、救护、医疗和紧急事态服务，以及通过向社区提供政府服务等方式，对有效的预防、准备、响应和重建所不可或缺的职责行使控制权。中央政府对省、市等地方政府在处理紧急事态和灾难能力方面提供指导与支持，对省、市等地方政府在应急能力所不及的紧急事态和灾难中提供实质的物质援助。

整合应急管理系统中各级政府的职责和权限包括以下几个方面：①地方政府对公民的安全、预警事件的情况了解负直接责任，应急管理部门是地方政府能够全天候应对紧急事态的部门；②省级政府在紧急事态应急和重建工作中，依法发挥中央政府和地市政府之间的联系中枢作用；③中央政府具有法定权力、财政资源、技术信息、专门人才和研究能力，在紧急事态和灾难的应对和重建中，对省、市等地方政府提供援助。

通过整合应急管理系统期望达成以下目标：①促进各级政府管理部门的充分合作，为各级政府实现共同的应急目标提供灵活性帮助和应急资源；②强化对已知应急管理措施的有效落实；③实现应急管理规划与各级政府决策和行动体系更加紧密结合；④在现有应急管理预案、系统和能力的基础上，扩展它们对所有类型的紧急事态的适用范围。

整合应急管理系统促使中央政府、省（自治区、直辖市）、市、县等各级政府部门，企事业单位，私人部门，民间组织和公民，在应急管理中的每一个阶段，都能有效分担使用资源的责任。这样保证了在这一应急系统中，每一个人、单位、机构和团体都有自己的作用和职责，最终结果则由所有参与者分担。

三、应急管理生命周期理论

应急管理生命周期理论，依据灾难的发生周期，将应急管理的活动、政策和项目分为四个功能区：减除、准备、应对和重建。在实际操作过程中，这四个阶段之间并没有明显界限，阶段间的内容相互关联，且相互渗透，常常有交叉和重叠的地方。

各个阶段的内容简单说明如下。

（1）减除，指消除或减轻（降低其严重性）危险造成的后果。主要措施和内容包括：土地使用规划与管理、建筑法规、重新设置安全改进措施、公共信息立法、社区须知与教育、税收、保险鼓励与抑制等。

（2）准备，指确保社区内的准备。主要措施和内容包括：社区须知与教育、灾难预案、培训与演练、紧急事态通信、撤离预案、相互援助协议、预警系统、资源存货、特别资源的提供等。

（3）应对，指紧随着危险的发生立即提供有效的应对措施。主要措施和内容包括：实施预案、实施紧急事态的立法与宣布、发布预警、启动紧急事态行动中心、动员资源、通报公共权力部门、提供医疗援助、提供紧急救济、搜寻和救援等。

（4）重建，指为受影响的社区提供重建手段。主要措施和内容包括：修复基础设施、社区康复、咨询方案、临时住处、财政支持与帮助、卫生与安全情报、长期医疗保健、物质重建、公共情报、实施经济影响研究。

四、有准备的社区理论

有准备的社区（the prepared community）理论，也称有重建能力的社区（resilient community）理论。社区作为社会的基层结构，政府对它们的管理主要是指导、引导、建议和提倡。因紧急事态和灾害通常发生在社区，且严重影响社区安全，政府援助往往需要一段时间才能抵达受灾现场，这就要求社区具有应对灾害的基本能力。

就社区而言，处理紧急事态与灾害方面的三个重要环节是地方政府、社区居民和志愿者组织。社区居民应了解当地危险源和被推荐的保护性措施，可采取适当的个人防范，积极参加以社区为基础的志愿者组织，获得当地政府在处理紧急事态时的有效安排等。受过专业教育培训的社区志愿者组织在社区的支持下，可以在紧急事态管理中发挥重要作用，能够充分融入紧急事态应急管理安排中。因此，社区中的居民、志愿者组织，加上当地政府的组织与安排，构成了"有准备的社区"理论的基本内容。

"有重建能力的社区"的含义是：有重建能力的社区可能在自然灾害的极端重压下屈服，但基于以下原因它们不会瓦解：①它们的道路、公用事业和其他辅助设施构成的生命线系统具有持续运转功能，能够面对洪水、飓风和地震等的破坏；②它们的居民区、企业、医院和公共安全中心坐落在安全地区，而不是已知的高风险区；③它们的建筑设施符合规范标准要求，能够抵御自然灾害的威胁；④它们的自然环境保护系统诸如沙丘和湿地等要素得以充分保护。

五、公共安全管理的基本原理

公共安全管理应充分应用管理学、法学、政治学等科学理论与方法对全社会施加安全管理并提供安全服务。公共安全管理是一个复杂的系统问题，基于系统的特征，可以归纳为以下基本原理。

(1) 公共安全管理的有限时空原理。公共安全管理是在一定的时间和空间系统规模下实施的管理行为，需要对管理系统的时间和空间做预设，在没有时空界定的系统中去讨论如何实施公共安全管理没有意义。

(2) 公共安全管理的人本原理。公共管理系统的主体是人，人也是系统的核心要素，因此各种管理行为需要以人为本。

(3) 公共安全管理的目标原理。系统具有目的性，公共安全管理的根本目的是安全，所有的管理行为需要有目的性。

(4) 公共安全管理的动态原理。公共安全管理系统中，所有的要素基本都是动态的，各种动态要素耦合在一起，使整个系统也具有动态的特性。

(5) 公共安全管理的信息原理。公共安全管理系统中各要素及其相互作用和演化与系统的控制，都是由信息来表征且离不开信息的作用。

(6) 公共安全管理的局部和谐原理。公共安全管理系统是一个复杂系统，在某一特定的局部时空内具有自组织性和协同性，系统要素间表现出一定的秩序性，即存在局部的和谐。

(7) 公共安全管理的梯度原理。公共安全管理系统是一个复杂系统，各要素和组织在某一特定的时空内具有一定的层次性，即系统中存在梯度和层次性。

(8) 公共安全管理的权力约束原理。系统存在着边际性，任何系统中的公共安全管理的权力和作用都是有限的，需要受到系统的约束。

(9) 公共安全管理的执行力正相关原理。公共安全管理系统是动态的和不断演化的，其演化的动力与系统管理的执行力呈正相关，公共安全管理系统的行为与控制和执行力密不可分。

(10) 公共安全管理的降维原理。对于复杂公共安全管理系统，可以运用系统分解方法将其分解成多个子系统，使系统的维度减少，即降维原理。

(11) 公共安全管理的有限开放性原理。公共安全管理系统都是开放性的，但也不是无限开放的。特定时空界定之下的公共安全管理系统时时刻刻都在与其他系统发生各种交换，不管是物质、能量还是信息等要素的交换。

(12) 公共安全管理的场效应原理。公共安全管理系统中存在着物质、能量、精神、行为、伦理、文化、信息等各种有形和无形、肉眼可见和不可见的"场"，这些场的氛围和效应必然在系统中产生作用。

公共安全管理的 12 条基本原理具有方法论层面的意义，同样适合应急管理系统。

第三节　城市公共安全与应急管理发展

城市作为人类文明与创新的中心和社会组织的形式，在国家工业化和现代化进程中占据重要地位。历史证明，城市不仅对国家政治和经济的发展起着巨大的推动作用，而且对科学技术和文化教育的发展也功不可没。城市是人口和财富最密集的场所，也是最需要重视安全的地方。

从城市可持续发展与综合减灾观点出发给城市下定义：城市是包括社会、经济、自然、文化等因素在内的统一体，在内容、作用及空间结构上有其特殊性，它既是现代灾害及事故风险的交会处，也是人类追求平安的休息地，在现代及未来城市中要体现良好的生态环境及安全能力、减少事故及危险发生，城市应成为国际竞争力及现代文明的标志。

一、城市公共安全的风险与挑战

城市化是当今世界的发展潮流，它是生产力发展和工业化水平提高的产物，是人类社会进步的标志。随着社会的发展与人口的快速增加，世界性的城市化趋势越来越明显，未来的世界被认为是城市的世界。

1. 城市发挥社会经济生活中的核心功能

（1）城市为人类的各类活动提供便利条件。一般来讲，城市的基础设施更完善，包括供水、供电、环境卫生、商店、医疗保健、教育和娱乐服务等。因此，城市为更多的人提供生活空间，提供多种多样的就业机会，从简单体力劳动到复杂脑力劳动各种类型的工作需求广泛，可以创造出巨大的社会财富，直接促进社会经济的发展。居住在城市的人们可以享受便利的交通、灵通的信息，可以参加诸多社交活动，充分享受现代化所带来的阳光雨露。

（2）城市拥有交通、通信、资金、人才、科技等聚集优势，对地区经济具有推动作用。城市化给社会带来了人口和工业建筑的高度集中，加之城市所在地的水资源、交通运输、人才、资金等条件较好，有利于充分利用各种能源、资源和空间，组织生产和实现社会合理联系与分工，从而促进生产力的发展，使城市化显示出聚集效应的优势。

（3）城市是特定区域的政治、经济和文化中心，对地区和区域经济以及社会发展具有重要的辐射推动作用。城市的高就业率，资本和技术的集中，以及人、物、资金、信息的充分流动，使城市化成为可靠的经济增长动力源。同时城市快速发展也会对周边地区产生影响，尤其是一些中心城市在发展的过程中会带动周边地区向城市化发展，从而使得城市以群体的形式发展。

2. 现代城市是灾害的巨大承载体

现代城市出现了人口集中、建筑物集中、生产集中、财富集中等的趋势，伴随这种趋势，城市也成为灾害的巨大承载体。城市的规模越大、现代化水平越高，其潜在的灾害种类就越多，各种灾害发生的频率也越高，危险性也越大，其主要表现有以下几方面。

（1）城市所承载的灾害种类越来越多，发生越来越频繁。各类灾害对城市都会产生影响，给城市造成损失。按照目前国内通行的划分方法，直接作用于城市的灾害主要有：地震与地质灾害、气象灾害、暴雨洪涝与水荒、火灾与爆炸、城市工业与高新技术致灾、公害致灾、城市生命保障线事故、交通事故等。

（2）城市规模快速膨胀，城市社会经济越发达，财富越集中，人们对城市的依赖越严重；城市的脆弱性和易损性越大，危险性也就越大。城市是特定区域的政治、经济和文化中心，集中了大量的物质财富，一方面有利于经济建设，成为经济发展重要的推动因素；另一方面，物质财富的集中，增加了城市的脆弱性和易损性。为了给城市居民提供良好的居住、生活、工作条件与环境，为了适应现代城市的社会经济发展，城市建筑物和构筑物的数量也急剧增加，并且不断向空中、地下发展，出现了大量密集的高层建筑和地下商场、铁路、隧道。人们赖以生存的供水、供电、能源、通信等城市生命线系统一旦遭到破坏，就会给城市造成极大的损失。一旦发生大地震，数十秒钟就有可能使大面积房屋损毁，使城市水、电、气、交通、通信系统全部中断。

（3）随着城市的发展，城市新的灾害源不断增加，城市的人为破坏、人为灾害增加。城市人口高度集中，高价值设施集中，使城市发生灾害的可能性增加，而人的防灾能力在相对减弱。现代化城市的灾害不仅指自然灾难还指涉及人为因素诱发的现代灾害，这些新致灾源有数十种之多，而且频繁发生。典型的有：建筑物的腐蚀破坏、建筑渗漏、火灾与爆炸、地沉与塌陷、装饰危险、钢结构构件断裂、室内公害污染、建筑物生物危害（蚁巢等）、恐怖袭击、爆炸、投毒事件、交通事故、疫病的流行等。这些新灾害源的产生，不仅会造成严重的经济损失，而且会造成大量的人员伤亡，而有限的医疗救护能力明显不足，造成治疗延误，反过来又加重城市灾害人员伤亡。

总之，城市发展到现代社会，它既是人口、财富的象征，也是灾害的巨大承载体。在未来的城市化进程中，一个缺乏应急管理能力或者说这种能力很弱的城市，是无法跻身于发达城市行列的。无论是古代还是现代，都曾有很多城市在灾害中消亡，人类现在虽然掌握了比过去更为发达的科学技术，具备了更强大的经济实力，但也不能保障已经完全能够摆脱城市被巨灾吞灭的命运。

21世纪的现代化城市在给人们提供高质量城市服务的同时，也面临着许多城市公共安全问题，越来越多的防灾减灾专家认为，要研究国家的可持续发展战略，首先应解决的是城市抵御灾害的能力。城市灾害一触即发，一发即惨，而且灾害原因复杂、突发性强、灾度难测，对城市和区域的持续发展产生迟滞效应。城市灾害有牵一发而动全身的破坏力；灾害的强度有极大的随机性。

灾害发生时的影响是极其深刻的，它涉及的范围往往也非常广泛，从人的伤亡到社会心理的影响，从直接经济损失到间接经济损失，从对构筑物的破坏到对生态环境的影响，从受灾城市的损失到社会经济发展受阻等。因此，保卫城市安全，增强城市的综合减灾能力，加强城市灾害应急管理，也是城市建设和发展的重要目标，更是国家各级政府的重要职责。

3. 城市公共安全与应急管理中的主要问题

从灾害发生的规模、频率以及其造成的社会危害来看，全球所有地区受到自然灾害、技术灾害和人为灾害等的冲击正在持续增大,导致灾害的主要因素,正以一个相对恒定的速率继续增长。城市基础设施的老化、环境和气候变化等也在以更加不可预测的方式发生着。有专家指出,现代社会面临十大危机:

①神秘微生物。对其来源、病理机制、克星等,专家们无从知晓。即使费尽千辛万苦取得研究成果,其快速变异的特性又迫使专家重新研究。②城市生命线。如电力几乎是现代城市的血液,欧美不少著名城市出现过突然停电,每次停电都引起不同程度的混乱,让城市管理部门陷入高度紧张中,让居民焦躁不安。③恐怖主义。其以最大限度杀伤为目的,不择手段。④交通。现代化轨道交通也并非万无一失,抛开人为因素,单是精密复杂的现代技术就可能隐藏风险。⑤生态。一方面是外来物种侵占本土物种领地,另一方面"三废"(废水、废气、固体废弃物)排放无度也是生态破坏的一大因素。⑥链接风险。经济链接、产业链接和市场链接与政治风险、经济风险、技术风险和法律风险密切相关。⑦单边主义。试图格式化其他国家与地区社会结构和经济结构的单边主义,总是在酝酿摩擦冲突。⑧发展失衡。国际、国内发展过度失衡会引发国际或国内动荡。⑨国家"软实力"匮乏危机。⑩富国老龄化、穷国膨胀化的人口危机。

所有这些都表明,城市应急管理领域的任务将不仅变得更加复杂,而且已经成为各个国家不断寻求有效治理方案而进行研究的中心议题。

二、城市公共安全的发展战略

随着城市的迅速发展,我国城市防灾减灾问题日益得到各相关部门的重视,并取得了很大的成果。但防灾减灾体系是在计划经济的条件下建立起来的,随着现代社会体制的变革,以及现代城市灾害的群发性和链状特征显露,传统的防灾减灾体系已越来越不适应现代城市可持续发展的要求,因此,尽快建立适合现代城市发展的灾害综合应急管理体系,已经成为我国未来城市健康发展的基础。

1. 建设可持续发展的文明城市

城市可持续发展是人类历史进入新时期的发展战略。它是人类在经历了长期的探索和努力、吸取了正反两方面的经验和教训之后,为了推动社会进步所选择的正确道路。其实质是强调社会、经济发展与资源、环境相协调的一种发展模式,以抛弃偏重数字增长,忽视资源合理开发和利用,甚至以牺牲环境作为代价的传统经济发展模式。具体的要点如下。

(1) 既要保证一定的生活质量,又要实现环境资源的持续利用,以促进经济持久发展。因此,环境规划的任务就是研究在社会经济发展过程中,如何进行资源的合理开发、利用与保护。其中,要进行社会经济发展的环境影响分析,包括研究环境污染物迁移扩散规律,依据经济发展(如发展规模、发展方向、生产力布局、产业结构等)进行环境污染预测,以及分析生态系统的影响等。

(2) 经济发展要与环境建设相协调。包括城市功能分区布局、劳动力布局、环境目标值的确定等,都要从环境保护角度制定宏观控制方案。

(3) 制定生态系统的开发、利用、保护与建设方案,制定污染源区域总量控制方案及区域总量控制规划。

(4) 分析中国安全减灾的态势,以防灾减灾为主要责任。要科学地保护我国现在的生产与生活环境,采取积极对策应对安全问题的影响;要掌握事故、灾害高发的规律性、敏感性和各类早期征兆；探索出事故、灾害诱发机理，从而提出集科技、法规、示范工程于一体的安全减灾文化战略，使可持续发展战略充分体现。

近年来，人们一直关注可持续发展问题，但对于可持续发展的理解以及贯彻，一些地方还不到位。具体表现为：发展模式单纯强调经济增长，在一些地方的决策者心目中，经济增长才是第一位的，而生态环境、社会保障、卫生防疫和公共安全等构成社会发展的一系列关键要素却时常被忽略，包括社会安全系统构建在内的社会整体发展也未能同步推进。这种发展模式在短期内也许能维持经济的高速增长，但不可能坚持长久。经济增长离不开一定根基，如果经济增长不能与生态环境保护、现代灾害防御、社会保障、经济安全等相关工作协调推进，经济增长的成果迟早会因此而打折扣，甚至可能导致社会失稳等不堪预料的后果。因此，必须清醒地意识到，在致力于发展经济的同时，绝不应该忽视与社会持续发展息息相关的非传统安全因素的潜在威胁，万万不可忽视非传统安全体系的构建。

衡量城市现代化的主要标志是：在为居民提供高质量居住环境的同时，还能为居民提供高质量的"软环境"，使居民能过上文明、健康的生活。具体地说，应强调以下几点。

（1）为居民构建优美的软环境。城市绿地面积，是城市现代化的一个重要标志，它不仅体现了优美的自然生态环境，也体现了良好的社会文化环境。

（2）创建高雅的社会文化设施。在城市建设中，应搞好公共文化设施。城市文化设施建设既强调配合，又要分层次，不同层次有不同要求，但不管怎样，都要全面规划，落到实处。

（3）创建城市文明社区。要以提高市民素质和城市文明程度为目标，开展创建文明城市的活动。每个单位都要实现环境优美、秩序优良、服务优质、推动城市精神文明建设的目标。通过城市文明社区建设，使市民的文化意识和文化层次提高，带动周围地区和农村的发展，树立全民文化意识。

（4）体现城市特色。每个城市都应该有自己的特色，这种城市特色，不仅体现在自然风光方面，而且表现在人文环境方面。从文化上塑造城市特色，是反映城市特色的一个重要方面。城市建筑不仅有居住的功能，而且具有审美的功能。

（5）提高公民素质。"软环境"的建设比"硬环境"的建设更加复杂，任务更为艰巨。城市是文明的中心，也是各种矛盾的焦点。如果站在可持续发展的高度来处理城市问题，矛盾会更多。城市发展需要更多高素质的人，不仅需要高素质的领导者和管理人员，还需要高素质的城市居民。因此，不断提高人的科学文化素质，促进人的全面发展，提高市民文化意识，确立文明、健康、科学的生活方式，是城市建设的一项基础工程。

2. 公共安全与应急管理发展战略

（1）实践应急管理方法一体化。传统的防灾减灾主要是指对灾害做出反应和响应的民防指挥与控制的方法。随着灾害环境的变化，在20世纪70年代，应急管理专业工作者和综合应急管理方法应运而生。应急管理专业工作者指的是把自己绝大多数时间奉献给应急管理的特定管理者或从业者。综合应急管理方法指的是通过协调所有有关人员，明确对各种灾害类别的应急和灾害的管理责任并提高其管理能力，包括减灾（或者减少风险）、准备（就绪）、反应和恢复多项内容。从此产生了一体化应急管理系统，该系统能够促成不同层面上的资源拥有者之间的合作，即不同水平的政府之间，或不同的机构与公营和私营产业之间的合作。一体化应急管理系统把注意力集中于灾害分析、能力评估、应急规划、能力保持、应急反应和恢复方面。然而，尽管综合应急管理方法或一体化应急管理系统在以后主导着应急管理思维，但是其实践应用却比较滞后。

（2）综合防灾。现代城市的迅速发展，使得城市灾害具有更加复杂的特性，不仅在很大程度上加大了单一防灾减灾技术推广的难度，而且使整体减灾的效果越来越差。传统的防灾减灾只是重视各部门的单一灾种的防治，而城市灾害应急管理体系是从城市整体发展要求的角度出发，更加重视各种城市灾害的综合防灾。

（3）利用市场手段防灾减灾。若采用由政府包揽防灾、救灾、重建等一切工作的减灾方式，虽然高度体现了政府对人民的关心和负责精神，并且可以集中人力、物力、财力实施减灾工程，但也存在弊病。最突出的弊端是容易使地方、企业和民众产生"等、靠"的依赖思想，不能充分发挥各方面减灾的积极性，难以形成广泛的社会化减灾模式。这种机制除了导致社会减灾意识薄弱外，还会造成减灾能力不足的问题。随着社会的发展，灾害造成的损失和发生频率大幅度增长，单靠政府投入以及各部门的单方作用，会使日益沉重的减灾工作变得困难。另外，单纯的政府行为往往忽视了减灾的经济效益和产业性质，抑制了减灾产业的形成和发展。现代意义上的应急管理在强调政府主导协调作用的同时，还要充分重视减灾社会化和市场手段，从根本上改革传统的减灾体制。根据减灾事业的性质和市场经济的特点，推动减灾社会化和产业化是发展减灾事业的根本保障。因此，现代城市灾害管理应该改变当前救灾主要或仅依靠政府的局面，而让市场经济给救灾工作以广大的空间。发挥各类保险业、非政府组织的防灾救灾作用，是改革减灾救灾体制并使其成为更公平、更有效运作的途径。防灾减灾建设是投资量较大，而短期回报又不明显的国家基础性建设项目，对待此类项目除了尽可能增加投资额以外，市场经济条件下的政府，更为重要的是建设良好的投资机制和不断地调整激励政策，即充分利用好市场手段。

（4）加强防灾减灾的基础研究和多学科合作。防灾减灾工作更强调发挥专业部门的工作效能，要把应急管理任务纳入更加全面的风险管理框架之中。为了提高效率，灾害管理不能孤立地完成，必须将灾害应急管理实践整合到更广泛的领域中去。同时，应急管理强调专业知识、技巧和培训的作用，更加讲求科学理念。应急管理所涉及的专业知识很广泛，涉及的主要学科有：人类学、气候学、人口统计学、经济学、工程学、地理学、地质学、法学、气象学、政治学、心理学、地震学和社会学等学科。

三、城市公共安全的监测

城市是一个社会、经济、科技、文化等方面高度集中的具有综合性的开放系统。随着城市的发展，大量物质财富和人口高度集中于城市，不仅使灾害复杂化，而且有扩大的趋势。城市作为特殊的灾害承载体，可能导致灾害发生的因素很多。有自然方面的因素，如气象灾害中的大风、暴雨、冰冻、大雾等；地质灾害中的滑坡、地面沉降、海水倒灌、地震等；环境灾害中的污染、噪声等；生物灾害中的瘟疫、病虫害等。此外，人为或技术的因素，造成的灾害隐患也相当多，如火灾、交通事故、化学事故、水管破裂、煤气泄漏、输电事故等。当前，对我国城市威胁的主要自然灾害为地震、洪涝、风灾、地质灾害等及灾害所导致的次生灾害（当一种主灾害发生后，直接会导致另一种灾害的发生，一般称后者为次生灾害）。国内外城市灾害的大量资料证明，现代城市灾害具有明显的叠加性和连锁反应特征，常常以群发的形式出现。

任何社会都会不可避免地遭受各种各样的灾害，灾害不仅使人民的生命和财产遭受巨大损失，对经济和社会的基础设施造成巨大的破坏，也会引起环境的恶化，阻碍社会的可持续发展，甚至可能导致社会的不稳定。对于一个城市而言，建立一套高效的灾害监测与预警体系，是科学防范和应对灾害的基础和前提，是科学管理灾害的客观要求。

1. 做好灾害监测基础性工作

实践表明，任何一次突发性灾害或危机的发生，都必然经历一个危险因素潜伏、危险因素由量变到质变转化、危险因素引燃与迅猛爆发的过程。从危险管理的角度来看，对于危机演化的各个阶段，都可以采取相应措施进行危险规避、控制、转移与向更大范围分散。以恐怖活动为例，其危险因素的潜伏期往往具有两个比较明显的特征：一是某种邪恶观念的滋生与散播；二是某种形式的有预谋的组织活动。在这一阶段，政府最直接的危险管理举措便是规避风险。但一般来说，也正是在这一阶段，由于某种不确定性的存在，如观念标准把握的不确定性、组织活动的隐蔽性，或邪恶观念与其组织活动依附于某种传统的合乎人们意识的行为活动等，往往使得直接辨别危险因素的存在异常困难，从而导致危险因素得以潜伏并直接进行量变积累。

任何一种灾害都会经过从孕育到发生再到破坏这样渐进的过程，因此，对灾害从孕育到发生的各个阶段进行有效的监测，便成为灾害应急管理的基础工作。灾害监测就是通过一定的科学方法，对可能诱发灾害的各种因素和灾害本身的变化进程进行适时观察、测定，及时了解其活动、变化规律和趋势的灾害管理活动。

灾害监测网络是指为了实现对灾害的有效监测而建立的各级、各部门、各地区不同层次的、涉及不同灾种的监测体系，它包括监测技术网络、人员网络、组织机构网络等。通过建立高效的灾害监测网络，实现对灾害及时、准确、全方位的管理，为灾害的预警、灾害的预报、灾害的有效处置，以及灾后的恢复等阶段的工作做好准备。

灾害监测从不同的角度分析，可将其划分为多种不同的类型。根据灾害应急管理的不同要求，灾害监测可以分为常规监测、特殊监测和随机监测。常规监测最常见的形式就是一般的定期监测。即按照一定的时间安排，对可能引发灾害的灾害源进行日常性的灾害风险信号采集和监测。特殊监测是对特定灾害的可能载体或灾害源进行非常规监测，一般是对一些重大灾害源进行的监测或者是在一些灾害发生的临近期或发生期间的监测。随机监测是根据现实需要而对某些可能发生的突发事件随机进行的抽样监测，对指定范围和对象进行突发性的风险信号采集。

而根据灾害监测的时间顺序，可以把灾害监测分为早期监测、中期监测和后期监测。早期监测一般是在灾害风险还没有被感知和发现，或者刚刚被感知和发现时进行，按照风险作用点和风险可能发展的路线，对指定的对象和承灾体进行灾害风险监测，力求尽早发现和控制风险。中期监测是风险发展到一定阶段以后，灾害风险特性逐步显露出来，而且在风险发展方向上也表现出无法改变的取向，此时对灾害进行进一步监测，力争掌握灾害产生的各个侧面的变化情况。后期监测是当灾害风险已经发生并可能造成一定破坏时所做的监测，此时仍坚持灾害监测是为了实时掌握灾害发展变化的趋势。

2. 灾害监测手段应实现科技化与数字化

虽然各种灾害监测手段不尽相同，但随着现代科技的日新月异，城市灾害的监测手段也逐渐向高科技化与数字化方向发展。尤其是人类对自然灾害的监测能力越来越强，虽然一些传统的简易方法仍在使用，但许多具有高精度、自动化程度很高的技术已经在许多灾害监测中应用，尤其是空间技术在防灾减灾方面的应用已表现出巨大的潜力。

卫星技术应用于减灾领域是该技术在通信广播、导航定位、气象、资源和海洋环境等领域广泛应用的基础上必然的发展结果。而计算机及信息技术的迅速发展，为卫星技术的减灾应用提供了广泛的基础。利用卫星技术防御和减轻威胁人类安全的自然灾害,是对传统防灾抗灾手段的重大突破,其巨大的应用潜力有待于进一步开发和利用。卫星技术的应用优势在于当灾害发生时,某些地面系统可能受到冲击或破坏,而航空观测要受天气的限制,卫星遥感观测不受任何灾害影响,特别是空间微波遥感器有全天时、全天候观测能力,卫星通信的无障碍性使得卫星系统在灾害管理中发挥着其他手段无法比拟的作用。连续大面积覆盖的卫星观测与地面数据收集系统结合,是获得灾害各种重要信息的最有力的手段。对偏远和人类无法到达的地区而言,卫星技术是唯一能提供实时信息的途径。在评估各种灾害的风险性时,各类卫星观测的信息数据(光学、红外线、微波)提供了极有价值的信息。根据卫星信息进行的受灾危险性分析、受灾带划分和预先风险评估,可用于预先采取防范和保护性措施。卫星遥感及通信的重要作用还在于:对灾害破坏程度的可靠预估;对灾后状况的评估;为及时救援和协调营救提供必需的信息支持。

我国已形成气象监测预报网、水文监测网、地震监测和地震前兆观测系统、农作物和森林病虫害测报网、海洋环境和灾害监测网、地质灾害勘查及报灾系统等,构成了以电话、无线电通信、国际互联网、电视和基层广播为发布手段的预警信息网络,为各级政府及组织防灾抗灾提供了支持。除采用常规监测手段外,我国还广泛应用了卫星遥感、地理信息系统、全球定位系统等高科技手段,建立防洪抢险机制和调度指挥系统。我国还重点开展了以自然灾害监测、预测和综合减灾对策为主的一系列防灾减灾的科技研究,取得了一批重要的科技成果。此外,灾害监测预警技术、抗震及防风防火建筑技术、水利工程建设及修复技术、航空和航天遥感监测技术等高新技术,在减灾工作中得到广泛应用并发挥了重要作用。特别是近年来我国在一些灾害监测中也开始使用自动化程度很高的远距离遥控监测系统或空间技术——卫星遥测,自动采集、存储、打印和显示灾害孕育、发生的有关监测数据,绘制出各种变化曲线和图表,在某些领域实现了灾害的自动化监测。以气象卫星系列、资源卫星系列、海洋卫星系列和环境与监测预报小型卫星群组成稳定运行的陆地、大气、海洋的立体观测系统和动态观测系统。这些高科技、高精度监测技术的广泛应用,可以针对各种灾害建立高精度的测量控制网,甚至可以实现无人值守的实时动态监测,为我国的测量技术开辟了一个新的领域,使我国对各种灾害的监测能力发生了根本性的变化。

四、城市应急管理的资源储备

在安逸的生活环境中,恐怕谁都不愿意谈及灾害的应急问题。可是,一系列潜在的劫难和身边的危情,又时刻在向我们敲响警钟:灾难就在我们身边,我们必须随时做好应对各种突发事件的准备,否则,必将蒙受巨大的损失。

1. 资源储备在城市应急管理中的作用

城市灾害应急资源是既包括防灾、救灾、恢复等环节所需要的各种物质资源,又包括与灾害防救相关的技术和人才等资源。实践证明,搞好灾害应急资源的储备,是提高综合应急水平的关键,尤其对提高城市灾害救援能力具有十分重要的意义。

(1)城市灾害应急资源储备是城市灾害应急管理工作的基础。常言道,"兵马未动,粮草先行",合理储备灾害应急资源是灾害应急管理的重要环节。城市整体的应急管理能力是由城市减灾的硬件、软件及其相互关系决定的,城市应急资源不仅包括统一、高效、权威的指挥体系,而且包括可靠灵敏的通信网络、牢固实用的防灾救灾设备与设施、快速精干的应急救援队伍,以及技术知识精湛的专家咨询队伍等。因此,加强城市灾害应急资源储备,是提高城市灾害应急管理水平的基础。

(2) 加强应急资源储备是由灾害自身的特性决定的。灾害尤其是重特大灾害，不仅具有涉及面广、破坏力大的特点，而且具有不确定性、突发性强的明显特征。一般情况下，一旦灾害发生，就很难预测会出现什么情况。因此，事先做好各种抗灾救灾的综合应变措施，加强各种资源的储备至关重要。为了最大限度地降低灾害给人民群众造成的损失，保障灾民的生命和财产安全，应建立各级应急资源储备体系，一方面可以通过及时预防，阻止许多灾害的发生，另一方面可以保证当灾害发生时及时地控制灾害发展的势头。实践证明，灾害应急资源的准备工作越充分，防灾、抗灾、救灾的效果就越好，把握性就越大。

(3) 加强应急资源储备是为了保证受灾地区应急救助的需要。一般情况下，灾民遇到普通灾害时，都能在当地政府的领导下，通过生产自救解决。但是，在遇到重特大灾害时，部分自救能力差的灾民就需要及时获得政府的救灾物资或款项，特别是有大量人员伤亡的洪涝、地震、强台风、突发性公共卫生事件等灾害，更需要建立救灾储备体系，保障及时提供抗灾的技术、人力和物资支持，从而提高抵抗大灾的应急救助水平。

2. 灾害应急资源储备的主要内容

灾害应急资源的储备，是实施紧急救助、安置灾民的基础和保障。它主要包括救灾物资储备、应急设备与设施储备、防治灾害的技术储备和救灾人才储备等内容。

(1) 救灾物资储备。为了切实保障灾害发生时救灾物资的供应投放，目前在全国范围内建立了许多救灾物资储备中心。简言之，就是救灾物资仓库，储存专项用于紧急抢救、转移、安置灾民和安排灾民生活的各类物资。

(2) 应急设备与设施储备。应急设备与设施储备是开展应急救援工作必不可少的条件。为保障应急工作的有效实施，各地区和应急部门都应制定应急救援设备与设施的配备标准。平时做好设备与设施的保管工作，保证其处于良好的使用状态，一旦发生灾害就能立即投入使用。应急救援装备的配备应根据不同的应急救援任务和要求选配。选择装备要根据实用性、功能性、耐用性和安全性以及客观条件配置。

(3) 防治灾害的技术储备。减轻灾害是一项复杂的自然—社会—经济系统工程，它必然以现代科技为依托，通过技术储备来树立科技减灾的观念。技术储备主要指技术人员和技术方案的储备，包括对各种灾害本身的科学研究，对灾害的监测观测网络技术的研究，对各种灾害的防治及救援技术方案的研究等。

(4) 救灾人才储备。主要是指两个方面：进行各种灾害研究的人才储备；进行灾害防治救援人才队伍的储备。提高灾害救援人力储备与动员水平，一要通过调查切实掌握各类灾害救援技术人员的现状及可能的发展，为拟订灾害救援动员计划和灾时实施可靠的动员提供依据。世界上许多国家都建有医务及现场救援等技术人力资源数据库，作为国家人力资源数据库的分支系统，极大方便了平时的管理、核查和灾时调用。二是重点加强基层救灾技术专业队伍的建设。基层救灾技术专业队伍的建设，要突出基层救灾技术专业队伍的知识训练和快速动员训练，并让其学习必要的灾地救护和防护等知识。三要不断提高社会群防群救能力。平时应在基层和群众中有组织、有计划地培训各类救灾防灾人员，形成一定规模的群众救灾队伍，并在群众中普及互救自救知识，以减少灾时社会人员的伤亡。关于城市灾害紧急救援人力资源建设，一方面，应有效整合政府的救灾力量，如军队、武警、消防等，形成分工明确、协调有力的应急反应机制；另一方面，可以通过政策引导和扶持，借鉴国外经验，吸引民间资本建立专业的紧急救援服务企业，同时以城市社区为依托，通过培训，组成具有一定自救、互救知识和技能的社区志愿者队伍。

五、城市公共安全体系的建设

公共安全管理体系主要是针对城市而言的。城市公共安全体系的建设，关键在于建立日常管理系统，与危机处理系统形成统一平台，实现两大系统的对接。

1. 城市公共安全日常管理系统

公共安全日常管理系统是在公共安全危机发生前，由政府管理部门、相关社会组织和市民共同进行公共安全危机预防、化解的一个有机整体。主要由组织管理、危险源控制管理、目标监测、教育培训和救援保障等五大系统组成。

（1）组织管理系统。该系统的主要职责是协调组织和决策有关城市公共安全管理和危机处理的重大事项、决定危机处理等级和启动程序等级等，负责协调市政管理、商业、城市建设、安全生产监督、文化、公安、卫生、药品监督、交通、消防、水务、环保、技术监督、民政、人防、房管、工商、城管、宣传等有关职能部门，对城市公共安全进行全方位、多角度预测、监管、控制、规划、协调和处置，依据城市公共安全危机事件程度，设置公共安全等级，提出不同级别的危机处理指挥系统等；进行公共安全信息的搜集、整理、分析、预报；协调、指导和监督各有关单位落实安全管理责任制，减少和消除各项安全隐患；根据危机的潜伏期、爆发期和危机后的重建期等不同阶段的特点，制定工作预案，进行应急演练；对社会单位和市民进行公共安全宣传、安全知识教育和防范技能培训等。

（2）危险源控制管理系统。危险源是指可能由人为因素而引发公共安全危机的各类场所和设施。如加油（气）站、危险化学品生产（经营）单位、大型人员聚集活动场所、高层居民的水箱和中央空调设备、大型地下商场等。掌握与控制危险源是进行城市公共安全管理的基础性工作，由于危险源在一定程度上是由可观测和可控的人造系统组成的，只要工作深入细致是完全可以掌握与控制的。建立城区内的公共安全危险源清单，并确定负责单位和监管单位，利用城市管理新模式把所辖区域重大危险源的地理位置、危险程度、周边情况、企业管理信息等与本地区的地图一并输入计算机，采用网络化管理，通过查询电子地图和相应的数据库，以及城管监督员的巡视，可以及时得到危险源的相关信息。相关政府管理部门只要对危险源进行跟踪监控，发现险情及时处理，即可大大提高公共安全管理的水平。

（3）目标监测系统。主要是应用城市管理信息技术，对城市公共安全目标进行监测，发现危险征兆，及时进行预警，保障城市公共安全。目标监测系统由固定目标监测和移动目标监测两部分组成。固定目标监测主要是两种方式：一是运用网络技术，由城市监督员进行监控，二是利用公安、交通、城管、社区和单位内部已安装的电子摄像头，对各类固定危险目标进行监控。移动目标监控，主要在上述监控手段的基础上，利用可移动全球定位系统，实现对运送易燃、易爆、有毒物质的运输环节的监控。通过借助自动检测、传感器以及微电子与计算机技术，把各类危险目标影响安全的有关参数检测出来，传输到城市公共安全检测信息平台，当信息平台按照设计的模式发出预警信号时，协调管理部门及时进行应急处置，根据突发事件程度，确定由常态转入应急状态的等级。

（4）教育培训系统。主要是加强对城市公共安全突发事件防范知识的宣传教育和培训。重点是社区居民和中小学生。要大力倡导世界卫生组织关于安全社区的理念，通过对社区危险源的风险评估、居民的防范教育和训练、应急预案的制定、日常组织和演练、应急处置、事后恢复和紧急救援的组织实施，形成全民皆防的局面。社区可以建立公共安全小组，每个小组建立一支志愿者队伍，开展以防震、防火、防爆、防污染、防疫情、防事故等方面的演练，增强社区居民的公共安全自防意识和自防能力，减少各类事故发生。总之，居民防范意识的提高是减灾的重要基础，应以社区和单位为依托，组织各种形式的公共安全小组，组成志愿者队伍，开展经常性的培训和演练，提高城市公共安全危机发生时第一反应人的能力。

(5) 救助保障系统。由城市财政部门等相关部门和群众团体组成后勤保障系统，负责制定物资保障方案，设置长期储备量和短期储备量；实行紧急分散购置、集中购置，使存放位置相对固定。完善应急救助器材保障计划，建立救助快速反应机制，以便在危机发生时的第一时间，及时组织救援人员和物资到达受灾区域实施紧急救助；建立应急拨款机制，加大预防、救援、恢复等工作的保障力度。

2. 城市公共安全危机处理系统

城市公共安全危机处理系统是指危机发生后，由日常管理系统转入应急、救援、恢复等一系列行动的统称。

(1) 危机应急指挥系统。危机发生时，危机应急指挥的决策系统根据危机的危害程度，审定、启动相应等级应急，实施危机事件的应急组织指挥工作。专家咨询组对相关危机信息进行分析，评估危机事件的危害程度，提出对危机事件处理启动等级、处理方案等的意见和建议。危机应急指挥机构迅速组织协调各方面由平常状态转入应急状态，及时启动相应等级处理预案，组织协调、监督检查各项应急行动的落实，加强应急信息沟通，发布城市公共安全的公告。危机应急指挥机构与110、119、122、120等应急平台保持顺畅的联系，根据事态的严重程度和预案，决定发布不同的警情通知。

(2) 信息发布平台。以城市政府信息平台和主要新闻媒体平台为依托，组建公共安全危机事件的应急预警、报警和信息发布的主平台，及时有效发布权威的公共安全信息，对社会公众进行有效的指导和适应性心理调节，组织社会公众广泛地进行自防自救，最大限度地减少损失。

(3) 专业队伍和群众团体结合的救助队伍。政府应当建立一支训练有素的紧急救援专业队伍，分为信息、救治、支援、宣传、维稳、保障、医疗等若干小组，平时要对其反应性、协调性、应战性进行检查和训练，以便发挥应急救援主力军的作用。此外，在组建城市政府专业救助力量的基础上，还可通过吸引民间资本，构建城市紧急救援群众力量体系，形成民防救援专业队伍、民防应急救援队伍、民防技术专家队伍、应急心理防护专业队伍、高技术专业队伍和志愿者队伍等专业或非专业的应急服务队伍，形成多位一体的应急救援系统。

(4) 善后处置。危机情形一旦被控制或消除，政府除了查找产生灾害的原因、进行事故分析评估、追究相关人员责任外，面临的一项重要任务就是组织危机后的重建工作，尽力将财产、设备、生产、工作和人的精神调整到正常状态。

总而言之，城市公共安全与应急管理，是各级政府管理部门必须具备的基本政府管理职能，是维护社会和谐稳定、保障人民群众的生命和财产安全，实现社会、经济可持续发展的基本条件。

第四节　公共安全与应急管理的发展趋势

公共安全强调的是社会公众的生命、健康、财产不受损害和威胁的状态以及保障持续安全状态的能力。应急管理是针对自然灾害、事故灾难、公共卫生事件和社会安全事件等各类突发事件，涵盖预防与应急准备、监测与预警、应急处置与救援、恢复与重建等全方位、全过程的管理，其目的是预防和减少突发事件的发生，控制、减轻和消除突发事件引起的严重社会危害，保护人民生命财产安全，维护国家安全、公共安全、环境安全和社会秩序。由于突发事件的不确定性、复杂性、高变异性、紧迫性、关联性和当代信息网络的快速发展，公共安全与应急管理成为一个复杂的、开放的、巨大的系统工程。当今，公共安全与应急管理正在顺应时代和社会发展出现显著的变化和调整。

1. 从单项应急管理向综合应急处置转变

我国《突发事件应对法》虽然将突发事件分为自然灾害、事故灾难、公共卫生事件、社会安全事件等四类。但是，这些突发事件往往不是孤立的，经常是互相联系、互相影响、互相转化的，还会导致次生、衍生事件的发生，甚至会引起多个突发事件的叠加或耦合。

我国自然灾害发生的频率高、地域广、范围大、是世界上受自然灾害影响比较严重的国家之一，2008年我国南方地区发生了大范围的低温雨雪冰冻灾害，持续时间长、影响范围广、部分受灾地区为几十年一遇。全国有19个省（区、市）不同程度受到影响，由于该次灾害性天气发生时正值我国春运高峰时期，持续的低温雨雪冰冻天气给春运工作造成了严重的干扰，导致受灾地区大面积停电，民航、铁路、公路中断，旅客滞留，形成了多种灾害并发的特殊情况，给人民群众财产和工农业生产造成了重大损失，给社会正常生产生活秩序造成了严重影响。

地震的灾害链更为突出和复杂。2011年日本"3·11"大地震引发水、电、油、汽等城市生命线工程中断，直接导致了福岛核电站的核泄漏危机，进而影响了我国沿海城市的盐业、渔业生产。2008年汶川"5·12"特大地震除了直接的地震破坏之外，还产生了唐家山等100多个堰塞湖和1800多座水库受损等次生灾害。这些历史事实警示我们：经济社会向前发展，现代化程度不断提高，越是不能忽视可能发生的风险，不能忽视各类致灾因素的相互联系、相互作用、相互交织和相互影响。

2. 从应急处置向应急预防与准备为主转变

从中华民族传统文化来看，我们树立了"防为上，救次之，戒为下"的重要理念。我国目前已出台的《突发事件应对法》《安全生产法》和《防震减灾法》等法律都明确要坚持预防为主的原则，特别是《突发事件应对法》明确提出要开展风险评估。这些年来，我国在应急预防与准备方面做了大量卓有成效的工作，取得了很大的进步。但由于我国仍存在发展不平衡、不充分的情况，公共安全基础还相对比较薄弱，一些地方或单位存在安全投入不足，安全隐患排查治理不到位等问题。例如我国地震区的一些学校、医院等基础设施和部分居民自建房不能满足防灾减灾要求。为此，党中央、国务院特别强调灾后恢复重建的基本原则是：优先安排学校、医院等公共服务设施的恢复重建，严格执行强制性建设标准规范，将其建成最安全、最牢固、群众最放心的建筑。

风险存在于社会的各类活动之中，根据"冰山理论"可知，发生安全事故都是大量潜在隐患中的少数、显著事件所导致的,为了有效减少安全风险,就必须排查潜在的各类隐患问题。现代安全理论认为突发事件的破坏性不仅取决于灾害的原发强度,还取决于人类社会抵御灾害的能力和社会应对体系的脆弱性,社会应对体系越脆弱,发生灾害的可能性就越大,造成的危害损失就越严重。经典的灾害损失评估公式为:

$$\text{灾害损失}(D) = \text{强度}(H) \times \text{脆弱性}(V) \times \text{集中度}(C) \div \text{应急响应能力}(R) \qquad (2-1)$$

从公式可知:灾害损失与灾害强度成正比,与社会应对体系脆弱性成正比,与暴露在灾害下的人、财、物的集中程度成正比,与应急响应能力成反比。公众的忧患意识和自救互救能力越强,救援队伍反应越快、水平越高,则伤亡越低,可见加强社会应对体系的能力建设是减少灾害损失的关键要素。

由此可见,我们不能一发生突发伤亡事件就总是过多地强调灾害的原发强度,还应当重点反思社会抵御灾害的能力和应对体系的脆弱性,应当敬畏规律、敬畏生命,要在全面了解灾害危险情况的基础上,重点加强预防与减少灾害潜在风险管理,从工程、技术与管理领域提高抗灾减灾能力。

3. 从单纯减灾向减灾与可持续发展相结合转变

突发事件应急管理的四个阶段(即预防、准备、处置、恢复重建)是个循环往复、不断发展和深化的过程。每一次的恢复与重建,都是新一轮的应急预防与准备的开始,这就需要从当地防灾、减灾需求的角度出发开展规划和建设。例如为了保障汶川地震灾后恢复重建工作有力、有序、有效地开展,我国专门出台了《汶川地震灾后恢复重建条例》,其中地震灾后恢复重建原则可概括为"确保质量与注重效率相结合;立足当前与兼顾长远相结合;经济社会发展与生态环境资源保护相结合"。通过重建城镇住房与建设廉租住房、经济适用住房相结合的方式,使受灾群众居住条件明显改善;通过重建工作使受灾中小学的教学环境和教学设施显著改善,城乡中小学校教学条件得到均衡发展,恢复重建后的公共卫生和基本医疗服务能力得到明显增强;全面构建以循环型农业为基础、循环型工业为主体、循环型服务业为重要补充的循环经济产业体系,促进了当地经济结构调整和发展方式转变,城市防灾抗险防御能力得到了进一步提高。

4. 从政府包揽向政府主导、社会协同、公众参与、法治保障转变

2019年10月31日中国共产党第十九届中央委员会第四次全体会议通过《中共中央关于坚持和完善中国特色社会主义制度、推进国家治理体系和治理能力现代化若干重大问题的决定》指出"完善党委领导、政府负责、民主协商、社会协同、公众参与、法治保障、科技支撑的社会治理体系,建设人人有责、人人尽责、人人享有的社会治理共同体,确保人民安居乐业、社会安定有序,建设更高水平的平安中国"。平安中国建设体制机制逐步完善、风险防控整体水平稳步提升,社会治安防控体系建设驶入"快车道",人民安居乐业、社会安定有序、国家长治久安的平安中国建设正大步前行,"建设更高水平的平安中国"正在变成可知可感的美好现实。

实践证明,当灾难和危机迫在眉睫或已经发生的时候,应急决策者的行动是否正确合理,往往就决定了危机处置的成败。公众的行动是否正确合理,往往决定他们在灾难中能否生存。公共安全与应急管理,特别是对安全生产领域而言,必须完善、提高突发事件应对体系参与方的权责和积极性,完善应急运行机制。应当坚持党委领导、政府负责;落实企业的安全生产主体责任;动员全社会的力量,充分发挥非政府组织的积极作用;继续提高广大人

民群众的忧患意识和自救互救能力;加强法治建设,推动形成办事依法、遇事找法、解决问题用法、化解矛盾靠法的良好法治环境。

5. 从局部地区(部门)应急管理向加强区域合作、协调联动转变

近些年,随着全球化、城市化和城镇化的快速发展,重大突发事件呈现出跨部门、跨地区、跨国界的发展特点。面对这些新挑战,必须建立健全社会预警体系,形成统一指挥、功能齐全、反应灵敏、运转高效的应急机制,加强跨部门、跨区域与国际合作,提高保障公共安全和处置突发事件的能力。

我国在疫情联防联控方面取得了长足的发展,总结出一系列行之有效的经验。抗击非典以来,在党中央、国务院统一领导下,我国建立了国家卫生主管部门牵头、多部门参与的突发急性传染病联防联控工作机制;卫生部与军队、武警等部门建立和完善了公共卫生事件军、警、地联防联控机制;内地与港澳、大陆与台湾建立了三地合作以及两岸合作机制;与世界卫生组织和相关国家建立了信息通报、病原微生物样本共享和技术交流机制。特别值得一提的是,在当时国家卫生和计划生育委员会的指导下,京津冀、沪苏浙皖、两广等省域建立了突发急性传染病防控的区域联防联控机制。这些联防联控工作机制对于加强应急联动协作、信息资源共享发挥了十分重要的作用。

实践证明:在现代化和经济全球化的今天,越是非常规的、复杂的、难处理的突发事件,越是需要跨部门、跨地区,甚至是跨国界相互配合、协调联动。必须努力形成一套集中领导、统一指挥、结构完整、功能全面、反应灵敏、运转高效的应急机制,做到部门配合、条块结合、区域联合、军民融合、资源整合,提高应对各种突发事件和风险的能力。

6. 从传统安全向传统安全与非传统安全并重转变

我国正处在公共安全事件易发、频发、多发期,必须居安思危、思则有备、有备无患。2014年4月15日,中央国家安全委员会第一次会议首次提出总体国家安全观,并首次系统提出"11种安全",强调既重视传统安全,又重视非传统安全,构建集政治安全、国土安全、军事安全、经济安全、文化安全、社会安全、科技安全、信息安全、生态安全、资源安全、核安全等于一体的国家安全体系。在解决人民群众温饱问题之后,"生态安全"被提到了重要议事日程上来。在以经济建设为中心的社会发展过程中,累积了大量的环境污染、生态破坏等一系列关系国家长治久安的问题,生态文明建设关系人民生活,关乎民族未来。传统的粗放型经济发展方式亮起了红灯,必须加强生态环境保护,实现"绿水青山就是金山银山"的新发展理念。

互联网作为一种新技术媒体,发挥着越来越重要的作用,并具有传播速度快、影响范围大、互动性强、日常管理困难等特点。最大限度地预防和减少重大社会安全犯罪事件是我国当前面临的一项长期而艰巨的重要任务。必须坚持发现要早、化解要快、处置妥当、防止蔓延的应对策略;严格政策界限,注意工作方法策略,把握处置有利时机,实现最佳处置效果;切实增强防控风险的预见性、主动性和针对性,实现整体社会面"不出大事、少出小事、出事能及时处置"的工作目标;切实推进应急处置工作的科学化、法治化、制度化建设;在实践过程中既要重视传统安全问题,又要不断提高应对非传统安全问题的综合能力。

总之,随着工业化、信息化、城镇化、市场化、国际化的快速推进,各种变革调整速度之快、范围之广、影响之深前所未有，公共安全和应急管理工作面临着一些新的问题与挑战。

复习思考题

1. 危机管理的基本概念是什么？它与风险管理的主要区别表现在哪些方面？
2. 协同学的基本概念是什么？如何将其与应急管理理论发展有机融合？
3. 全面安全管理理论有哪些具体理论？它们之间的主要区别是什么？
4. 城市安全为什么是应急管理工作的主要对象？如何开展城市安全管理工作？
5. 近年来应急管理的主要发展趋势与特点是什么？对我国应急管理发展有何启示？

第三章
公共突发事件的应急管理体系

国际上第一个应急管理组织——国际应急管理协会（the international emergency management society，TIEMS）于 1993 年成立，它的成立大大促进了应急管理研究的发展。在参考国际应急管理的基础上，我国的应急管理构建了以"一案三制"（应急预案、应急管理体制、应急管理机制、应急管理法制）为核心内容的应急管理体系。2006 年出台的《国家突发公共事件总体应急预案》和 2007 年颁布的《突发事件应对法》进一步确立了我国应急管理的主要内容和基本要求，进一步突出了"一案三制"在我国应急管理体系的核心地位。

第一节　突发事件应急预案

突发事件的发生通常都是无法准确预测的，因此，必须为应对突发事件提前做好准备，做好战略规划、物资储备、人员培训。突发事件应急预案，是指为了迅速、有序而有效地开展应急行动、降低损失，针对可能发生的突发事件，在风险分析与评估的基础上，预先制订的有关计划或方案。

应急预案是应急管理体系建设的龙头，是"一案三制"的起点。应急预案具有应急规划、纲领和指南的作用，是应急理念的载体，是应急行动的指南，是应急管理部门实施应急教育、预防、引导、操作等多方面工作的有力"抓手"。应急预案规定了应急反应行动的具体目标，以及为实现这些目标所做的所有工作安排。应急预案可以减少在突发事件管理中出现的不合理行为和缺乏全局观念的行为，使应急管理更加科学化、合理化，它要求制定者不仅要预见事发现场的各种可能情况，还要针对这些可能情况拿出具体可行的解决对策和措施，实现应急管理设定的预计目标。

一、应急预案的体系

2005 年 1 月 26 日，国务院第 79 次常务会议通过了《国家突发公共事件总体应急预案》（以下简称《总体预案》），共六章，分为总则、组织体系、运营机制、应急保障、监督管理和附则，并于2006年对外发布实施。《总体预案》的发布标志着我国突发事件的应急管理工作逐步走上正轨。此后，逐步建立了包括总体应急预案、专项应急预案、部门应急预案、地方应急预案、企事业单位依据有关法律法规制定的应急预案（以下简称企事业单位预案），以及举办大型会展和文化体育等重大活动主办单位应当制定应急预案（以下简称单项活动预案）六个层次的较为完善的应急预案体系。国务院从预案编制要求，编制指南，设立机构和督促指导等多方面加强了组织领导工作，专门出台了《应急预案编制指南》，要求应急预案编制要做到"纵向到底、横向到边"，纵向贯通行政和各类组织层级，横向覆盖行政和社会层面，加快向社区、农村和各类企事业单位深入推进应急预案编制工作。

1. 总体应急预案

总体应急预案是全国应急预案体系的总纲，是国务院应对特别重大突发公共事件的规范性文件，由国务院制定，国务院办公厅组织实施。《总体预案》明确了各类突发公共事件分级分类和预案框架体系，规定了国务院应对特别重大突发公共事件的组织体系、工作机制等内容，是指导预防和处置各类突发事件的规范性文件。

《总体预案》明确提出了应对各类突发事件的六条工作原则：以人为本，减少危害；居安思危，预防为主；统一领导，分级负责；依法规范，加强管理；快速反应，协同应对；依靠科技，提高素质。

《总体预案》将突发事件分为自然灾害、事故灾难、公共卫生事件、社会安全事件四类。按照各类突发公共事件的性质、严重程度、可控性和影响范围等因素，《总体预案》将其分为四级，即Ⅰ级（特别重大）、Ⅱ级（重大）、Ⅲ级（较大）和Ⅳ级（一般）。

《总体预案》适用于跨省级行政区划的，或超出事发地省级人民政府处置能力的特别重大突发公共事件的应对工作。《总体预案》规定，突发公共事件发生后，事发地的省级人民政府或者国务院有关部门在立即报告特别重大、重大突发公共事件信息的同时，要根据职责和规定的权限启动相关应急预案，及时、有效地进行处置，控制事态。必要时，由国务院相关应急指挥机构或国务院工作组统一指挥或指导有关地区、部门开展处置工作。

《总体预案》要求对突发公共事件应急管理工作中做出突出贡献的先进集体和个人给予表彰和奖励；对迟报、谎报、瞒报和漏报突发公共事件重要情况及其他失职、渎职行为，依法对有关责任人给予行政处分；构成犯罪的，依法追究刑事责任。

《总体预案》对突发事件处置中的应急保障做出详细的规定，要求从人力资源、财力保障、物资保障、基本生活保障、医疗卫生保障、交通运输保障、治安维护、人力防护、通信保障、公共设施、科技支撑等方面为突发事件处置提供应急保障。

此外，《总体预案》还对预案的演练、宣传、责任追究、修订等方面作了规定。实施《总体预案》，建立健全社会预警体系和应急机制，是贯彻落实科学发展观和构建社会主义和谐社会的重要内容，是全面履行政府职能、执政为民的重要体现，对于提高预防和处置突发公共事件的能力，预防和减少各类突发事件的发生及其造成的损失，保障公众的生命财产安全和维护社会稳定，促进经济社会全面协调可持续发展，具有十分重要的意义。

2. 专项应急预案

专项应急预案是国务院及其有关部门为应对某一类型或某几种类型突发事件制定的涉及

多个部门的预案。专项应急预案由国务院有关部门牵头,报国务院批准后,由主管部门牵头会同相关部门组织实施。

自然灾害类专项预案有:《国家自然灾害救助应急预案》,《国家防汛抗旱应急预案》,《国家地震应急预案》,《国家突发地质灾害应急预案》,《国家处置重、特大森林火灾应急预案》,《国家气象灾害应急预案》等。

事故灾难类专项预案有:《国家安全生产事故灾难应急预案》、《国家处置铁路行车事故应急预案》、《国家处置民用航空器飞行事故应急预案》、《国家海上搜救应急预案》、《国家城市轨道交通运营突发事件应急预案》、《国家大面积停电事件应急预案》、《国家核应急预案》、《国家突发环境事件应急预案》、《国家通信保障应急预案》等。

公共卫生类专项预案有:《国家突发公共卫生事件应急预案》、《国家突发公共事件医疗卫生救援应急预案》、《国家突发重大动物疫情应急预案》、《国家重大食品安全事故应急预案》等。

社会安全类专项预案有:《国家粮食应急预案》、《国家金融突发事件应急预案》、《国家涉外突发事件应急预案》、《国家突发公共事件新闻发布应急预案》等。

3. 部门应急预案

部门应急预案是国务院有关部门根据总体应急预案、专项应急预案和部门职责为应对突发事件制定的预案。部门应急预案由国务院有关部门制定,报国务院备案,由制定部门负责实施。主要包括以下内容。

自然灾害类的部门预案涉及建设、铁路、农业、气象等部门,主要针对破坏性地震、地质灾害、农业自然灾害、草原火灾、气象灾害等。具体包括:建设系统破坏性地震应急预案,铁路防洪应急预案,铁路破坏性地震应急预案,铁路地质灾害应急预案,农业重大自然灾害突发事件应急预案,草原火灾应急预案,农业重大有害生物及外来生物入侵突发事件应急预案,农业转基因生物安全突发事件应急预案,重大沙尘暴灾害应急预案,重大外来林业有害生物灾害应急预案,重大气象灾害预警应急预案,风暴潮、海浪、海啸和海冰灾害应急预案,赤潮灾害应急预案,三峡葛洲坝梯级枢纽破坏性地震应急预案等。

事故灾难类部门应急预案涉及国防科技工业局、住房和城乡建设部、交通运输部、农业农村部、应急管理部等部门,针对各类生产安全事故、交通事故、突发环境事件等。具体包括:国防科技工业重特大生产安全事故应急预案、建设工程重大质量安全事故应急预案、城市供气系统重大事故应急预案、城市供水系统重大事故应急预案、城市桥梁重大事故应急预案、铁路交通伤亡事故应急预案、铁路火灾事故应急预案、铁路危险化学品运输事故应急预案、铁路网络与信息安全事故应急预案、水路交通突发事件应急预案、公路交通突发事件应急预案、互联网网络安全应急预案、渔业船舶水上安全突发事件应急预案、农业环境污染突发事件应急预案、特种设备特大事故应急预案、重大林业生态破坏事故应急预案、矿山事故灾难应急预案、危险化学品事故灾难应急预案、陆上石油天然气开采事故灾难应急预案、陆上石油天然气储运事故灾难应急预案、海洋石油天然气作业事故灾难应急预案、海洋石油勘探开发溢油事故应急预案等。

公共卫生类部门应急预案包括:医药储备应急预案、铁路突发公共卫生事件应急预案、水生动物疫病应急预案、进出境重大动物疫情应急处置预案、药品和医疗器械突发性群体不良事件应急预案、人感染高致病性禽流感应急预案等。

社会安全类部门应急预案包括:物资储备应急预案、生活必需品市场供应突发事件应急预案、工商行政管理系统市场监管应急预案、大型体育赛事及群众体育活动突发公共事件应急预案、外汇管理突发事件应急预案、突发公共事件新闻报道应急预案等。

部门综合应急预案类：为应对本部门可能出现的各类突发事件，为了保障突发事件处置中的某项应急功能，国务院各部门制定的综合应急预案。例如中国红十字会自然灾害等突发公共事件应急预案、国家发展和改革委员会综合应急预案、煤电油运综合协调应急预案、教育系统突发公共事件应急预案、司法行政系统突发事件应急预案、公共文化场所和文化活动突发事件应急预案、海关系统突发公共事件应急预案、旅游突发公共事件应急预案等。

4. 地方应急预案

地方应急预案是地方各级政府及基层组织参照总体应急预案体系框架，结合本辖区的实际情况，分别编制的地方总体应急预案、专项应急预案和部门应急预案。地方应急预案具体包括：省级人民政府的突发事件总体应急预案、专项应急预案和部门应急预案；各市（地）、县（区）人民政府及其基层政权组织的突发事件应急预案。地方预案是地方政府应对突发公共事件的依据，其中，省级人民政府突发事件总体应急预案报国务院备案。

5. 企事业单位应急预案

企事业单位应急预案是由各企事业单位根据有关法律、法规和本单位的实际情况制定的应急预案。企事业单位往往是突发事件的第一反应力量，在突发事件应急处置中具有极其重要的地位。为了加强基层单位的应急能力建设，《国务院办公厅关于加强基层应急队伍建设的意见》（国办发〔2009〕59号）明确提出，乡镇、街道、企业等基层组织和单位要普遍建立应急救援队伍；要加强对基层应急救援队伍建设的督促检查，充分发挥企业事业单位的作用。面对日益复杂多样的各种风险和社会公众不断增长的安全需求，不仅需要政府具有强大的应对突发公共事件的能力，而且必须加强基层单位的应急能力建设。

6. 单项活动应急预案

单项活动应急预案主要针对各类大型会议、展览和文化体育等重大活动，要求主办单位制定应急预案，并报同级人民政府有关部门备案。由于重大活动具有人员密集、不确定性等特点，极易发生群死群伤的重大突发事件，如果没有对活动中可能存在的风险进行事前分析与评估，并制定科学的应急预案，不但不能有效保障重大活动的正常举行，而且一旦发生意外就会造成不可挽回的严重后果。

在国务院直接领导和精心指导下，经过几年的共同努力，我国应急预案编制工作已基本完成，形成了包括总体应急预案、专项应急预案、部门应急预案、地方应急预案、企事业单位应急预案和单项活动应急预案的多层次、多种类预案体系。与此同时，为保证军队在突发事件处置中对地方的支援，《军队处置突发事件总体应急预案》等预案也相继颁布实施。全国已制定的各级各类应急预案基本覆盖了我国面临的各类主要突发事件，应急预案体系基本形成。应急预案明确规定各级政府、各企事业单位在应对突发事件中的职责和义务，形成了"突发事件本身就是命令"的反应机制，提高了处置突发事件的效率，明显减少了突发事件可能造成的伤亡与损失，降低了处置突发事件的综合成本。

二、应急预案的制定和管理

在突发事件应急管理中，应急预案就是应对突发事件的行动方案、行动指南和行动向导,因此应急预案的制定格外重要。制定预案,实质上就是把非常态事件中隐性的常态因素显性化,也就是对历史经验中带有规律性的做法进行总结、概括和提炼,形成有约束力的制度性条文。通常预案制定采取以下步骤与措施:通过调查与情报分析,确定潜在的突发事件问题;设计解决问题的可能性方法和选择;在制定战略决策的基础上,进一步研究与确定突发事件发生时的行动计划等。应急预案的制定过程实际上就是突发事件信息的获得、整理和使用过程,通过应急预案的制定,突发事件就可以在一定程度上得到预防与化解。应急预案的质量,是整个突发事件应急处置能否顺利开展和有效执行的关键。

应急预案制定完成后,还需进一步做好预案的日常管理工作,具体包括应急预案的演练、修订、紧急情况下的启动与执行等。预案演练是检验预案可行性、科学性、合理性的重要途径,也是应急管理参与人员熟悉应急过程,提高应急处置能力的主要方式。预案编制单位应根据实际情况的变化,及时修订各类应急预案,加强预案的修订和完善工作,实现对预案的动态管理。

应急预案启动和执行,就是将制度化的内在管理规定转为应急处置过程中外化的确定性行动。应急预案为应急处置人员在紧急情况下行使权力、实施行动提供了导向和指引,可以避免因危机的不确定性而失去对应急处置工作关键时期、关键环节的把握,或避免有限应急处置资源的浪费。

应急预案就是将"无备"转变为"有备",体现"有备未必无患,无备必定有患"和"预案不是万能的,但没有预案是万万不能的"应急管理预防为主的应对理念。

第二节 突发事件应急管理体制

应急管理体制是现代社会管理的重要方面,是各级应急机构组织制度的总称,是应急管理及协调机制的承载体。新中国成立以来,对突发事件的管理基本是分类别、分部门的管理体制,2007年颁布的《突发事件应对法》要求国家建立统一领导、综合协调、分类管理、分级负责、属地管理为主的应急管理体制。

一、统一领导

突发事件的应急管理是一项任务繁重、工作艰巨的系统工程。在应急管理过程中首先要建立一套完善的指挥机制,由相应的政府部门负责总体指挥,各相关部门在应急指挥机构的领导下开展有计划、有目标的应急处置行动。在实践中,纵向的统一领导指挥体系包括中央级、省级、市级、县级的应急管理体制,实行垂直领导、下级服从上级制度。横向的统一领导则需要将参与应急处置的相关政府部门、社会组织、企事业单位等组成应急处置的整体,相互配合,行动一致,目标明确,形成应急处置的合力。

目前,我国的应急管理体制已经基本形成。国务院是突发事件应急管理工作的最高行政领导机构。在国务院总理的领导下,由国务院常务会议和国家相关突发事件应急指挥机构负责突发事件的应急管理工作。在发生突发事件时,派出国务院工作组指导当地政府和有关部门开展有关工作。当发生重大突发事件时,启动非常设指挥机构或成立临时指挥机构,由国务院分管领导任总指挥,国务院相关部门配合,统一指挥和协调各部门、各地区的应急处置工作。国务院办公厅设国务院应急管理办公室,履行值守应急、信息汇总和综合协调职责,发挥运转枢纽作用。

国务院有关部门依据有关法律、行政法规和各自的职责，负责相关类别突发事件的应急管理工作，具体负责相关类别的突发事件专项预案和部门应急预案的起草和实施，贯彻落实国务院有关决定事项。

地方各级人民政府是本行政区域突发事件应急管理工作的行政领导机构，负责本行政区域内各类突发事件的应对工作。

此外，国务院和各级应急管理机构还建立了各类专业人才库，可以根据实际需要聘请有关专家组成专家组，为应急管理提供决策建议，必要时参加突发事件的应急处置工作。

二、综合协调

应急处置工作是一项多部门联合应对的工作。一般来说，参与应急处置的主体既有政府及其相关部门，也有各类社会组织、企事业单位、基层自治组织、公民个人，甚至还有国际救援力量，要建立"反应灵敏、协调有序、运转高效"的应急机制，必须加强在统一领导下的综合协调能力建设。

协调有别于协作，协作是指参与应急处置的部门、组织、单位与个人互相配合来完成任务，有合作的含义，而协调是指使参与应急处置的各部门、组织和单位产生协作行为的管理工作，协作的效果取决于协调功能的发挥。

首先，综合协调要明确有关政府和部门的职责，明确不同类型突发事件管理的牵头部门和协作部门。由于我国的应急处置理论研究还不成熟，在实践中常常出现相互间不协调的现象。对应急处置的理论研究与实践比较成熟的国家与地区，也不同程度地存在类似的协调问题。问题严重时直接影响到应急处置和指挥决策工作的效率，尤其是由于事件规模与性质不同而产生多重管辖权时，协调各个部门之间的工作就显得更为重要。

其次，要综合协调人力、物力、技术、信息等后勤保障力量，形成统一的突发事件信息系统、统一的应急指挥系统、统一的救援队伍系统、统一的物资储备系统等，以整合各类应急资源。在实际的突发事件应急处置情况中，第一应对者（如事发单位、基层组织和地方政府）往往是可调用应急资源最少的部门和组织，当其应急资源满足不了应急需求时，都会向上一级政府、部门、组织或周边单位寻求应急支持，直至获得中央政府，包括友好国家和国际社会等的应急援助。这些都需要建立一套多层级、多网络结构的综合协调机制。

最后，要综合协调各类突发事件的应对力量，形成"各部门协同配合、社会积极参与"的联动系统。无论是单个机构，还是多个机构，无论是涉及一种管辖权，还是涉及多种管辖权，协调的目的是使应急系统的运转更加有效，而不应只考虑管辖权的问题。协调工作的运行机制应当能适应所有突发事件的类型，以及不同规模的突发事件。对于重大突发事件而言，需要动用包括人力资源、物质资源、信息资源和经费资源等多类型应急资源，其中有些资源集中在某一部门或机构，需要与不同的部门共享，例如消防部队、武警部队等，也有些资源属于不同的部门、机构，如医疗机构、应急物资等。这就要求在应急管理实践中，既要避免应急资源的重复储备，造成不必要浪费，也要避免由于应急职能的交叉、重叠导致应急资源缺失和配备不足。这些都涉及应急资源的科学合理配置问题，需要进行统一的协调。

实施综合协调的工作需设立相应的办事机构，一些发达国家的经验证明，无论是当地政府还是上一级政府,应急协调机构的重要工作是协调而不是控制,特别是战略层次或较高层次的应急管理。目前的发展趋势是建立一个协调型的组织,而不是指挥控制型的机构,其原因主要是保证地方政府、基层应急机构具有较高的工作自主性和积极性。

近年来,我国在应急管理综合协调工作中取得了一些可喜的进步,2018年组建了应急管理部,优化整合了国务院系统内与应急管理相关的职能部门和人员,有利于应急管理工作的组织与协调。在地方政府应急管理层面,一些城市已经或正在整合统一的报警平台,将公安机关"110"、消防救援"119"和医疗救援"120"等报警电话统一为一个系统,实现了信息互通和工作联动机制。例如,当发生严重危害公共安全和社会秩序,威胁公民生命和财产安全,需要立即采取应急处置的突发事件时,在接警后按照具体情况统一协调内部各部门和应急资源进行联合应对处置。一些地方政府和部门,把出警频率较高、承担工作责任较多的单位与部门,如医疗卫生等作为应急过程中的核心力量,与公安机关、消防部门进行联动整合,以期最大限度地发挥现有应急资源的综合效益,在制定应急预案时,不仅明确应急协调机制,而且规定了各有关部门的职责。

三、分类管理

我国突发事件的种类繁多,各种类型的突发事件在产生原因、表现方式、涉及范围、发展规律、应急重点等方面各有不同,不同类型突发事件的应急处置所需要的专业知识、应急资源要求不同,同时不同职能部门的职能分工情况不同,因此,实行分类管理是非常必要的。从应急管理的角度来看,每一类突发事件都应由对应的职能部门实行对口管理,进而建立一定形式的统一指挥体制,并在统一指挥、综合协调的体制下开展分类应急管理工作。

国务院发布的《国家突发公共事件总体应急预案》将突发事件分为自然灾害、事故灾难、公共卫生事件与社会安全事件四大类,分类管理的应急体制决定了这四类事件的管辖权属于不同的政府管理部门。根据目前突发事件的类别和部门职能分工,公共卫生类事件由国家卫生健康委员会等部门负责,社会安全事件类由公安部牵头负责。在日常管理中,不同类型的突发事件由对应的主管部门负责信息收集、分析、研判和报告等工作,并为各级政府决策指挥机构提供有价值的决策咨询与应对建议。随着我国应急处置工作的开展,国家组建了一些专业的应急指挥机构,例如国家防汛抗旱、抗震减灾、森林防火、灾害救助、安全生产、公共卫生、通信、公安、反恐怖、反劫机机构等。

我国地方政府制定的各种应急预案,基本上也是遵循国务院总体应急预案的体制,例如上海市,仅事故灾难类的应急预案就包括了19类25种单灾种预案。这25种单灾种预案来自不同的政府管理部门,例如,道路交通事故应急处置预案由市公安局制定;城市轨道交通事故应急处置预案由市交通局制定;铁路交通事故应急处置预案由上海铁路分局制定;水上(内河)交通事故应急处置预案由市交通局制定;航空器事故应急处置预案由上海机场(集团)有限公司制定;火灾事故应急处置预案由市公安局制定;环境污染事故应急处置预案由市环保局制定;化学事故应急处置预案由市民防办公室制定;密集人群拥挤事故应急处置预案由市公安局制定;地震灾害应急处置预案由市地震局制定等。

但是,分类管理必须在统一领导、综合协调的大框架下开展。当一些突发事件可能涉及多个部门时,为了有效进行应急处置,应做到统一指挥,部门的管辖权应当淡化,因为某一部门很难承担起应急处置的综合责任,也无权指挥、协调其他部门参与。政府各管理部门应根据突发事件的特点制定应急预案,发挥应急处置的专业指导作用,由于启动应急预案就意味着动用应急资源，涉及公共权力的行使，因此各种应急预案的启动都应有统一的工作程序。制定应急预案的过程中可以设定各部门的管辖权，但在实际的应急处置过程中，应根据具体情况及时对管辖权进行调整优化，通过调整达到优化协调机制与现场指挥机制的目的。例如即使突发事件的管辖权属于某一管理部门，也应保持应急参与部门各自独立的指挥活动，不应当用管辖权代替现场应急处置的指挥权。当突发事件涉及的管辖权交叉时，应该成立统一的集指挥、协调、控制于一体的应急管理领导机构。

四、分级负责

按照突发事件的性质、严重程度、可控性和影响范围等因素，《国家突发公共事件总体应急预案》将其分为四级：Ⅰ级（特别重大）、Ⅱ级（重大）、Ⅲ级（较大）、Ⅳ级（一般）。不同级别突发事件的应急处置需要动用的人力、物力、财力和应急资源都是不相同的，分级负责明确了各级政府在应对突发事件中的责任，不同级别的突发事件由不同级别的政府部门负责信息收集、分析工作，并定期向上级部门汇报，对可能出现的突发事件作出预警和预测。在突发事件发生时，根据级别启动相应等级的应急预案，从而调动合理的应急资源来开展有效的应急处置。分级负责避免了应急处置过程中可能存在的反应不足或反应过度的问题，以保证突发事件能够得到合理、有效的处置。

分级负责还可以根据政府有关部门在突发事件应急管理中的职责，明确不同部门在事件发生后应该承担的责任。如果在突发事件处置中有关部门不履行职责，行政不作为，或者不按照法定程序和规定采取措施应对、处置突发事件，要对其进行批评教育，甚至对相关部门和责任人依法依规追究行政或法律责任。

五、属地管理为主

突发事件的紧迫性决定了在事件刚刚发生时的应急处置工作具有关键性的作用。因此，属地管理为主要求事发地的单位、社区、基层政府是应急处置的第一行动力量，是预防突发事件、发现突发事件苗头、初期处置、控制事态的第一责任人。如果事态比较严重，超出地方政府应对的能力，则可以根据应急预案的规定及时向上级部门报告，必要时可以越级上报，请求上级政府的支援或直接管理。属地管理为主要求地方政府能够快速反应、及时处理，是应急管理"反应灵敏"的必然要求。同时，属地管理为主不排除上级政府及相关部门对地方政府的指导，也不能免除发生地其他部门的协同义务。

第三节　突发事件应急管理机制

机制，是指事物各部分在构造、功能及特性等方面相互联系、相互作用的过程和方式。它潜藏于各种社会表象之中，本身比较抽象，需要通过一定的制度、体制、规范、政策等表现出来。突发事件应急管理机制，是指国家建立专门的常设行政机构，通过有效利用社会资源进行预防和控制突发事件而形成的机制的总和。应急管理机制是社会经济系统紧急应对突发事件的机制，是行政管理组织体系在遇到突发事件后有效运转的机理性制度。应急管理机制是为有效发挥应急体制的作用服务的，同时又与应急体制有着相辅相成的关系。建立"统一指挥、反应灵敏、功能齐全、协调有力、运转高效"的应急管理机制，不仅可以促进应急管理体制的健全和有效运转,而且可以弥补体制存在的不足。有学者从静态视角进行概括,认为突发事件应急管理机制是有关管理部门为了更好地应对各种突发事件而建立起来的一套行之有效的处置办法和制度安排,是处理突发事件的应急法律制度。

在价值目标上,普通行政机制追求民主、公正、理性和效率等多元价值,而应急管理机制则更强调理性和效率。在权力配置上,普通行政机制以行政权为核心,而应急管理机制则在扩大和强化行政权的同时,将立法权也吸纳其中。在组织结构上,普通行政机制具有多元化色彩,强调相对分权,甚至分治,而应急机制则实行一元化领导,统一指挥,严格层次节制,其结构类似于军事指挥系统。在管理手段上,普通行政机制强调刚柔并济,甚至更倾向于柔性手段管理,而应急管理机制则主要依赖刚性手段,通过命令、许可、强制和制裁等手段实现应对危机的目的。

应急机制有潜态和实态两种状态,平时处于潜态,突发事件发生后,迅速转变为实态,事件平息后,又转变为潜态。潜态包括物资储备制度、应急教育制度、预警监测制度、应急预案制度、日常管理制度等。实态包括紧急状态制度、启动应急预案等。应急机制建设主要包括建立健全监测预警机制,应急信息沟通机制,应急指挥、协调和决策机制,分级负责与响应机制,社会动员机制,应急保障机制,奖惩机制,社会管理机制和国际合作机制等。

一、监测预警机制

监测可理解为监视与测量、监为监视、监听、监督等,测为测试、测量、测验等。所谓监测,就是采用各种有效的获取信息的方法和手段,对被监测对象的状态、发展过程进行监视与测定,获得监测对象变化的实践过程。所谓预警,就是将收集到的一切警告信息和事先确定的预警阈值,分门别类地进行整理并加以综合分析,通过信息处理系统,及时、准确上报,并且接收决策部门的反馈信息,以便及早采取有效的应急措施,达到及时控制突发事件或防止突发事件扩散的目的。突发事件的监测预警,是指通过分析监测到的信息,及时采取预防措施,防患于未然;或者在事件刚发生时就及时发现苗头,将其消灭在萌芽状态。监测预警是控制、降低或减少突发事件危害的关键所在,是实施从源头上治理危机的理论保障。

监测预警机制,是指在突发事件来临之前尽早地预测和发现,在一系列数据收集、信号警示的基础上,通过对突发事件源头、突发事件征兆和突发事件趋势进行密切监测,从而有效掌握和描绘出信号与突发事件之间存在的可能性关联,通过信息发布系统向个体、组织和社会发出警报,使得个体、组织和社会能够迅速、及时、有效地开展预防性和应对性行动。

监测预警机制是一个集多种学科、技术和方法于一体的系统性工程,它由信息采集系统、信息加工系统、预警指标系统、突发事件警报系统和突发事件预案系统五个系统构成,且任何一个环节都不可忽视。五个系统应密切结合,紧密联动,将常规与巡查监测预警结合,定期与随时监测预警结合。

监测预警机制主要运用信息技术,特别是以"5S"(地理信息系统 GIS、全球定位系统 GPS、遥感系统 RS、信息系统 IS、数据采集系统 DCS)为技术支撑,针对各类灾害事故的内在规律、主要特征和重要特点,集成各种信息,采取量化指标,建立突发事件信息数据库和分析模型,进而构建数字化、智能化、网络化、可视化的立体式、全方位动态监测预警系统。

监测预警机制通过覆盖全面的监测系统来进行实时跟踪监控，积极收集各种静态数据和动态信息，运用数据库模型将实际值与预警值进行比对分析，从而发现异常警情，具有基础预防性。运用预警指标体系和专家分析系统对异常警情进行诊断分析，从而对警级进行初步评估和确定，运用网络信息报送系统和信息发布系统将预警信号及时发送和公布。在发布预警信号的同时，根据监测的基础数据和特定警情，制定能够将损失降低到最低限度的应急方案，及时进行干预处理，从而将突发事件消灭在萌芽状态，减少不必要的损失。

监测预警机制使用的方法主要为定性分析方法、定量分析方法、定时分析方法、网络分析法。定性分析方法是在以往经验和现存信息的基础上，经过理论分析和逻辑推理，进行认知分析和判断，主要包括专家咨询法、主观概率法、领先指标法、相互影响法和情景预警法。定量分析方法是依据给定的一系列标准和模型进行数据收集和实证分析，旨在将某一具体因素（排除其他可能性因素）与突发事件发展趋势之间建立直接关联，定量分析法亦称为模拟或仿真法，主要有结构模型、加速模型、临界模型、关联模型和反应模型。定时分析方法是在定量分析方法的基础上增加了时间维度，根据时间序列中不同因果关系的变化来预测未来某一时段的变化趋势。网络分析法是在定性和定量分析方法基础上增加专家网络和实地调查维度，通过网络化信息共享，以网络化的优势避免重复性研究分析，实现监测与预警的高效度和高信度。

《中华人民共和国突发事件应对法》对监测预警的内容作了详细的规定，国家建立突发事件监测制度，县级以上人民政府及其有关部门应当根据突发事件的种类和特点，完善监测网络，划分监测区域，明确监测项目，对可能发生的突发事件进行监测。国家建立突发事件预警制度，可以预警的突发事件即将发生或者发生的可能性增大时，县级以上地方各级人民政府应当根据有关要求、权限和程序，发布预警信息。

二、应急信息沟通机制

沟通，是指将某一信息（或意思）传递给客体或对象，以期取得客体作出相应反应的过程。信息沟通是指可解释的信息由发送人传递到接收人的过程，具体地说是人与人之间转移信息的过程，是情报相互交换的过程。"机制"实质上就是通过规范系统中各个要素之间的相互作用，从而使系统整体实现良性循环和健康发展。突发事件应急管理中的应急信息沟通机制是政府为了保证信息在各个相关主体之间的顺畅流通而制定的原则、规范、措施，并明确各个主体的义务和权利的制度体系。突发事件应急管理中建立应急信息沟通机制的目的，是在突发事件这一特殊的环境中，以最小的管理成本、最快的速度、最高的效率去实现有效的沟通，以便政府快速进行应急管理，将突发事件造成的损失减小到最低限度，保持社会稳定。

根据沟通的路径，信息沟通机制可以分为内部信息沟通机制和外部信息沟通机制。相应地，突发事件管理中的信息沟通同样可以分为内部和外部两部分。突发事件管理的内部信息沟通机制，是指在突发事件发生的整个过程中，各类信息在政府内部上下级之间或者各部门之间纵向或横向传递和反馈。突发事件管理的外部信息沟通机制则主要包括政府、媒体、民众（包括利益相关者）之间的沟通与反馈。

在内部信息沟通机制中，信息沟通的主体之一就是各级地方政府管理人员。当重大突发事件爆发时，地方政府作为当地事务的管理者，可以得到第一手资料，这些资料对危机的处理具有重要的影响与作用。如果这些信息不能及时上报给政府相关管理部门，就可能对应急管理造成负面的影响。当前极少数管理人员出于个人利益、部门利益的考虑，不顾法律法规的要求，对危机信息做出瞒报、少报、漏报等逃避责任的行为，严重妨碍信息沟通，导致突发事件信息未能及时上报，耽误突发事件及时解决。在突发事件信息的传递和反馈中，还应有专业的信息分析、处理人才，在持续地进行突发事件应急信息研究工作的基础上，及时从源头上遏制突发事件的发生，即使不能完全杜绝，也要将事件的影响程度、范围和损失尽量降低。

外部信息沟通机制是突发事件应急处置的重要内容。在信息化社会，信息沟通效果的好坏，往往直接影响应急处置工作的成败。政府作为突发事件应急管理的主导者，掌握着关于突发事件的各类最及时、全面和权威的信息，而社会公众常常作为突发事件的受害者、被影响者或目击者，由于信息获取渠道、管理地位等方面的限制，很难及时、准确和全面地获取突发事件信息。而作为受害者或者被影响者又急需这方面的信息作为判断和应急响应的依据，同时知情权作为公民的一项基本权利，应该得到有效保障，因此，及时通报各种应急信息非常重要。增加政府应急管理工作的透明度，减少信息不对称，保障公民知情权，可以减少信息不对称导致的谣言传播扩散等问题。

通过有效的信息沟通机制，政府能够更好地对社会进行管理，将所获得的突发事件相关信息及政府已经或即将采取的政策措施通过媒体和其他渠道及时反馈给社会各群体，进而获得公众对政府应急措施的理解和支持，避免突发事件造成的社会心理恐慌。同时，社会公众对突发事件的认识、态度，以及救助需求也可以通过信息沟通机制及时反馈给政府有关决策部门。良好的信息沟通能加强政府与民众在信息方面的交流，保证政府决策的准确性，还能防止民众对政府所采取的措施不了解、不认可，而导致民心涣散，加剧社会的不稳定，并最终影响政府的形象和权威。

在信息沟通机制中，媒体的作用不容小觑。媒体可以分为传统媒体和新媒体，传统媒体主要指的是电视、报纸、广播，而新媒体则是指以互联网为代表的网络媒体。媒体既是信息的收集者又是信息的传播者，它是连接政府与民众的桥梁，是传递政府声音和反映民意民情的"喉舌"。合理有效的应急信息沟通机制对于科学有效地应对突发事件具有重要的意义和作用。

三、应急指挥、协调和决策机制

现代指挥理论认为，指挥是社会组织和有组织的群体为了协调一致地达到某个目标，由领导者所实施的一种发令调度活动，属于一种特殊的领导管理活动。协调就是正确处理组织内外各种关系，为组织正常运转创造良好的条件和环境，促进组织目标实现的活动。决策是为了实现特定的目标，根据客观的可能性，在拥有一定信息和经验的基础上，借助一定的工具、技巧和方法，对影响目标实现的诸因素进行分析、计算和判断后，对未来行动作出决定。指挥、协调和决策是突发事件应急过程中不断交替使用的管理措施，相互之间的联系十分紧密，有时很难划分三者之间的界限，指挥过程存在协调，而协调过程也存在指挥。例如，英国内政部在灾害事故的应急处置计划中就将指挥、协调和决策作为一个整体来考虑，无论是机构设置，还是具体处置过程，都没有进行严格的区分。

在多数情况下，参与突发事件应急处置的机构、单位与人员是一个复杂的工作系统，各自功能的发挥与相互关系的协调都需要指挥活动来完成，需要通过指挥链发布一系列的指令。因此构成应急指挥机制的另一个重要方面是明确各种指挥关系。主要的指挥关系包括以下几种。

（1）隶属关系。是指参与应急处置的部门与单位之间所构成的上下级之间的关系，具体表现为纵向的指挥关系，如上下级公安机关之间就是隶属关系。

（2）配属关系。是指在应急处置过程中，由于协调工作的需要，将某一部门的应急资源临时调归另一部门指挥、使用而产生的指挥关系。

（3）支援关系。是指在应急处置过程中，根据实际情况，指令一个部门的应急人员支援另一部门，以增强该部门的应急能力，保证该部门完成任务而产生的指挥关系。

在突发事件应急处置现场十分复杂的情况下，上述几种指挥关系会在不同的处置阶段平行存在或交替使用。

协调机制可以界定为在特定环境下，通过一系列体制和制度安排以及规范、政策制定以达到社会各个组成要素和部分以平衡、有序、稳定状态来运行的过程或方式。大多数情况下，对突发事件的应急处置工作是由不同级别的应急机构共同参与的。因为在多数情况下，突发事件应急处置的第一应对者往往是可调动资源最少的部门和单位，这就需要建立一种多方参与、多重层级结构的应急协调机制。

四、分级负责与响应机制

突发事件发生后，应当根据事发地政府是否有足够的应对能力，来确定应急响应行动的级别和程序。如果某一级政府有能力应对已经发生的突发事件，就应当由其负责组织应急处置工作，上级部门可予以技术、资金、物资等方面的援助，强化属地管理责任。事发地政府无力应对或突发事件规模涉及若干省区时，再升级到由上级政府负责组织应对。对于已经发生或经监测预测认为可能发生的跨部门、跨省区的重大突发事件，直接由中央政府负责组织应对，形成以应对突发事件能力为主要依据的分级响应机制。

实行属地管理是基本的应急工作原则之一。这一原则决定了响应按照分级管理、分级反应、自下而上的原则进行。按照这一原则，在政府的应急体系中，事发地的地方政府是第一反应者。而在实践中更应当重视社区与企事业单位应急资源的使用。社区、单位与地方政府在第一时间作出的反应决定着应急工作的成败。需要启动哪一级预案，应当根据突发事件的严重程度、可控性、所需动用的资源、影响区域的大小等因素综合考虑。

按照我国现行法律与政策的规定，应急预案分为五个等级，即企事业单位与社区层级，区县政府层级，地市政府层级，省、自治区、直辖市政府层级，中央政府层级。有人建议在省级与中央政府层级之间增设区域级这一层级。《国家突发公共事件总体应急预案》的适用范围是"涉及跨省级行政区划的，或超出事发地省级人民政府处置能力的特别重大突发公共事件应对工作"。若是省级人民政府有能力处置，或不涉及跨省级行政区划的突发事件，就无须启动国家级的应急预案。其他层级应急预案的启动亦如此。

按照属地管理为主的应急管理体制，地方政府应具备处置一般规模突发事件的能力。但通常情况下地方政府的应急资源都是有限的，如果突发事件的规模过大，就需要及时请求上一级政府给予应急资源的支持，否则会贻误战机，使突发事件得不到及时控制，甚至造成更大的损失。

五、社会动员机制

"动员"最初主要用于军事领域，是与战争相伴而生的一种军事活动，主要是指战争动员，其本质是国家资源由民用向军用转换，以满足战争的需求。社会动员最初是指战时寻求促进变革和发展的有计划的大规模运动，旨在发动群众支援战争，后被引用为社会发展的策略，指人们在某些经常的持久的社会因素影响下，其态度、期望与价值取向不断发生变化的过程。联合国将社会动员定义为：一项人民群众广泛参与，依靠自己的力量，实现特定的社会发展目标的群众性运动，是一个寻求社会改革与发展的过程。它以人民群众的需求为基础，以社区参与为原则，以自我完善为手段。社会动员作为一种有计划地促进社会改革和发展的策略，强调充分发挥各相关方面的作用和社区的广泛参与，其实质就是把社会发展目标转化成社会行动的过程。一旦发展目标反映了人民群众的实际需求，社会各个阶层的各类资源广泛投入参与，社会动员就可以得到有效实现。

突发事件的应急管理，是应急资源集聚与处置资源需求冲突的处理，以及不同利益群体之间互动与博弈过程的管理。由于政府自身在资源储备、人员结构、组织体系等方面存在一些局限性，突发事件处置绝不可能由政府部门独立完成，它更应该是一个全民参与的、平战结合的、立体的网格。可以说，政府的有限性是决定社会动员必要性的最根本的因素。在巨大的危机与挑战面前，有效的社会动员是形成国家乃至整个社会应急力量的重要条件。一个国家、一个民族、一个社会是否有力量，能否摆脱危机，有效地应对挑战，不仅取决于防御机制、资源状况、社会成员的素质，还取决于是否具有完备的社会动员机制。

突发事件应急管理中的社会动员，其目的主要有两个：一是稳定社会，避免社会恐慌；二是积聚社会资源，动员社会力量的参与，以有效克服危机。此外，在危机中，具体的个人或组织的利益与整体利益有时并不一致，"经济人"的理性本能有可能使他们采取与政府相悖的行动，这就需要政府引导社会、规范社会，避免各种自利性的破坏行为或其他危害危机处置的行为。应急社会动员是指为了有效预防和成功应对突发事件，各级政府充分发挥主导作用，通过宣传教育、组织协调等方式，调动企业和其他社会力量的积极性，整合全社会的人力、物力与财力等资源，形成预防与应对突发事件合力的一个过程。它贯穿于应急管理的全过程，政府、企业与社会力量在应急管理的整个流程中应密切配合、相互合作，形成分工合理、合作协商的关系。

在应急管理中，公民不是被动的管理对象，而是积极的管理主体。建立全民参与机制，动员社区和其他民间组织合作共同抵御灾害，是提高社会整体应急能力建设的重要途径。社会动员机制要充分发挥我国政府社会动员能力强的优势，通过教育、培训、支持和指导，发挥公众、社区、企事业单位、社团在危机事件中自救、互救的能力，实现政府功能与社会功能的优势互补与良性互动。让志愿者参与到危机应对中，不仅是世界各国危机防控的重要经验，也是我国应急管理中需要强化的一项工作。

此外，应急社会动员要充分发挥非政府组织的作用，大力发展能够抗击突发事件的民间组织。因为在巨大的灾难面前，政府的力量往往是有限的，需要自治力量进行补充。非政府组织可以更好地整合社会各方面的资源与力量，承担筹集援助资金和实际救援工作，在应对突发事件时具有独特的优势与作用，是应对突发事件过程中不可缺少的重要力量，也是民众自救的有效组织。

在危机面前，有效的社会动员是形成国家、民族和社会整体力量的重要条件。社会动员能够将社会的人力、物力、财力等各种资源发动起来，形成有生力量。如果没有有效的社会动员，各种社会资源都处于零散状态，就不能形成现实的应急有生力量。因此，建立强力有效的社会动员机制,是应对突发事件的重要途径。

六、应急保障机制

突发事件的应急处置是政府应急管理的重要内容。要实现管理目标,完成处置任务,就必须有应急物质资源和现代化的技术装备作保障,这是处置突发事件的物质基础。完善的应急保障机制是突发事件应急处置顺利进行的基本条件,由于突发事件是一种非常态事件,如何保证各种应急资源的可靠性就成为一个值得研究的问题。

突发事件会严重影响事发地的反应能力与效率,在严重的情况下甚至会波及周边地区。保障各种应急物资(如饮用水、救灾帐篷、被单、食品、发电机等必需物资)快速到达事发区域,是有效开展应急处置的必要前提条件。美国联邦应急管理局规定:处于高危险地区的人员应对灾害时要有所准备,并保证至少72小时内能够自给自足。地方志愿者机构应尽可能提供最大限度的食品、住所和灾害急救服务,制定在灾后72小时无外援情况下照常提供上述服务的计划。应急处置一方面要满足受害者的安置,另一方面要开展及时的搜救和恢复重建工作。特别是在建筑物倒塌的情况下,会有大量受害者需要援救和医治。在受困72小时后,受害者的死亡率会急剧升高,所以搜寻与营救行动必须优先开展。为确保救灾所需的物资器材和生活用品的应急供应,必须建立健全救灾物资储存、调拨和紧急配送系统,积极培育和发展社会经济动员能力。在保证一定数量的必需救灾物资储备的基础上,积极探索由实物储备转向生产潜力信息储备,通过建立应急生产启动运行机制,实现救灾物资动态储备。要积极防止储备物资被盗用、挪用、流散和失效,一旦出现上述情况,要及时予以补充和更新。相邻地区可以建立物资调剂供应渠道,以便在紧急情况出现时,迅速从周边或其他地区调入救灾物资。此外,也可依据有关法律法规,及时动员和征用社会物资用于应急处置等。

随着人们对突发事件认识水平的提高和科学技术的发展,应急处置装备也在向科学化、标准化方向发展,这就要求有精良的应急装备作为应急后勤保障。装备保障对于突发事件的应急处置具有十分重要的意义:装备保障是确保应急处置队伍处置能力的必要前提。在应急处置时缺乏必需的装备或者装备技术落后,必然会影响处置队伍的处置能力和效率,甚至导致处置任务的失败。良好的装备保障对突发事件的应急处置具有增效作用。现代社会要求政府是精干、高效的政府,特别是对于突发事件的应急处置而言,更应考虑通过提升应急装备性能水平来弥补人员等其他方面的不足。

七、奖惩机制

应急机制的建立不仅应明确应急的目标与任务,还要为事后的奖励问责提供方便。奖惩机制,是应急管理机制中不可或缺的一部分,它能对参与应急管理的各主体行为作出正确的反馈。对于个体或单位而言,可以激发部门、人员的工作积极性和创造性;对于整体应急处置工作而言,奖惩机制可使处置工作的执行更为规范有效。奖惩机制是应急处置中有功必奖、有过必罚原则的有力保障,在应急管理乃至社会经济发展中都发挥着至关重要的作用,是构建科学合理的人员评价体系的一项重要的系统工程。

奖惩是一项集思想性、科学性于一体的艺术性很强的工作。制定一套完善的奖惩办法并正确有效地实施,一方面可以促使各个应急管理部门充分发挥自身作用;另一方面能提高各部门的整体执行力,使应急管理机制的运行更加协调有效。此外,奖惩机制还可以激发各应急管理部门人员的主人翁精神，良好的奖惩机制可以调动应急参与人员的积极性和工作热情。

奖惩机制，需具有及时性、一致有据性、合理性三个基本特征。及时性，是指奖惩必须在一个"奖惩周期"内完成，及时奖惩是指要及时奖励个体或单位对应急管理作出的贡献，及时纠正个体或单位的错误行为，及时性是奖惩机制发挥应有作用的先决条件。一致有据性，要求对于个体和单位的奖惩要尽可能地做到一致公平，并且有理有据、依法依规、公开透明，杜绝"奖"人唯亲，否则就会造成参与人员心理不平衡，甚至影响应急管理工作大局，起不到奖惩机制的预期效果。合理性，主要表现在三个方面：一是要保持正确的奖惩导向；二是奖励和惩罚都必须公开；三是注重非显性贡献奖励。

八、社会管理机制

社会管理，主要是政府和社会组织为促进社会系统协调运转，对社会系统的组成部分、社会生活的不同领域以及社会发展的各个环节进行组织、协调、服务、监督和控制的过程。社会管理区别于行政管理和经济管理，是对人的管理和服务。

社会管理机制中，强调"政府负责、社会协同、公众参与"。"政府负责"并不是政府包揽一切，而是要强化政府的社会管理职能。政府在履行经济调节、市场监管职能的同时，要履行好社会管理和公共服务职能，在当前尤其要解决好政府在社会管理中的"越位""缺位"和"错位"等问题。"社会协同"，强调的是各类企事业单位要强化社会管理和服务职责，各类社会组织要加强自身建设、提高服务社会的能力，人民团体要积极参与社会管理和公共服务。"公众参与"，强调的则是要发挥公众参与社会管理的基础作用。

社会管理机制是预防和处置突发事件的社会基础。通过建立科学有效的利益协调机制、诉求表达机制、矛盾调处机制、权益保障机制，统筹协调各方面利益关系，加强社会矛盾源头治理，妥善处理人民内部矛盾，坚决纠正损害群众利益的不正之风，切实维护群众合法权益。由于城市建设拆迁、环境保护、涉法涉诉、公民权利等问题频繁出现，极易导致社会安全事件发生，这就需要用健全的制度、体制和机制维护、保障和实现人民群众的合法权益，从而促进社会的和谐稳定。

九、国际合作机制

在当前经济全球化的国际大背景下，一方面，随着国际分工的深化和世界产业结构的调整，世界贸易和跨国投资快速增长，极大地促进了全球经济的发展；另一方面，由于国家、地区间存在相互依存关系，经济全球化放大了突发事件的影响和范围。进入21世纪以来，世界各地发生的各类突发事件所造成的影响并不局限于一时一地，每个国家的安全与周边国家乃至全球安全紧密相连。当突发事件发生时，其影响呈蔓延扩展趋势，全球化带来了沟通无国界，但也导致了灾难无国界。例如2001年的美国"9·11"恐怖事件，引发了后来持续多年的全球反恐活动，波及了许多国家和地区。新型冠状病毒感染疫情的暴发，不仅给各国政府的公共卫生事件处置带来了更多的社会、经济上的压力，也暴露出了各国政府在独立面对重大突发危机时存在的脆弱性。

经济全球化的推进与突发事件的日益增加，这两种趋势同时出现绝非巧合，因为经济全球化既是一些突发事件产生的诱因之一，也是造成突发事件危害后果扩大的推动力。有数据表明，伴随着全球化进程的深入，各类突发事件总体数量有较大增加，造成了巨大的经济损失，产生了棘手的社会和环境问题。面对经济全球化给突发事件应急管理带来的双重影响，在危机应对方面需要整个国际社会采取合作的态度，遵循利益均衡的原则，分担应对危机成本和责任，分享经验和资源。因此，加强突发事件应急管理国际合作意义重大。

在国际合作机制中，联合国、国际主要组织机构、区域性组织机构、各国政府以及国际间非政府组织等应组成统一的指挥协调机构，针对突发事件的应急预防、应急准备、应急响应和事后恢复，形成有效的国际合作机制，实现信息共享、资源互助、技术交流和人员合作。目前，在国际警务、地震救援、海啸预警等方面的国际合作机制已经初步形成，在生态环境保护、移民难民问题、防止非常规性疾病蔓延、恐怖主义问题等方面的国际合作机制成为各国关注的焦点。

第四节　突发事件应急管理法制

法律手段是应对突发事件最基本、最主要的手段。应急管理法治建设，就是依法开展应急管理工作，努力使突发事件的应急处置走向规范化、制度化和法治化轨道，明确政府和公民在突发事件应急处置中的权利、义务，使政府得到必要的应急管理授权，维护国家利益和公共利益，使公民基本权益得到最大限度的保护。应急管理法治建设应注重归纳总结应急管理工作的实践经验，不断完善法律、法规和规章的内容和体系。

从世界范围来看，法律在突发事件管理中发挥着不可替代的作用，一方面，保障了公共管理机构或社会组织在突发事件发生时的紧急处置权，实现应急管理工作有法可依；另一方面，国家通过立法制定了具体法律措施来应对各种突发事件。

一、我国应急管理法律体系建设的发展历史

我国的应急管理法治建设开始于20世纪50年代，1982年《宪法》的颁布实施，为我国应急法治建设奠定了基础。此后陆续出台了一系列单行法律，如自然灾害类的《防洪法》、《防震减灾法》、《气象法》、《防沙治沙法》、《水法》，事故灾难类的《劳动法》、《煤炭法》、《建筑法》、《消防法》、《安全生产法》，公共卫生类的《国境卫生检疫法》、《传染病防治法》、《进出境动植物检疫法》、《食品卫生法》、《动物防疫法》，社会安全类的《集会游行示威法》、《国家安全法》、《监狱法》、《人民警察法》、《中国人民银行法》、《戒严法》，这些法律都是为了规范某一类突发事件而颁布的。

2003年5月，在应对"非典"疫情的过程中，为了弥补应急法律过于单薄、权利保障不足、法律规范零散的缺陷，国务院出台了《突发公共卫生事件应急条例》，将应对突发公共卫生事件纳入法治化轨道。

2004年3月，现行宪法第四次修改时将"国家尊重和保障人权"写入其中，还规定了"紧急状态"，使应急法律规范有了更充分的宪法依据。党的十六届四中全会明确提出，要建立健全社会预警体系和应急机制，提高政府应对突发事件和风险的能力，并把这项任务作为提高执政能力的一个重要方面。

2005年9月，颁布《国务院关于预防煤矿生产安全事故的特别规定》；2005年11月，《重大动物疫情应急条例》颁布实施。

2006年1月，国务院发布了《国家突发公共事件总体应急预案》，成为应对突发事件的指导性文件。2006年4月，国务院办公厅设立了国务院应急管理办公室。2006年7月，国务院发布《国务院关于全面加强应急管理工作的意见》。2006年10月，《中共中央关于构建社会主义和谐社会若干重大问题的决定》提出要完善应急管理体制机制，有效应对各种风险挑战，提高危机管理和抗风险能力。

2007年8月颁布了《突发事件应对法》，这是我国应急管理领域的一部基本法，对完善我国突发事件应急管理法律制度，建立突发事件应急管理体制，降低突发事件造成的危害后果，具有极其重要的作用，它的出台成为我国应急管理法治化的标志。

二、应急管理法律体系的基本构成

目前，我国应急管理法律体系基本形成，据不完全统计，我国涉及突发事件的法律35件、行政法规37件、部门规章100余件。这些法律法规的内容既有综合管理的指导性规定，又有技术性的硬性管理要求，构成了我国应急管理的法律体系框架。

1. 宪法

宪法是所有法律的基本法和母法，现行宪法中不仅规定了紧急状态的决定和紧急状态处置权的行使，而且确立了应急处置的公共利益原则和应急管理权力保障原则。《宪法》规定，国家为了公共利益的需要，可以依照法律规定对公民的私有财产实行征收或者征用并给予补偿；全国人民代表大会常务委员在全国人民代表大会闭会期间，如果遇到国家遭受武装侵犯或者必须履行国际间共同防止侵略条约的情况，决定战争状态的宣布，决定全国总动员或者局部动员，决定全国或者个别省、自治区、直辖市进入紧急状态；同时规定，国务院依照法律规定决定省、自治区、直辖市的范围内部分地区进入紧急状态。

紧急状态是指突发事件导致危机且运用常规手段难以控制之际，经过国家正式宣布后依法按照特别程序广泛运用紧急状态处置权应对突发事件的一种状态，从本质上说，紧急状态是一种法律状态而非事实状态。突发事件是紧急状态的诱因或者说是法定构成条件，属于宪法层次规定的问题。

2. 应急管理基本法律

为了预防和减少突发事件的发生，控制、减轻和消除突发事件引起的严重社会危害，规范突发事件应对活动，保护人民生命财产安全，维护国家安全、公共安全、环境安全和社会秩序，我国制定了《突发事件应对法》。它是我国应急管理的基本法律，适用于突发事件的预防与应急准备、监测与预警、应急处置与救援、事后恢复与重建等活动。规定了国家建立统一领导、综合协调、分类管理、分级负责、属地管理为主的应急管理体制，明确了突发事件应对工作实行预防为主、预防与应急相结合的原则，提出了国家建立重大突发事件风险评估体系的要求。

《突发事件应对法》自2007年公布施行以来，为抗击地震、洪水、雨雪冰冻、新型冠状病毒感染疫情等提供了重要法律制度保障，发挥了重要作用。近年来，突发事件应对管理工作遇到了一些新情况、新问题，特别是新型冠状病毒感染疫情给应对管理带来新的挑战。2021年对《突发事件应对法》进行了修订完善，总体修订思路：贯彻落实党中央关于突发事件应对管理工作的决策部署，把坚持党的领导以及深化党和国家机构改革的最新成果等通过法律条文予以明确；坚持问题导向，补充完善相关制度措施，吸收疫情应急处置中的成功经验；坚持该法在突发事件应对管理领域基础性、综合性的法律定位不变，处理好与本领域其他专门立法的关系，做好衔接配合。新增"管理体制"一章，主要内容包括：一是，理顺突发事件应对管理工作领导和管理体制；二是，畅通信息报送和发布渠道；三是，完善应急保障制度；四是，加强突发事件应对管理能力建设；五是，充分发挥社会力量作用；六是，保障社会各主体合法权益。

3. 专项法律法规

专项法律法规是对某一类突发事件或突发事件应急处置的某一方面进行规范。专项法律法规的完善有利于应急管理工作走向规范化、制度化和法治化轨道。我国在应急管理实践中不断完善法律法规体系和具体内容，例如 2008 年修订了《防震减灾法》《消防法》，颁布了《灾区恢复重建条例》和《乳品质量安全监督管理条例》等。据不完全统计突发事件中的自然灾害类、事故灾难类、公共卫生类和社会安全类专项法律数量如下：

自然灾害类的法律法规 20 部，其中，法律 7 部，行政法规 13 部，主要涉及地震、洪水、气象灾害、地质灾害等。

事故灾难类的法律法规 43 部，其中法律 14 部，行政法规 29 部，主要涉及安全生产事故、交通运输事故、公共设施与设备事故、环境与生态事故等。

公共卫生类的法律法规 18 部，其中法律 11 部，行政法规 7 部，主要涉及传染病疫情、群体性不明原因疾病、食品安全、动物疫情等。

社会安全类的法律法规 42 部，其中法律 22 部，行政法规 20 部，主要涉及恐怖袭击事件、群体性突发事件、经济安全事件和涉外突发事件等。

此外，拥有立法权的地方人大和政府依据国家法律法规，结合本地实际，制定了许多地方性法规和规章。

4. 应急预案体系

2006 年国务院发布了《国家突发公共事件总体应急预案》，各级政府及其相关部门都制定和发布了应急预案，这些预案都属于政府发布的行政决定，属于广义法律的范畴，具有执行力，应急预案在本质上是政府实施常态管理时的执行方案，是开展应急管理的重要依据。

针对我国存在的各级、各类不同风险和潜在安全事件，目前我国各级政府都已制定了比较完备的突发事件应急预案体系，涉及了自然灾害类、事故灾难类、公共卫生类和社会安全类等四大类，根据应急预案的内容和对象不同，包含综合应急预案、专项应急预案和现场处置方案。综合应急预案是从总体上阐述突发事件的应急方针、政策，应急组织结构及相关应急职责，应急行动、措施和保障等基本要求和程序，是应对各类突发事件的综合性文件。专项应急预案是针对具体的突发事件类别（如煤矿瓦斯爆炸、危险化学品泄漏等事故）、危险源和应急保障而制定的计划或方案，是综合应急预案的组成部分，应按照应急预案的程序和要求组织制定，并作为综合应急预案的附件。专项应急预案应制定明确的救援程序和具体的应急救援措施。现场处置方案是针对具体的装置、场所或设施、岗位所制定的应急处置措施。现场处置方案应具体、简单、针对性强。现场处置方案应根据风险评估及危险性控制措施逐一编制，做到突发事件相关人员应知应会，熟练掌握，并通过应急演练，做到迅速反应、正确处置。

复习思考题

1. 我国应急管理的"一案三制"是什么?我国应急管理预案体系主要包括哪些内容?
2. 我国应急管理体制是什么?如何理解"综合协调"和"属地管理为主"之间的关系?
3. 应急管理机制的基本定义是什么?我国应急管理机制主要包括哪些内容?
4. 应急管理为何强调要加强应急监测预警机制建设?如何有效开展相关工作?
5. 我国的应急管理法律体系包括哪些内容?请举例说明当前实施的法律法规有哪些?

第四章
公共突发事件的预防与预警管理

现代危机管理的发展趋势之一是从单一的应急处置转向危机全过程管理，预防（缩减）、准备、反应、恢复四个阶段是危机管理的主要环节。预防是突发事件管理的重要组成部分，也是现代危机管理的先进理念，防患于未然，通过预防来避免突发事件发生，是最好的危机管理方式。

《突发事件应对法》规定："县级人民政府应当对本行政区域内容易引发自然灾害、事故灾难和公共卫生事件的危险源、危险区域进行调查、登记、风险评估，定期进行检查、监控，并责令有关单位采取安全防范措施"，"省级和设区的市级人民政府应当对本行政区域内容易引发特别重大、重大突发事件的危险源、危险区域进行调查、登记、风险评估，组织进行检查、监控，并责令有关单位采取安全防范措施"。对于社会安全事件的预防工作，还规定："县级人民政府及其有关部门、乡级人民政府、街道办事处、居民委员会、村民委员会应当及时调解处理可能引发社会安全事件的矛盾纠纷"。

第一节　突发事件预防的基本原则

突发事件预防涉及社会、经济、技术、政治等诸多方面因素，而预防的实际效果又很难用简单可见的形式让人们了解。尽管预防为主一直是应急管理工作的重要指导方针，但在实践中，预防为主的理念却很难获得一些管理人员和社会公众的认可。究其原因，首先是对预防必要性的认识问题。面对越来越多的突发事件，很多部门疲于应对，根本无暇顾及预防问题。其次，突发事件预防的可行性还没有得到普遍的认可，一些部门或单位在采取了较为完善的预防措施后，依然发生了突发事件，使其对原先的预防工作产生了怀疑。最后，预防的经济性也是导致预防为主理念难以推行的重要原因。一般来说，在假定预防是可行的基础上，预防所获得的效益主要表现在一定时间内某一地区或单位不发生突发事件，但是，这样的效益是一种隐性的、潜在的效益，很难通过直观的经济效益来衡量。由于突发事件本身是一种非常态的事件，预防效果的潜在性导致一些管理者认为前期的预防投入没有任何效果，是经济上的一种浪费。

从理论上讲，突发事件的预防是整个应急管理中的重要组成部分，有效的预防可以将突发事件消灭在萌芽状态，因此，预防是最有效的应急管理，也是应急管理追求的最高理想。作为突发事件应急管理工作者，必须树立正确的预防为主的应急管理理念。

一、可预防与可缩减原则

突发事件是可以预防或缩减的，这是突发事件预防的认知基础，特别是对于人为的突发事件，如事故灾难类、社会安全事件类等，这些类型的突发事件从理论上分析都是可以预防的。对于自然因素引发的突发事件，现阶段很难通过采取一定的预防措施将其完全避免，但可通过预测、预警，提高承灾体的承受能力等方式来实现缩减。例如，地震减灾方面，许多国家都开展了广泛的研究与实践，而从相同级别地震中造成的不同损失情况来看，通过社会多方的共同努力可以将地震之类的自然灾害损失明显降低。

人为原因引起的突发事件，如事故灾难、公共卫生事件、社会安全事件，其表现形式多种多样，往往会给人造成防不胜防的感觉。但是，认真分析每一次危机发生的过程，都会得出这样的结论：危机都是由于一系列人为因素造成的，如果能正确把握危机发生的规律，能够及时识别危机前兆信息，没有人为的失误，没有管理的明显缺陷，人们在从事各种社会活动时能够自觉地遵守社会规范和规章制度，这些危机通常都是可以避免的。

坚持可预防与可缩减原则，可以提高人们对预防工作的必要性、可行性和复杂性的认识，消除一些管理人员危机不可预防、损失不可避免的错误观念，促使社会各方面重视突发事件的预防与缩减工作，科学地认识预防的效果，从而为实现突发事件的全过程管理奠定坚实的基础。

二、防患于未然原则

防患于未然原则也称偶然损失原则，任何突发事件的发生都是偶然性与必然性相结合的产物。从其发展历程看，危机从孕育、发展到消除，是一种必然的发展过程，由一系列的因果关系决定。也就是说，只有具备了一定的条件，危机的发生才是必然的。同时，危机在何时发生，危机事件发生后造成多大的损失，又受到很多偶然因素的影响。危机发生后能够造成多大范围的影响又会受到诸如时间、地点、环境条件等偶然因素的影响。同样震级的地震，发生在沙漠、海洋和发生在大中城市，所造成的损失可能会有很大的差别，发生在深夜和发生在白天造成的后果也不一样。同样经历危机，有些人在危机中不幸遇难，有些人则在危机中幸存，除去个体能力的差异，偶然因素的作用也不可小觑。

为了描述危机发生后由于偶然因素的作用而造成的损失差异，人们提出了偶然损失性的概念，美国安全工程师海因里希最先研究偶然损失性。海因里希从保险业的经济效益出发，在对55万起工伤事故的调查统计中发现，除死亡事故外，重伤、轻伤和无伤害事故的比率大约是1∶29∶300，即在330起事故中，重伤事故有1起，轻伤事故有29起，无伤害事故有300起。对于这个比率国际劳工组织的调查结果是1∶20∶200，这说明事故危害程度与事故数量存在概率关系，发生重伤的概率是很小的。由于损失的随机性，最严重的伤害可能发生在330起事故中的任意一起，为了防止这种后果严重的事故出现，就必须采取措施防止事故发生。突发事件预防的目标，必须是全部的风险隐患。

通过对系统中各种危险因素的分析，及时采取科学有效的措施从源头上防止危机的发生,即"防患于未然",树立"防患于未然"的指导思想,可以使人们克服突发事件管理中的侥幸心理,认真对待所有可能导致危机的因素。

三、可能原因必须根除原则

可能原因必须根除原则也称隐患及其隐蔽性原则。无论何种类型的突发事件,其发生原因都是分层次的,而且不同层次的原因之间具有继发性。突发事件的发生原因多种多样,各种因素之间的相互作用也非常复杂,因此,突发事件的预防工作是非常复杂的。在开展预防工作之前,必须对危机发生的原因进行深入细致的分析,建立危机发生的总体框架,然后采取有针对性的措施进行预防。一般而言,危机的发生有直接原因、间接原因、基础原因,不同层次原因之间的继发关系可以导致各原因相互转化。直接原因具有显在性,容易被人们发现和认识,间接原因和基础原因具有潜在性和本质性,不经过深入分析一般很难被人认识。直接原因只是危机的导火索,只消除危机发生的直接原因,而没有根除造成直接原因的间接原因和基础原因,酝酿危机的土壤依然存在,间接原因还会转化为直接原因。因此,在预防危机时,必须着眼于间接原因和基础原因的预防和根除。

第二节 突发事件风险评估

风险评估是以保障安全为目的、按照科学的程序和方法,从系统的角度出发对特定对象的潜在危险进行预先的识别、分析和评价,为制定预防突发事件的具体措施和管理决策提供依据。随着人们对风险认识水平的不断提高,风险评估不再局限于传统的金融、保险等领域,企业经营管理、社会管理等方面已成为风险评估的新领域。在公共安全领域,风险评估作为公共安全管理中最常用、最主要的方法,是突发事件管理预防工作的重点。预防工作是否具有针对性的前提是风险评估,如果没有发生突发事件的风险,就无须进行预防,预防从一定意义上说就是化解与转移风险。

一、风险的基本认识

无论是社会组织、团体单位还是个人,人们总是会面对各种风险,有的风险是人们可以感受到的,有的则是潜在、隐性且不易被察觉到的。"风险"一词来源于人类对自然界未知领域的探索和早期重商主义资本家的海外贸易活动。风险是与不确定性密不可分的,通常可以将风险界定为一种不确定的状态,或是预期结果与实际结果之间的偏离程度。

现代风险的研究体现在人们对核安全问题的讨论,来自不同领域的专家学者使用系统分析理论、商业管理、决策和博弈规则,以及成本收益分析等研究如何控制与评估核能给人类带来的风险,开展了一系列的定性与定量研究。1975 年,拉斯姆教授发表了著名的核电站事故树分析报告,将核能的使用风险以定量的形式进行了详细的分析与评估。虽然风险的属性是多方面的,但是通过适当简化可以认为风险是某种特定危险发生的可能性与影响的综合体。

随着经济社会的发展,风险的概念逐渐深入人心,在社会领域中的重要性越来越明显。1986 年,德国社会学家乌尔里希·贝克出版了《风险社会》一书,提出了风险社会理论,对现代化带来的环境恶化、经济与金融危机、技术风险、社会冲突、自然灾难等问题进行了系统的描述与分析。同年，震惊世界的切尔诺贝利核电站爆炸事故造成全球范围的核灾难，打破了很多专家进行风险研究时的基本假设，成为贝克风险社会理论的有力佐证。

二、风险的类型

风险是以多种形态存在的。按风险分布领域可以将风险分为政治风险、经济风险、社会风险、道德风险等。按风险来源可以分为自然风险、技术风险、制度风险、决策风险等。按损失承担者可以分为个人风险、家庭风险、企业风险、政府风险、社会风险等。按损失标的物可以分为人身风险、财产风险、环境风险等。

按风险的历史形态可以把风险分为三种：前现代的灾难、工业时代的风险、后工业时代在大规模灾难中的不可计算的不安全。前现代的灾难包括地震、飓风等外部风险，这些风险是长期伴随人类社会的客观风险；工业时代的风险则表现为各种事故灾难等；后工业时代在大规模灾难中的不可计算的不安全包括当前全球化背景下的核风险、化学风险、基因问题、环境问题等。

从认识论的角度可将风险分为真实风险（real risk）、统计风险（statistical risk）、预测风险（predicted risk）和感知风险（perceived risk）四种。真实风险是确实存在的不利影响和危害；统计风险是根据历史上的不利后果进行回归统计分析得出的风险；预测风险是通过对历史事件的分析并进行系统建模，对未来的不利后果进行预测得出的风险；感知风险是由人类的直觉判断，即人们通过经验、观察、比较得来的风险。由于人的认识角度不同，对于同一个风险问题可能存在不同风险认知和感受，例如，对于民航风险问题，专家根据统计得出的结论是坐飞机比坐汽车、火车都要安全，但有些民众则根据感知风险分析判断认为坐飞机更危险。

三、风险评估的理论模式

风险评估一般包括资产评估、威胁评估、脆弱性分析、风险等级划分等内容。

1. 资产评估

资产评估是对风险可能影响的各种资产进行分析和评估。资产包括人员、活动、信息、设备等。资产评估主要包括三个步骤：第一，确定需要保护的关键资产；第二，预测不希望发生的事件及可能造成的后果；第三，根据可能造成的损失大小，优先选择需要保护的目标。考虑到资产脆弱性、保护能力和产生的后果严重性等因素的影响，不是所有的资产都处于同一风险水平。因此需要对资产本身的脆弱性，对资产的保护能力和可能造成后果严重性进行综合评估，确定其价值和保护的优先顺序。一般情况下可以将资产等级划分为最高、高、中等与低四级。

2. 威胁评估

威胁评估，是指在综合分析多种因素的基础上，识别和评价各种威胁，包括威胁主体的攻击目标、攻击能力、危害程度及可能性。威胁评估是对研究对象进行全面的潜在风险调查，其目的在于为制订安全计划、优化资源配置提供依据。

威胁评估首先要辨识威胁的种类。威胁种类一般指威胁主体所使用的手段，有时也包括客观环境存在的威胁因素。常见的威胁种类一般有以下几种：恐怖主义（炸弹、绑架、生化武器等）、违法犯罪活动（恶意报复、间谍活动、出卖有价值的信息、非法侵权、盗窃等）、外国军事威胁（核武器、生化武器、小型武装冲突）、环境威胁（火灾、飓风、地震、环境污染等）、政治因素（暴乱、政治抵制等）、其他（私人利益的损失、媒体、经济环境等）。

威胁评估要收集威胁主体的相关情况。威胁主体指风险管理过程中需要预防的对象。通过查阅地方史志、历年报纸、天气记录、事故报告、消防队记录、民间传播的逸事等对历史上发生的危机进行收集和分析，获得关于各类危机的资料。根据防患于未然的指导思想，对没有造成严重后果的危机也要加以重视。因为危机的偶然损失性，同一类危机即使在过去没有酿成严重后果，但在当前可能会造成灾难性损失。同理，也不能忽视那些多年没有发生过的危机，因为突发事件本身就是一种小概率事件，一段时间不发生并不说明以后不发生。

威胁评估需要用发展的眼光，注意随着研究对象本身和周围环境的变化而产生新的风险问题，特别关注一些外来的、非固定危险源对研究对象的影响。例如，1988年的甲肝疫情与2019年的新型冠状病毒感染疫情，尽管初期都属于区域性的危机事件，但在现代化社会条件下，由于交通运输方式、信息传播手段等的不同，新型冠状病毒感染疫情产生的影响范围更大、影响程度更深远。

3. 脆弱性分析

脆弱性亦称易损性或薄弱性，系统中的易损性决定了风险能够对系统造成的破坏程度，即系统可能招致损失的倾向性尺度，或对风险的易感性。易损性包括易感性和恢复能力。易感性体现的是危险因素产生的来源和原因，恢复能力是指系统能够承受危机所带来损害的能力。易损性可以用风险可能导致的损失来确定。损失对象可以是民众（生命、健康和生活质量）、财产（房屋和设施等）和自然资源等。

易损性分析就是对系统中存在的薄弱环节进行分析与评估的过程，确定危机会对系统的哪些部位造成影响，系统对这种影响的抵御能力如何，可能的人员伤亡、财产损失有多大，从而找出最薄弱的环节。易损性分析的主要内容是确定潜在的人员伤亡和经济损失。确定潜在的人员伤亡要考察人们居住和工作的场所，分析这些场所遭受危险的易损性。对特殊群体，如老人、儿童、残疾人、病人等要给予特殊的关注。

在脆弱性评估过程中，风险管理者必须站在威胁主体的角度来观察、考虑问题，从安全管理的工作流程、环节与实体结构、人力防护系统等方面进行实际调查，掌握可能出现的疏漏和薄弱环节。薄弱环节一般易出现在建筑物、装备、人员安排、特定的地理位置、人群活动中。在以上几个领域，需要特殊关注的是实体性薄弱环节、技术性薄弱环节和操作性薄弱环节。实体性薄弱环节包括门、墙、护栏、通道、停车场、警戒区、闭路电视区域、保险柜等，技术性薄弱环节包括声控及探测手段、报警电话及信号发射装备等，操作性薄弱环节包括实际从事安全管理的人力资源配置、工作程序等。

4. 风险等级划分

为了定量化估计风险水平，需要评估每一种基本事件发生的概率及其造成的人员伤亡与财产损失。计算每个事件发生的风险水平，并按照一定规格汇总后可获得整体的风险水平。风险等级划分是在综合考虑风险全面属性的基础上对风险进行划分，并与社会的可接受程度进行比较,为危机管理提供决策依据。

风险的属性是多重的,且不同属性对风险等级的影响也不尽相同。因此,理论上在进行风险等级划分时必须考虑风险所有的属性以及各种属性对风险等级的重要程度,但在实践过程中一般只考虑风险的发生概率和严重程度,并假定这两种因素是同等重要的。

常用的风险等级划分方法有风险矩阵法和风险指数法。风险矩阵法将风险发生频率分为非常可能、可能、偶尔、不可能、非常不可能 5 个级别,把风险对事件的影响程度分为灾难性的、重大的、严重的、中等的、轻微的 5 个级别,然后将二者综合得到风险矩阵,如表 4-1 所示。

表 4-1 风险矩阵

发生频率	结果				
	灾难性的	重大的	严重的	中等的	轻微的
非常可能	不可接受	不可接受	不可接受	难以接受	难以接受
可能	不可接受	不可接受	难以接受	难以接受	可以接受
偶尔	不可接受	难以接受	难以接受	可以接受	可以接受
不可能	难以接受	难以接受	可以接受	可以接受	可以接受
非常不可能	难以接受	可以接受	可以接受	可以接受	可以接受

风险指数法是使用风险评估指数矩阵表,赋予风险以定性加权指数来评估风险的大小,在对风险大小定性评估完成的基础上确立高、中、低等风险区。与风险矩阵相同,风险指数也将风险事件发生的可能性和影响程度分为 1~5 个级别,但不同的是将每个风险事件所对应的这两个级别相乘得到了一个介于 1~25 之间的数值,排列出风险大小的顺序,其实质与风险矩阵法是相同的,如表 4-2 所示。

表 4-2 风险指数

风险	风险估值	说明
低	1~4	风险可以容忍,不需要任何减轻措施
中等	5~9	风险可以容忍,但需要一定减轻措施
高	10~15	风险在一定容忍的边界,应该识别减轻措施并实施以便降低风险
非常高	16~25	风险难以容忍,必须实施风险减缓措施

四、风险评估的基本方法

在风险评估发展过程中,出现了不同类型的评估方法,这些方法各具特色,有不同的适用范围,主要包括专家会议法、德尔菲法、头脑风暴法、电子会议法等。

1. 专家会议法

专家会议法是最古老、最简单的风险评估方法。在进行风险评估时,首先要确定并邀请一定数量的专家参加评估会议,然后请每一位专家就风险的类型、范围、作用过程等发表自己的看法,最后通过讨论形成较为一致的评估结论。

2. 德尔菲法

德尔菲法是专家会议法的发展,其实质是多次无记名咨询。通过中间机构以匿名的方式征求专家的意见,最后总结专家们一致的评估结论。参加评估的成员相互间并不了解,可以消除成员间的影响。专家可以改变自己的意见而无须做公开说明。德尔菲法一般要经过多次反馈，其步骤如下：第一，由评估主管部门提供背景材料，并列出风险一览表，由咨询对象填写具体意见；第二，整理与归纳咨询意见，将分析结果反馈给咨询对象，再由咨询对象发表意见；第三，将上述过程重复3～5轮，通过对咨询结果进行统计，得出评估结果。

3. 头脑风暴法

头脑风暴法是邀请专家参与的一种积极的创造性思维过程方法。这种方法鼓励创新，鼓励参与者大胆提出自己的看法，禁止对别人的看法提出批评，通过相互启发、相互影响、相互刺激，产生并征集创造性设想的连锁反应，达到集体评估的目的。为了提供一个有利于形成创造性思维的环境，参加会议人员以5～15人为宜，如人数较多，应予以分组。在典型的头脑风暴会议中，被邀请者围桌而坐，由主持人说明风险的基本情况，限定讨论的范围。在一定时间内，参与者尽可能地提出自己的看法，不允许与会人员按照事先准备的发言稿照本宣科。鼓励与会人员减少思想顾虑，营造一种自由的氛围，激发与会人员的积极性，避免由少数人支配整个局面，鼓励对已提出的设想进行改进和综合，为准备修改自己设想的人提供优先发言权。所有发言结束后，再汇总进行讨论，形成评估结论。

4. 电子会议法

电子会议法利用计算机技术实现了风险在线评估，可以认为是在线德尔菲法。参与评估的专家通过互联网接收风险评估的相关信息，然后将自己的看法输入计算机并开展线上讨论、投票统计，最后得出结论。

第三节　突发事件预防体系

一个完整的突发事件预防体系主要包括五个方面的内容：强化脆弱性定期分析评估制度；设立危机管理团队；制订危机管理计划；重视危机管理科普宣教培训与演练；加强"防灾型社区"的危机管理文化建设。

一、强化脆弱性定期分析评估制度

脆弱性分析或隐患排查是危机预防的基础，其任务是将所有可能造成危机的隐患一一列举出来，并确认这些危机隐患的性质。"脆弱性"的英文原意指物体易受攻击、易受伤和易被损坏的特性。乔治等人认为脆弱性是由暴露、抵抗力、恢复力三部分构成的，是对一个地区自然脆弱性和社会脆弱性的综合衡量。国内有学者认为无论是自然区域还是某一社会群体，无论是某一自然要素还是单个生物体，其脆弱性都有三层含义：①它表明该系统、群体或个体存在内在的不稳定性；②该系统、群体或个体对外界的干扰和变化（自然或人为的）比较敏感；③在外来干扰和外部环境变化的胁迫下，该系统、群体或个体易遭受某种程度的损失或损坏，并且难以复原。还有的学者认为脆弱性是指由于系统（子系统、系统组分）对系统内外扰动的敏感性以及缺乏应对能力，从而使系统的结构和功能容易发生改变的一种属性。脆弱性是源于系统内部的、与生俱来的一种属性，只有当系统遭受扰动时这种属性才能表现出来。

目前，对脆弱性的特质已有比较一致的认识：脆弱性是在灾害发生前即存在的条件，在灾害发生时涌现；脆弱性表现为包括抗灾能力和恢复能力在内的适应性；脆弱性也指在特定环境中的受灾敏感性；脆弱性是决定灾难性质与强度的基本要素。

麦肯泰尔采用矩阵图形式来分析脆弱性发生的分类关系，如表4-3所示。从环境属性角度出发，脆弱性由不利因素与防护能力构成，不利因素来源于实体固有风险和社会组织的易受损性（或易感性），防护能力则由科学技术和工程设施对灾害的抵抗力和社会公众面对灾害时所表现出的抗逆力共同构成。

表4-3 脆弱性主要来源与对策建议

学科	脆弱性主要来源	对策建议
地理	脆弱性源于对灾害多发区域开发	土地规划中需要考虑风险
气象	缺乏先进的灾害性天气预警	建立有效预警系统
工程学	结构或者基础设施不能抵御灾害	科学设计建筑结构基础设施
人类学	源于价值观、态度和行为制约	改变态度，抑制冒险性、易感性
经济学	与贫穷相关，导致无法从灾难中恢复	改善财富分配和保险，提高抗逆力
社会学	灾难行为关系到种族、性别、宗教等	更加关注特殊群体的需求
心理学	由于忽略风险而无法应付	认识风险、危机辅导、快速恢复
流行病学	营养不良等因素易受到疾病或伤害	改善公共卫生和公众医疗服务
环境科学	环境退化、气候改变以及产生灾害	节约资源，保护绿色空间，加强废弃物管理
政治学	政治体制和不正确决策	完善体制结构，教育培养领导者和立法者
公共管理	存在错误的法律，无法执行政策规定	提高政策执行力，加强响应和恢复能力
法律	由于疏忽所致的灾后法律责任	了解法律，并在应急管理中遵守
新闻学	缺乏风险公众意识及灾害沟通能力	提高媒介影响力，对公众进行教育
应急管理	灾害发生前、后，执行不力（如疏散、搜寻和救援等）	通过风险和脆弱性分析、预案培训和演习培养公众灾害意识和应对能力
国土安全	文化误解、边缘地区渗透、基础设施和灾害管理结构薄弱	纠正错误的外交政策，加强反恐，保护边界安全和加强基础设施建设
信息网络	谣言传播、网民非议、黑客攻击等	增加政府工作透明度，关注舆情动态

脆弱性本身所具有的复杂性，使得关于它的分类比较困难且观点颇多，麦肯泰尔曾经创建了一个脆弱性发生关系图，可以将其以矩阵图形式表示为脆弱性的分类构成。从环境属性角度，脆弱性由不利因素与防护能力的此消彼长构成，不利因素来源于固有风险和社会的易受损性（易感性），防护能力则由科学技术与工程设施对灾害的抵抗力和社会面临灾难时表现出的抗逆力共同构成，见表4-4。

表4-4 脆弱性分类构成矩阵

环境属性	环境类别	
	实体 （包括自然、建造、技术方面）	社会/组织 （包括文化、政治、心理、经济方面）
不利因素	固有风险	易受损性
防护能力	抵抗力	抗逆力

脆弱性研究为分析公共危机预防体系提供了一个新视角。脆弱性分析逐渐把人们的注意力转向：①哪些人、事物、地区面对正在进行的人文与环境条件的变化较脆弱？②这些变化及其结果在不同的人文与环境条件下是怎样被减弱或增强的？③通过什么措施可以降低对这些变化的脆弱性？④怎样建立更具恢复力和适应性的团体和社会？

脆弱性本身所具有的复杂性、耦合性、时变性和不确定性，使分析评估在空间和时间分布上都存在许多困难，可以建立一个持续改进完善的脆弱性评估减控循环模型。第一步是把脆弱性管理列入危机管理总体规划和日常工作计划之中；第二步是按照事先制定的评估指标体系和方法开展评估，对收集的辨识、评估数据进行汇总统计和归一化处理，然后据此完成脆弱性分析报告；第三步是依据分析评估结果，结合危机灾难风险评价和应急能力评估情况，并参考危机管理总体规划设定的目标，制定脆弱性减控计划和措施，组织实施落实；第四步是通过专项评估或应急演练等活动具体检验评估脆弱性减控计划与实施的具体效果，进一步提出今后减控脆弱性的管理建议。这些建议的共性部分应成为应急准备制度化建设内容，而具体问题部分则应纳入总体规划或计划中，作为下次循环的"起始点"。通过周而复始且持续性的循环过程，使脆弱性不断被识别、评估，进而得到有效减控，提高抵抗力和抗逆力，降低或消除风险，这也是公共危机预防体系的价值所在。

二、设立危机管理团队

公共危机管理涉及许多领域，需要多学科、多部门的共同参与组织与协调配合。危机管理团队应该是组织的常设机构，一个有效的危机管理团队应该包括决策负责人、各部门的主管或专家等。因此，危机管理团队由多学科的专业人才构成，是一个跨部门的管理机构。根据斯蒂文·芬克的建议，设立危机管理团队应先建立由最高管理层成员、公关部部长、保卫部部长、法律顾问等构成的核心层；再根据危机的不同类型，增加危机管理团队成员。每个团队成员应赋予相应的权力，团队内部应进行细致的分工。这些成员在常态时除了做好本职工作外，还承担防范和预警组织危机的职责，一旦出现危机，他们就应该在高级管理人员的组织和协调下快速处理危机。出现危机时，高层管理人员应该具有快速直接调用相关专业人员的权力和能力。能否快速组建一个高效的危机管理团队，很大程度上取决于平时的人才资源储备情况。

危机管理团队在组织内属于常设机构，负责处理未来可能发生的危机事件。其职责有制订危机管理计划、实施危机管理计划、处理计划外的危机。危机管理团队需要收集不同种类的危机资料，以及潜在危机预警和危机预防行动所需的资料。当危机真正来临时，危机管理团队就将危机管理计划付诸实施。当计划不能适应危机变化时，危机管理团队必须及时做调整，处理危机管理计划以外的紧急状况时，要根据危机当时的状况临时决策。例如，某大学危机管理团队的成员包括校长、副校长、教务长、法律顾问、行政部门负责人和二级单位负责人等。其职责包括根据收集到的信息制定危机管理计划，并通过学校的对外联络部门与有关机构和人员进行沟通。管理团队可以下设危机处理小组，由学校各个部门的主要负责人组成，例如，保卫处处长、后勤保障部主任、人事处处长、资产管理部门主管等。这个危机处理小组根据危机管理团队制定的政策进行具体操作，执行行动计划，收集有关信息并加以分析评估，同时向危机管理团队提供建议。危机处理小组还可以包括一些其他成员，例如，学生工作部主管、学校信息主管部门负责人，法务部门的主管以及本科生院代表等。

三、制订危机管理计划

虽然预先识别危机并将危机"扼杀"于无形是成本最低的危机管理方式，但是，任何一个组织即使是防范措施做得再好，也不能保证危机绝对不会发生。因此，应该未雨绸缪，超前决策，精心策划出全面的危机管理计划，以便危机真的来临时能够从容应对。危机管理计划就是针对危机发生前后的所有可能的情况与因素、危机发展阶段，进行全面、翔实和有条理性的预测与归整，并形成可理解的文件资料。有人将危机管理计划形象地比喻为"手电筒"，"手电筒"在人们遇到突然停电的时候就会发挥作用，在它的指引下人们能迅速发现停电的原因，并恢复通电。为减少不确定性和判断失误，事前经过信息收集与评估、反复推敲得出的危机管理计划，则不失为混乱情况中的脱困手册。因为：①危机管理计划可以区别危机事件中各个因素的轻重缓急与处理的先后顺序；②危机管理计划可以减少不确定的状况与不确定的因素；③危机管理计划可以唤起及时的行动；④危机管理计划赋予决策者信心，有助于决策者做出正确的决策。总之，危机管理计划的制订可以帮助危机管理者在危机时刻有条不紊地处理危机。

危机管理计划描述的是组织在有效管理危机方面需要采取的步骤，并为每一次行动确定具体人员的责任，计划完成后要进行报告和沟通，以保证组织的主要人员了解他们各自的角色和责任。危机管理计划需要指出组织最重要的利益相关者有哪些，并说明与这些利益相关者进行接触、监控和咨询的方式。危机管理计划与一般计划的区别在于：一般计划在制订后人们就要努力实施它，而危机管理计划在制订之后，人们并不希望它有实施的机会，并且在现实中确实有许多危机管理计划并没有实施。这就使得有些管理者存在侥幸心理，不愿意花费人力、物力、财力来思考和制订危机管理计划。危机管理计划内容要有弹性，危机管理计划旨在给公共管理者提供对付危机的通用方法，并非一个危机管理的完全手册，很难穷尽所有危机，也难以穷尽危机的所有细节，所以危机管理计划的条款不能规定得太死，应有较强的灵活性。只要一个危机管理计划有效地规定了危机管理的原则、程序、资源保证、分工关系，就能够在危机爆发时发挥作用。危机管理计划包括以下内容。

(1) 确定危机事件。为确定危机事件，危机管理人员通常需要做的是：列出组织可能面临的所有危机清单；将这些危机分类；评估每一个危机发生的可能性与破坏性，以确定危机的危险度；根据危险度大小对潜在危机进行排列，在此基础上再依据轻重缓急原则制定危机应对措施。

(2) 设立危机管理目标。危机管理的基本目标是尽早发现危机，将危机消灭在萌芽状态；一旦危机爆发，尽量降低危机所造成的损失，并尽可能地变危机为转机。

(3) 建立危机处理小组。设立危机处理小组是实施危机管理的组织保证。在危机管理计划中应明确危机处理小组的人员构成及其相应职责。

(4) 制定危机备选方案。危机处理小组必须细致地考虑各种可能发生的紧急情况，制定相应的危机备选方案。

(5) 拟订危机行动计划。危机行动计划要确定组织在紧急状态下的行动方案，既包括危机预控，又包括处理不可避免的危机所涉及的具体内容、步骤和实施人员。危机行动计划有两类：一是全面计划，就是全面地考虑每一种危机可能出现的种种情况，有针对性地提出相应的行动方案；二是部分计划，是指为某种事先估计要发生的危机制定计划。

(6) 制订危机沟通计划。一个完备的危机沟通计划应包括：发言人，他必须具备良好的语言沟通能力、机敏的反应能力和能在巨大压力下工作的心理素质；危机处理中心，中心的各种通信设备必须完备且保证运作正常；对内、对外沟通策略，应确定对外信息沟通的渠道和统一口径、明确新闻发布会举办的时间和方式、确定新闻资料规范、注明不宜外露信息的范围等事宜。

(7) 建立与利益相关者的关系。一般而言，利益相关者是指与组织在利益上、权利上或所有权上关系密切的任何个人或团体。对于公共部门来说，利益相关者既包括内部员工，也包括各级政府、社区、新闻媒体、企事业单位等。

四、重视危机管理科普宣教培训与演练

危机管理科普宣教，是一项政府与社会公众共同参与的系统工程，具体是指应急知识的宣传、普及和应急技能的训练、应用。危机管理科普宣教培训与演练作为危机管理工作的重要内容，是针对突发事件所做的预防和准备，并在这个预防与准备的过程中培养政府和公众的危机意识，以及应对各类突发事件的思想和技能。危机管理科普宣教是危机管理的基础和前提，加强危机管理科普宣教体系建设意义重大，必须防止危机管理中重视政府应急能力建设而忽视全民危机管理科普宣教体系建设的倾向。危机管理科普宣教是以提高人们应急素质为目的，将危机管理的知识、能力有效传递给社会公众的活动，是对应急管理人员、救援人员和志愿者等群体或个人开展应急意识、知识、技能与心理等方面的培训活动。危机管理演练主要包括危机模拟演练和媒体训练。危机模拟演练是检验组织的危机预防准备工作成效的重要方式。媒体训练主要是指训练组织的发言人与新闻媒体进行有效沟通。

1. 加强危机管理科普宣教能力建设

危机管理科普宣教，应以应急知识普及为重点，提高公众的预防、避险、自救、互救和减灾等能力。按照灾前、灾中、灾后的不同情况，分类宣传普及应急知识。灾前教育应以了解突发事件的种类、特点和危害为重点，掌握预防、避险的基本技能；灾中教育以自救、互救知识为重点，普及基本逃生技能和防护措施，告知公众在事发后第一时间如何迅速做出反应，如何开展自救、互救；灾后教育以经历过突发事件的公众为重点，抚平其心理创伤，恢复正常社会生产、生活秩序。

危机管理科普宣教，应以典型案例为抓手，增强公众的公共安全意识和法制意识。通过介绍国内外应对突发公共事件的正反两方面案例，剖析公众在遭遇突发事件时，临危不乱、灵活运用自救互救知识配合政府救援、减少人员伤亡的正确做法，增强公众"思则有备，有备无患"的忧患意识和法制意识，提高公众应对突发事件的综合素质。同时，通过总结分析案例中使用的处置手段、采用的应对措施等，进一步提高应对和处置突发事件的能力与水平。

应开展专题宣传活动，增强人们的公共安全意识和社会责任意识，营造全社会关心公共安全的舆论氛围。在公共安全宣传周和每年"全国科普活动周"、"全国安全生产月"、"国际减灾日"、"全国消防日"和"全国法制宣传日"等，开展形式多样、内容丰富、切实有效的公共安全主题宣传活动，使社区、乡村基层群众了解公共安全知识，掌握避险和自救、互救等基本知识，增强公共安全意识。

应开展公共安全知识进社区、进农村、进企业、进机关、进学校活动，加强应急知识的科教普及，提高公众的预防、自救和互救能力。编印发放公共安全手册，制作张贴宣传海报、投放公益广告，在社区、企业、乡村和车站、机场、码头、商场、宾馆等公共场所设置应急标识。

应根据不同对象的特点，有针对性地开展危机管理科普宣教培训。组织编写大、中、小学及幼儿园公共安全课程教材，使其尽快进入课堂。制订培训计划，对各级领导干部和公务员进行培训。对高危行业的从业人员开展安全知识教育培训，对应急志愿者进行培训。

应积极配合新闻媒体，主动开展科普宣教工作。采取群众喜闻乐见、寓教于乐的方式，利用广播、电视、报刊、网络等多种媒体，细分受众层次，尽可能使用通俗语言，简明扼

要,多题材、多角度、有针对性地进行宣传报道,将科普宣教工作的网络和触角延伸进社区、农村、企业、学校和家庭,在取得实效上下功夫。

2. 重构与完善基层社区危机管理科普宣教体系,健全基层社区应急知识教育体系

社区是社会生活的基本单位,作为各类突发事件的承载体,社区不仅要在第一时间直接面对危机,更要在第一时间应对处置各类突发事件。基层社区危机管理科普宣教体系在全民危机管理科普宣教体系中始终处于基础性、关乎全局的核心地位。基层社区危机管理科普宣教体系的重构与完善,已经成为当前危机管理工作的重中之重。要尽快改变目前多局限于纪念日或活动日的"点缀式"危机管理科普宣教的现状,做到基层社区危机管理科普宣教的常态化,将危机管理科普宣教寓于基层社区居民的日常生活之中。通过建立基层社区危机管理科普宣教的"常态化教育"模式,构建基层社区危机管理科普宣教的长效机制,建成覆盖全社区、全方位、多层次、全过程的基层社区危机管理科普宣教体系,从而普及预防、避险、自救、互救、减灾等应急防护知识,增强基层社区居民的公共安全认识和社会责任意识,提高基层社区和居民的应急处置能力和综合素质。

在基层社区应急知识教育活动过程中,应注重教育内容的生动、具体和方式的灵活性,突出应急知识教育的针对性与可操作性。例如美国联邦应急管理局专门向公众推荐一本《如何做好公众灾害预防活动和宣教活动》的知识读本,并在其网站上公布了长达100多页的《你准备好了吗?——市民灾害准备指南》,该指南已成为美国政府对社区居民进行灾害知识教育的范本。美国重视危机管理的信息港和专家知识库的建设,承诺90%的访问者都能找到有用的危机管理知识与信息。相对于社区居民而言,如何开展社区内的应急知识科普教育?山东省济南市槐荫区在这方面的做法堪称典范之一,作为我国内地第一个以城区为单位的"国际安全社区",是第161个"国际安全社区"网络成员。槐荫区通过普及宣传、推广使用《安全生产工作手册》,使区政府39个部门、14个乡镇和辖区8000余家生产、经营、建设单位,实现了安全生产的"三级指标量化"、"三级工作承诺"、"三级督查检查"和政府与企业间的"双向监督",落实了政府、企业的"两个主体"责任,打破了基层安全生产综合监管的瓶颈;通过"3332"工作法的推广,带动了更多的地区、单位加入安全社区建设活动,让安全理念逐步深入每个人心中,让更多的群众享受到了安全的权利与效益。

3. 建立并完善基层社区居民应急意识与应急心理教育体系

针对基层社区居民普遍存在的应急意识薄弱的现状,应加强危机警示宣传教育活动。危机警示宣传教育就是以战争、恐怖活动、骚乱、自然灾害等的危害后果,或者以重大突发事件的纪念为主要内容的普及性宣传教育,例如抗日战争纪念大型集会、特别重大安全生产事故和公共卫生事件纪念等,以宣讲各类突发事件中的典型案例为抓手,培养和增强基层社区居民居安思危、防患于未然的危机意识。危机造成的巨大破坏性后果会使民众产生恐惧、惊惶、精神恍惚、注意力不集中、焦虑等危机心理障碍,影响人们的身心健康,提高基层社区居民的心理素质是危机管理科普宣教不可或缺的内容。通过应急心理教育,锻炼基层社区居民的应急心理,教育基层社区居民正确地认识危机和勇敢地面对危机。预先增强基层社区居民的心理承受能力,弱化基层社区居民在危机事件中的负面心理影响,化危机为动力。例如,日本通过设立危机体验室和训练屋,让参与者免费体验危机"现场"并训练其应对能力,增强了体验者对危机的心理承受能力。

4. 建立基层社区危机应对情景仿真教育与演练体系，提高基层社区居民应对突发事件的综合素质、应对技能和应急处置能力

通过在政府的领导组织下，联合志愿者组织、非政府组织、社区、企事业单位、媒体和教培机构等多方参与，加强基层社区危机应对情景仿真教育与应急演练。例如，针对地震、洪水、台风、火灾、恐怖活动等单种或多种并发情况进行救灾应急演习，训练基层社区居民在撤离及应急救援过程中的避灾策略、应对方法和应急处置能力。通过基层社区危机应对情景仿真教育与演练，使基层社区居民掌握各种防灾、救灾设备设施的使用方法，学习在危机中的自我保护和相互救助的技能与方法，提高在危机应对中的组织性、有序性和协调性，增强基层社区居民应对危机的信心、勇气和心理承受能力，努力将危机应对知识内化为民众的危机应对能力，从而形成较强的社会整体危机应对能力。要在危机应对情景仿真教育与演练中检验应急预案、锻炼队伍、磨合机制、教育群众，促使演练规范、安全、经济、有序地开展。要把危机管理融入防灾减灾、安全保卫、卫生防疫、宣传教育、群众思想工作以及日常生产、生活等各项管理工作中去。

例如，作为全国综合减灾示范社区之一的杭州市西湖区留下街道，每年组织社区居民、志愿者、外来务工人员等开展形式多样的危机应对情景仿真教育与演练活动，教育大家在火灾、洪灾、雪灾等灾害来临时如何逃生，以及如何在第一时间消除隐患，还组织预备役队伍参加皮划艇、消防安全等方面的演练。针对社区易发水灾的特点，社区专门制定了防灾减灾应急预案，组织成立了由党员、退伍军人等为主体的社区减灾志愿者队伍，储备了一批防灾减灾的设备与物资，并利用社区内的中小学场地作为社区避难场所，同时将社区老年活动室作为临时安置过渡点。

5. 探索并创新基层社区居民参与式、常态化的危机管理科普宣教体系

常态化的危机管理科普宣教体系要真正取得实效，必须创新基层社区居民参与的形式，形成全民动员、全社区参与应急处置的互动局面。必要的应急知识、良好的应急意识和应急心理是基层社区居民有效参与应急处置的前提条件和工作基础，基层社区居民参与危机应对情景仿真教育与演练是对其应急处置能力的综合训练。

构建基层社区居民参与式、常态化的危机管理科普宣教体系，可以开展体验式教育、互动式教育和全覆盖的感官式强化教育。①通过设置模拟场景，组织社区群众亲身参与和实地观摩紧急疏散、火场逃生等生动鲜活的体验式教育活动，让群众明白面临紧急情况时该怎么应对，调动社区居民参与的主动性、积极性，积累应对不同灾害的实战经验，通过参与活动来提高责任感和自救、互救的能力。②通过联合应急、交通、消防等部门，以及从事公益活动的商家，采用有奖知识问答、文艺表演等形式进行多样化的互动式教育，吸引居民参与，使居民获得交通、用气、用电、用水等与日常生活密切相关的应急知识，采用寓教于乐的方式，提高社区和居民的安全意识和自我防护能力。③通过全覆盖的感官式强化教育，做到危机管理科普宣教工作在社区不留空白，不留死角，使社区居民经常听到、看到、接触到应急知识，从而在潜移默化中增强危机感和识灾、防灾、避灾的意识。

除此之外，还可以通过创建学习型社区来探索、创新基层社区居民参与式、常态化的危机管理科普宣教体系，该体系应立足于通过学习、讨论和感悟，形成居民了解和掌握应急处置的社区共同愿景。由于社区是居民生活的共同家园，所以具有社区特色的感受和知识更容易让居民产生直接的感知与认同，以共同的愿景来教育、引导居民形成社会责任意识和在应急处置中的个人行为。社区共同愿景，能够让居民在应急处置中达成共识，开展应急合作，从而铸就居民的共同价值观，使居民产生参与社区应急处置的强大意愿和动力。

五、加强"防灾型社区"的危机管理文化建设

加强"防灾型社区"的危机管理文化建设，创建"防灾型社区"的文化氛围，是构建公共危机预防体系长效机制的关键内容。可以采取的措施包括：

①以安全月教育活动为载体，进行群众安全文化普及教育，通过安全月教育活动，培养和加强人们的安全危机意识。②重视系统、全面的学校危机教育，注重从中、小学生抓起，例如，从幼儿园开始进行食品安全教育，小学开始接受正规的急救训练，中学每周开展急救课程教育。③通过公共安全科技的大量投入，构建公众安全文化教育体系。

构建隐性危机防范系统是建立公共危机预防体系的前提和基础。隐性危机管理是指处于正常状态下的组织，在实现其目标的同时从组织基层执行、中层管理与高层战略决策等各个方面系统地防范组织危机的过程。隐性危机具有一些信号特征，即较为隐蔽的迹象，隐性危机信号可以通过组织中微妙的不良现象来反映。例如埃莉诺·斯特德对危机"预先条件"的研究就属于"隐性危机管理"，了解组织危机的预先条件，就能知道如何改变这些条件从而控制或减少危机的发生。

组织危机的有效防范需要组织全员、系统化防范，需要构建一个贯穿于组织始终的隐性危机防范系统，该系统强调系统性、整体的配合。其中经常被忽略的是组织危机防范文化和高层决策中的危机意识，而最难做好的就是组织日常的危机防范制度。组织危机文化是危机防范制度的基础，是在危机防范中最难被觉察到，但又是能时时起到危机防范作用的关键方面。组织领导层在决策时不但要有敏锐的危机意识，要对危机的变化有足够的估计，同时又不能固步自封，"过于谨慎的政策本身就是最大的风险"，要找到这两者之间的平衡点，组织制度的安排也要体现这种平衡。中层管理要有危机应对的预案与计划，定期开展组织脆弱性分析，出现问题要能及时处理，经常开展危机处理的模拟训练、危机管理培训和危机文化教育都是必要的。基层管理主要是建立危机防范的日常管理制度，保障相关管理制度能够有序、有效的开展和运行。

第四节 公共危机预警管理系统

"预警"一词最初用于军事领域，后来延伸到经济、社会管理领域。预警，是指通过预警飞机、预警雷达、预警卫星等工具提前发现、分析和判断敌人的进攻信号，并把这种进攻信号的威胁程度报告给军事指挥部门，以提前采取应对措施。公共危机预警，是指在社会正常状态下公共危机管理者在危机潜伏阶段所开展的一切有效预防、警示工作，其目的是识警防患、超前预控、防患于未然。

一、公共危机预警管理基本概念

公共危机预警管理，是指在公共危机的不同演变阶段中，在可能产生公共危机的警源上设置警情指标，对可能引起公共危机的各种要素及其所呈现的危机信号、危机征兆随时进行严密的动态监测，对其发展趋势、可能发生的危机类型及其危害程度做出科学、合理的提前

评估，并将警情信息向相关部门发出危机警报的一整套运行体系。公共危机预警管理的短期目标在于确保组织核心层的稳定运作；长期目标在于选择合适的核心层，完善组织的核心资源，并保持适当弹性来面对各种危机事件。

公共危机预警管理的本质在于信息，信息是预警管理与评估的主要内容。预警需要有一定量的信息作为基础，通过对信息进行分析、推断、演绎，做出科学、合理的预警预报。预警过程需要不断地获取、更新信息，不断地对新的信息进行分析研判，以进一步动态更新预警预报。公共危机预警管理必须运用信息论的理论和方法，通过收集、处理和输出信息，掌握信息运动的规律，对大量获取的信息进行去伪存真，尽量掌握事实的全部真相，进而发出危机的预警预报，为有效应对危机赢得宝贵的时间。公共危机预警管理的目的是预防危机、控制危机和解决危机，因此公共危机预警管理需要运用控制论的原理和方法。由于公共危机常处于"潜伏"状态，在危机爆发之前，很难进行反馈控制，前馈控制就成为唯一的可选途径，即在危机迹象即将出现的时候，及时搜集各类信息，研判危机的种类和原因，寻找相应的应对措施，尽可能将危机消除于无形之中。如果公共危机无法消除或已经出现，反馈控制就是危机处置的有效方式之一，掌握危机的表现形式、演变趋势、及时有效应对，就能将危机造成的损失减少。公共危机预警管理需要建立一个有效运转的管理体系和组织机构，通过合理的机构设计、机构职责规划，进而构建一个高效的运行组织体系。

公共危机预警管理是公共管理部门危机管理过程中的首要组成部分，是组织管理支撑体系中重要的分支系统，它对管理的科学性、技术性和综合性要求更高。公共危机预警管理作为公共部门危机管理的第一道防线，已成为危机管理预防工作的重中之重，科学、高效的公共危机预警管理需要坚实的科学理论支撑，需要明确的预警指标导向，需要完备高效的预警组织机构，需要严格的日常管理制度保障。

二、公共危机预警管理主要内容

公共危机预警管理的理论起源可以追溯到19世纪末期，1888年在巴黎统计学大会上，就出现了以不同色彩作为经济状态评价的论文。20世纪30年代中期，经济监测预警系统再度兴起，20世纪50年代不断改进、发展并开始进入实际应用时期。美国商务部从20世纪60年代起就逐月以数据和图表两种形式提供经济宏观景气动向的信号，日本、加拿大、英国等国家也有相同的经济预警系统。我国从1989年开始每月发布经济景气监测预警指数；公共危机预警管理主要在自然灾害和传染病预防管理两个方面，逐步建立了灾害监测预警系统，构成了以电话、广播网、无线通信、电视和互联网为主的预警信息发布网络，这些为我国提高自然灾害监测、预警水平，各地政府迅速组织防灾救灾工作提供了基础条件；建立了针对主要灾害的各种防灾救灾领导机构，形成了灾害监测预警、应急决策、指挥、调度、组织实施体系，形成了中央和各级政府的分灾种灾害信息网络系统，开展了灾害分级管理、灾害快速评估、区划与灾情统计标准的研究工作，推动了灾害管理的科学化和规范化。

公共危机预警管理理论，研究的是如何采用预警预控的管理手段防范危机的发生以及危机发生后的预控对策措施的问题，一般包括监测、识别、诊断、预控对策等内容。公共危机预警管理是组织对危机诱因进行监测、诊断、预先控制的一种制度手段和方法，其目的在于防止和矫正危机诱发因素的发生与发展，保证社会系统处于有秩序的安全状态。构建公共危机预警管理的理论和方法，从系统控制论角度来理解，就是在社会管理组织中，构建一种对社会重大公共危机事件能够"免疫"，并能预防、矫正各种公共危机的"自组织"机制，从而实现社会的稳定发展。

(1) 公共危机预警管理的主体是各级政府及其组成的管理部门。有些国家和地区还没有建立专门的危机监测与处理综合部门，有关职能由政府各行业主管部门承担，采用分行业、分部门的公共危机预警管理机制，这导致危机事前的系统监测、识别和预警预控工作，难以达到统一、高效的要求，力量分散，难以迅速建立统一的基于全社会力量的系统防范机制。因此需要建立公共危机分类管理监测预警与评估机制，成立公共危机预警管理的专门机构，负责整个社会的危机预警管理与评估职能；建立层级制的危机预防管理系统，实行综合管理，协调各专业或行业预警管理与评估工作，并充分利用社会的各类资源。

(2) 公共危机预警管理的对象涉及所有可能发生危机的领域和相应管理状态评估两个方面。可能发生危机的领域包括社会稳定、公共卫生、安全生产等领域，目前这些领域的危机预警管理更多的是由各行业或专业的预警预控管理部门执行；相应管理状态的评估方面，包括可能发生危机的预警预控体系的功能、组织结构和人员配备以及功能发挥有效性等方面的评估，由各级政府管理的专业预警机构来执行。

公共危机预警管理系统的建立与运行应具有以下功能：对公共危机可能发生领域的监测功能，监测各级政府管辖区域内社会可能面临和已经面临的危机警情的变动状况；对公共危机可能发生领域的识别与评估功能，根据发生社会危机的可能性及其危害后果，对监测结果进行识别与评价，判断发生社会危机的可能状态；对公共危机的预先控制进行相应的功能诊断，判断是否要采取相应的预控对策，以及如何采取相应的对策。

根据公共危机预警管理系统的功能，其活动内容应由预警分析与预控对策两大任务构成。预警分析，是指对诱发危机的各种现象进行识别、分析与评价，并由此做出警示的管理活动。预警分析包括危机监测、识别和诊断，危机监测是预警管理与评估活动的前提，通过对监测信息的分析，识别社会活动领域中可能发生危机的主要诱因或致灾因素，对已识别的现实致灾因素进行综合分析诊断，以明确哪个致灾因素（现象）是主要的危险源。预控对策，是根据预警分析的输出信息，对危机诱因的早期征兆进行及时矫正、避防与控制的管理活动。其内容主要包括组织准备、日常监控、预控实施三个环节。组织准备的目的在于为预控对策活动和整个预警管理与评估活动提供有效的组织保障。组织准备有两个特定任务：一是规定预警管理与评估系统的组织结构（机构、职能设定）和运行方式，二是为危机发生后进行危机管理提供组织训练与对策准备，即预案对策库。日常监控是指对预警分析活动所确定的危机诱因进行专门监控的管理活动，它有两个主要任务：日常对策和危机模拟。日常对策，即对可能发生的危机进行避防与纠正，并使社会秩序恢复到正常状态；危机模拟，即对危机发生时的紧急救援，以及可能引发更严重危机状态模拟活动，为可能的危机事件处置做好准备。预控实施是指发生危机后所采取的紧急预控对策的实施活动。

三、公共危机预警管理系统的构成和流程

公共危机预警管理系统致力于从根本上防止公共危机的形成、爆发，是一种对公共危机进行超前管理的系统。公共危机预警管理系统对预警对象和范围、预警指标、预警信息进行分析和研究，及时发现和识别潜在的或现实的危机因素，评估公共危机严重程度，决定是否发出危机警报，以便采取预防措施，降低危机发生的突然性和意外性，起到防患于未然的作用。公共危机预警管理系统是一个层次高、结构复杂、相关性强的网络系统，其系统思想是评估和监察组织内外环境的变化，将环境威胁转化为发展契机，在制定重大方针、政策和措

施时要考虑到未来面临的问题和危机,以确保组织能够持续向前发展。

公共危机预警管理系统主要由预警信息搜集、预警信息分析和评估、公共危机预测、公共危机预警指标、公共危机警报、公共危机预控对策等六个子系统构成。预警信息搜集子系统收集可能引发危机的内外部环境信息;预警信息分析和评估子系统主要是对危机环境进行分析,了解与危机事件发生有关的微观动向,察觉环境的各种变化,保证当环境出现不利的因素时,能及时、有效地采取措施;公共危机预测子系统对风险、威胁等进行识别和分析,并对每一种风险进行分类管理,从而准确地预测将要面临的各种风险和挑战;公共危机预警指标子系统确定能有效反映危机程度与特征的危机预警指标,并随时加以更新与维护;公共危机警报子系统判断各种指标和因素是否突破了危机警戒线,根据危机预警准则决定是否发出警报、发出何种等级的警报以及用什么方式发出警报;公共危机预控对策子系统预先制定危机预控对策方案,把危机消灭在萌芽状态。在整个公共危机预警管理系统中,公共危机预警中心处于核心地位,其职能就是做出预警,发布预警信息,在各个部门之间传递信息;针对具体工作,发布命令,使得各个预警机构协调运转,通过公共危机预警中心,公共危机预警管理系统能够连成一个网络。

总体来看,公共危机预警管理系统的工作流程为:预警信息搜集子系统(信息收集)→预警信息分析和评估子系统(信息甄别、处理)→公共危机预测子系统(风险识别、分析)→公共危机预警指标子系统(指标确立、维护)→公共危机警报子系统(危机警戒、警报)→公共危机预控对策子系统(预警信号、预控方案)→预警中心(指挥决策)。

1. 预警信息搜集子系统

信息是公共危机预警管理的关键,应收集内、外部各类信息,以便准确、及时地预测到发生危机的征兆,进而采取有效的措施规避和控制危机。应建立高度灵敏、准确的预警信息搜集系统,及时收集相关信息。

2. 预警信息分析和评估子系统

预警信息分析和评估主要是对危机环境进行分析。危机环境分析是指对可能或已经引起危机的经济、文化、社会等环境因素的了解、评价和预测。预警信息分析和评估子系统要求确保预警信息的真实性、可靠性,要求确认危机的利益相关群体,并分析他们的认知态度、行为方式特点;要求评估危机的严重程度,通过预警信息分析和评估,掌握客观环境的发展趋势和动态,了解与危机事件发生有关的微观动向,从而敏锐地察觉环境的各种变化,当环境中出现不利的因素时,能及时、有效地采取措施,趋利避害。组织要及时识别、评价其内部的薄弱环节以及外界环境中的不确定性因素,观察、捕捉出现危机前的征兆,因为几乎所有的危机发生前都会出现不同程度的征兆现象,组织应及时捕捉到这些征兆和及早采取防范措施,努力确保组织的薄弱环节不会演变为危机事件,并对其可能造成的危害后果进行评估。

3. 公共危机预测子系统

公共危机预测子系统主要是通过电子政务网络平台对社会安全状态进行分类管理,对可能发生危机的各种因素和危机表象进行监测,从而预测危机的演变、发展和趋势,为管理者进行危机控制和管理提供科学决策的依据。公共危机预测子系统的职能是通过对危机诱因、危机征兆的严密观察,收集整理反映危机迹象的各种信息和信号。主要工作内容包括:首先,对组织各方面的风险、威胁和危险进行识别和分析;其次,对每一种风险进行分类,并决定如何管理各类风险,从而准确地预测各种风险和挑战;最后,对已经确认的每一种风险、威胁和危险的大小及发生概率进行评价,建立各类风险管理的优先次序,以有限的资源、时间和资金来应对当前面临的主要的风险与危机。

4. 公共危机预警指标子系统

通过公共危机预警指标子系统来确定能有效反映危机程度与特征的危机预警指标,并对这些指标进行经常性的更新和维护。危机预警指标指的是指导预警的各类参数,它与危机状态密切相关,通过对这些指标的分析,可以发现危机的迹象,获得比较可靠的预警结果,并将不确定性降到最低,所以预警指标本身不能包含大量不确定性的因素,同时应便于收集、测量和计算。预警指标应当选取那些对危机未来变化有影响的因素和关键指标。在选择危机预警指标时,一是看指标能否有效地反映组织危机的程度与特征;二是能从指标数值的历史变动规律中,得到预警指标的警戒区间。根据各个指标对组织总体预警的重要性,指标可分为特级预警指标、一级预警指标和二级预警指标,把各指标加权汇总可以得到预警总指数。

5. 公共危机警报子系统

公共危机警报子系统主要是判断各种指标和因素是否突破了危机警戒线,根据危机预警准则决定是否发出警报、发出何种等级的警报以及用什么方式发出警报。首先,确定每一个危机预警指标的可接受值与不可接受值,将可接受值设定为上限,不可接受值设定为下限,计算其现实危机程度,并将其转化为相应的评价值;其次,将各个指标的评价值加权平均得到危机的综合评估值;最后,与危机临界值相比,及时进行危机警报。根据警兆的变化状况,联系警情的警界区间,参照警度评价标准,结合实际或未来情况对警报进行适当的修正,即可预报实际危机警情的严重程度,得到危机警度。根据警度的大小,危机可划分为:危机轻警、危机中警、危机重警和危机巨警。

6. 公共危机预控对策子系统

鉴于公共危机的严重社会危害性,要求危机管理者预先制定危机预控对策方案,把危机消灭在萌芽状态。判定公共危机预控对策方案的步骤如下:一是提出预测的目标和事物发展的阶段及时间序列;二是积累与问题相关的背景情况及其他方面有价值的信息;三是从结果的可靠性和工作的时效性出发,正确选择预测方法,主要有回归分析法、时间序列分析法、模型法、直观预测法等;四是制定公共危机的预控对策方案;五是不断进行对公共危机预控对策方案的评价、调整与优化。

此外,还需要加强全社会的公共危机预警管理意识教育,使公众树立危机防范意识,增强公共危机预警管理能力。危机意识是危机预警的起点。有些地方存在着重危机处理、轻预警管理与评估的问题,公共危机预警意识有待进一步增强。应从公共危机预警管理意识教育、危机应对情景训练、危机专业知识教育、危机案例教育等方面培养各级政府、企事业单位管理人员的公共危机预警管理能力;同时通过教育和培训,使普通民众掌握一定的自我保护方法,使他们有较强的心理承受能力和危机应变能力。

四、公共危机预警管理机制设计

公共危机预警管理机制是公共危机管理机制的前哨,是在危机事件爆发前控制事态的组织和技术体系。公共危机预警管理机制是防范和解决社会矛盾的基础,是社会稳定和发展的指示器,要强化各级危机管理人员的预警意识,建立社会稳定预警系统的科学指标体系,超前预防。将公共危机预警管理机制设计纳入国民经济和社会中长期发展规划,明确公共危机预警管理机制设计的主要内容,例如:需要对哪些公共危机建立预警评估机制,这要在分析当前和今后一个时期危机因素的基础上进行;评估公共危机风险源、危机征兆、危机征兆与危机发生之间的关系,需要组织国内外专家和可能受到影响的地区、部门的管理人员一起参加评估;根据评估结果确定危机监测的内容和指标,并确定危机预警的临界点;确定建立什么样的公共危机预警系统,采取什么样的技术、设备、体制、组织、程序,需要为可能发生的危机准备什么样的资源等;建立公共危预警系统的组织体系,配备必要的人力、物力和财力来支持这个系统的正常运行,并发挥积极作用;与相关部门和地区建立密切关系,争取他们的支持和配合。

公共危机预警管理工作的内涵极其广泛,根据联合国开发计划署的危机筹备框架,其包含九大板块内容:即薄弱评估、规划、机构设置、信息系统、资源基础、预警系统、应对机制、教育与培训、演习。加强公共危机预警管理工作,需要不断完善分级预警制度、预警信息发布制度、预警责任追究制度,需要不断提高灾害监测和信息发布的技术水平。危机管理部门应当按照危机的不同类别,确立所有可能发生的突发事件量化指标体系,进行实时监控,并在此基础上完善科学、合理的分级预警机制。政府部门可根据不同级别的预警,确立相应的行动方案。公共危机预警管理机制,突出危机预防和筹备工作,主要有以下三大内容。

1. 实行预警信息发布制度,建立健全公共危机汇报制度

实行预警信息发布与公共危机汇报制度需要明确:公共危机预警信息的界定和分类,其中预警信息包括突发公共危机事件的类别、预警级别、起始时间、可能影响范围、警示事项、应采取的措施和发布机关等;各层级汇报各类危机信息的时间期限;特大危机的特殊汇报方式;向危机管理决策机构汇报的要求说明;责任追究细则等。此外,要建立健全突发公共危机事件的预警指数和等级标准,制定综合预警体系建设的技术标准,充分利用现代化的技术检测手段,特别加强交通、公共卫生、安全生产、气象、市政、环保、地震、森林火灾等专业部门的数字化监测基础设施建设,强化专业预警预报信息系统建设。

2. 实行分级预警制度,筹建全国范围的公共危机公告制度

目前世界上一些国家政府的预警系统一般都强调对公共危机进行分级预警管理,对不同程度的公共危机实行不同级别的认定并采取相应的管理对策。例如,美国防恐的经验是设立国土安全警戒体系,建立一套五级国家威胁预警系统,如表4-5所示,威胁由低到高分别是:低,绿色标识,表示遭到恐怖袭击的风险低;警戒,蓝色标识,表示存在一定的恐怖袭击危险;较高,黄色标识,表示存在较高的恐怖袭击的风险;很高,橙色标识,表示遭到恐怖袭击的风险很高;严重,红色标识,表示极容易遭到恐怖袭击。该警戒体系由美国国土安全部负责调整安全级别,并在全国范围内进行公告,有效地起到了全国预警的作用。

表4-5 美国五级国家威胁预警系统

颜色	严重程度	采取的行动
红	严重	动员紧急救护队,并布置工作人员评估紧急需要
橙	很高	地方、州和联邦机构开展协调工作,加强在公众实践中的安全工作
黄	较高	加强对重要地方的监视活动和对威胁的评估工作
蓝	警戒	检查紧急程序,通知公民所要采取的必要措施
绿	低	保持安全培训和准备状态

在借鉴国际经验和突发公共危机事件分级分类管理工作的基础上，我国建立了一套四级国家威胁预警系统。依据突发事件可能造成的危害程度、波及范围、影响力大小、人员及财产损失等情况，将突发事件由高到低划分为特别重大（Ⅰ级）、重大（Ⅱ级）、较大（Ⅲ级）、一般（Ⅳ级）四个级别。依据突发事件即将造成的危害程度、发展情况和紧迫性等因素，由低到高划分为一般（Ⅳ级）、较重（Ⅲ级）、严重（Ⅱ级）、特别严重（Ⅰ级）四个预警级别，并分别采用蓝色、黄色、橙色和红色来加以表示。

3. 建立预警责任追究制度，建设配套的公共危机评估系统

公共危机评估系统一般有三个关键环节：①公共危机评估指标体系的构建，即选定公共危机防范工作的评估指标，形成科学、实际可行的指标体系；②制定定期考核的评价机制，让组织始终维持在一定程度的待命状况；③实施有效的绩效管理制度，通过有效推广先进经验和做法，激励先进组织和个人，来鞭策和推动预警评估系统的发展和完善。

复习思考题

1. 预防突发事件的基本原则有哪些？为什么要坚持可预防与可缩减原则？
2. 突发事件风险评估包括哪些内容？如何划分风险评估等级？有哪些划分方法？
3. 什么是风险？如何理解真实风险、统计风险、预测风险和感知风险之间的关系？
4. 突发事件预防体系包括哪些内容？如何合理制订危机管理计划？
5. 公共危机预警管理的基本概念是什么？公共危机预警管理的主要内容有哪些？如何有效开展预警管理工作？

第五章
突发事件的应急准备

为了应对各种突发事件，必须做好各方面的应急处置准备工作。准备是危机全过程管理的第二个阶段，做好准备工作可以最大限度地保护人民的生命、财产、基础设施和环境安全。突发事件发生之后应急处置工作的效率、质量如何，在很大程度上取决于准备阶段的工作是否做得全面和充分，结合国内外成功的案例与应急实践经验，准备阶段需要考虑的问题包括应急预案的制定与演练、应急处置的后勤保障、应急队伍的组成和建设等方面。

第一节 应急预案的制定与演练

应急预案在应急准备中居于至关重要的地位，我国应急管理的"一案三制"中的"一案"就是指应急预案，它是应急管理中不可或缺的重要组成部分，是突发事件应急准备工作的核心内容。随着我国应急预案体系的不断完善，各级各类应急预案已基本涵盖了突发事件的各个方面。据不完全统计，我国目前各类预案总数已超过 800 万件，这些预案在危机管理中发挥着关键性的作用。随着应急管理的不断深入发展，对应急预案的科学性、可操作性、灵活性方面的要求越来越高，应急预案需要根据实际情况的变化不断进行修订与完善。

一、应急预案的制定

应急预案是应对突发事件的原则性方案，它提供了突发事件应急处置的基本规则，是突发事件应急响应的操作指南。突发事件应急预案体系由总体应急预案、专项应急预案、部门应急预案、地方应急预案、企事业单位应急预案、单项活动应急预案六大类构成。应急预案可以分为企业预案和政府预案，企业预案由企业根据自身情况制定，由企业负责，政府预案由政府组织制定，由相应级别的政府负责。根据危机影响范围不同可以将预案分为现场预案和场外预案。现场预案又可以分为不同等级，如车间级、工厂级等；而场外预案按危机影响范围的不同，又可以分为区县级、地市级、省级、区域级和国家级。

1. 制定应急预案的原则

为了科学制定应急预案，需要遵循的工作原则具体如下。

(1) 完整性原则。制定应急预案必须按照突发事件的时间过程进行通盘考虑，从突发事件发生之前的预防、准备，到发生之中的应急响应，再到发生之后的恢复，对应急管理涉及的所有方面和所有工作内容都要进行安排，包括应急管理的目标、为实现既定目标而进行的所有工作安排等。

(2) 预见性原则。应急预案不可能预见突发事件的具体时间、地点、规模、伤亡的具体人数等。但是，预见性可在以下几个方面体现：第一，本地区不同种类突发事件的性质和大概原因；第二，突发事件可能发展的方向；第三，应对不同级别突发事件可能动用的资源；第四，针对突发事件可采取的各类应对措施等。

(3) 主动性原则。社会中非稳定因素的存在是一个长期的现象，自然灾害、技术事故又具有多发性和长期性，这决定了制定与修改应急预案是应急管理部门的长期行为，不是一时一事的临时措施。所以应急预案中的所有措施都应该具有主动性，即应急预案的制定要在各类突发事件发生之前，尽可能通过预案的主动应对措施，来防止和减少突发事件可能造成的损失。

(4) 可操作性原则。应急预案中的所有措施都要结合环境及资源的实际情况，具备完全的可操作性。预案中的文字要简洁、易懂，必要时可采用标志或图案等。同时，应急预案是为应对突发事件而制定的防范、处理、管理和恢复的一套完整体系，具有强制性和权威性，各种组织和社会公众都必须遵守，所以必须规定得简洁明确。应急预案的制定过程既是动员、协调相关部门和教育民众的过程，也是使处置单位明确应急状态下各自的目标与责任，在组织内部建立相应规章制度的过程，在这一过程中，要不断明确各部门各岗位的运作模式。

(5) 层次性原则。应急预案的制定应根据制定单位层级的不同，分出层次，如涉及全国范围内的突发事件或者指导规范全国应急处置行为的预案应由国务院等国家级的单位制定，只涉及某省或者某部门的突发事件则由该省或该部门制定。此外，同一单位应根据不同的突发事件制定出不同层级的应急预案，如国务院的组成机构，既可以制定指导全国性某一事件的专项应急预案，也可以制定针对单位内部安全的应急预案，如民政部制定的《国家自然灾害救助应急预案》和《民政部机关防火应急预案》，这些应急预案由于针对的对象不同，因而具有明显的层次性。

2. 应急预案的编制步骤

应急预案的编制一般分为四个步骤，即组建应急预案编制队伍、开展危险与应急能力分析、应急预案编制、应急预案评审与发布。

(1) 组建应急预案编制队伍。应急预案从编制、修订到实施都应该有各级各部门各单位的广泛参与。在应急预案实际编制工作中往往会由编制组执笔，但是在编制过程中或编制完成之后，要征求各参与单位和部门的意见，包括高层管理人员，中层管理人员，人力资源部门，工程与维修部门，安全、卫生和环境保护部门，邻近社区，法律顾问等。

(2) 开展危险与应急能力分析。为保证应急预案的针对性，在编制预案之前，必须考虑两方面的问题，一是预案所针对的具体突发事件；二是预案所要保护的地区、单位、场所的情况。应急预案是否科学、合理、有效，一个重要的基础就是预案是否考虑了引起突发事件的各种要素以及事件发生时的各种情况。因此，要在全面系统了解突发事件信息的基础上制定预案，如果对预案有关信息的了解不全面、不系统，势必影响应急预案的科学性。

在制定预案时，不仅要考虑影响突发事件的各个变量，可能受突发事件影响的地区、单位、个人等情况，还要研究预测环境变化后该地区、单位以及个人将会发生什么样的变化，所获结果应始终保持及时、客观、全面、真实、稳定、连续、完整，只有全面系统地了解了突发事件的各种信息，周密地考虑了与突发事件相关的各种要素，才能科学、合理、有效地应对各种可能出现的复杂情况。

(3) 应急预案编制。应急预案编制即在前期分析的基础上，根据我国法律法规的要求，针对可能出现的紧急情况，确定应该采取的应急措施。在编制应急预案时，要注意周密性与灵活性相结合。制定应急预案必须留有余地，对重大突发事件的处置要制定分级预案和多套工作预案，使现场应急处置的指挥人员具备临场处置的灵活性，以提高处置成功的保险系数。这就要求制定出来的预案要具备适应性、可调节性和灵活性。

编制应急预案时要做到周密性和灵活性相结合，就要把各种情况想得周全、严密，包括突发事件发生的环境、发生的时间及天气状况，投入人力支持的时间，使用的器材、通信装备和后勤供给等，这些情况都要预先考虑周全，否则就会给处置工作带来一定的困难。在做到周密的同时，又要给实际任务的执行留有余地，不能把处置的措施、方法和手段规定得过于具体和死板，因为突发事件的随机性、突发性强，涉及的因素众多，并且处于动态变化之中，很多情况难以预测，即便是经验丰富、精明强干的组织指挥者，也无法把一切情况都考虑清楚。所以，预案必须具有一定的灵活性，以提高应变能力。另外，从辩证的观点来看，要求应急预案做到"完全正确、有效"也是不现实的，无论什么类型的预案，都可能存在偏差和漏洞，在编制应急预案时要为预案的完善和修订提供制度性保障。

(4) 应急预案评审与发布。预案编制完成后，要经过相关专家和管理部门的评审。由于预案涉及的范围不同，预案的评审也会有较大的变化。应急预案评审采取形式评审和要素评审两种方法。形式评审对应急预案的层次结构、内容格式、语言文字、附件项目以及编制程序等内容进行审查，重点审查应急预案和编制程序的规范性，如表 5-1 所示。要素评审从合法性、完整性、针对性、实用性、科学性、可操作性和衔接性等方面对应急预案进行评审。为细化评审，可采用列表方式对应急预案的要素进行评审，如表 5-2 所示。

表 5-1 应急预案形式评审表

评审项目	评审内容及要求	评审意见
封面	应急预案版本号、应急预案名称、生产经营单位名称、发布日期等内容	
批准页	1. 对应急预案实施提出具体要求 2. 发布单位主要负责人签字或单位盖章	
目录	1. 页码标注准确（预案简单时目录可省略） 2. 层次清晰，编号和标题编排合理	
正文	1. 文字通顺、语言精练、通俗易懂 2. 结构层次清晰，内容格式规范 3. 图表、文字清楚，编排合理（名称、顺序、大小等） 4. 无错别字，同类文字的字体、字号统一	
附件	1. 附件项目齐全，编排有序合理 2. 多个附件应标明附件的对应序号 3. 需要时，附件可以独立装订	

续表

评审项目	评审内容及要求	评审意见
编制过程	1. 成立应急预案编制工作组 2. 全面分析本单位危险因素,确定可能发生的危机类型及危害程度 3. 针对危险源和危害程度,制定相应的防范措施 4. 客观评价本单位应急能力,掌握可利用的社会应急资源情况 5. 制定相关专项预案和现场处置方案,建立应急预案体系 6. 充分征求相关部门和单位意见,并对意见及采纳情况进行记录 7. 必要时与相关专业应急救援单位签订应急救援协议 8. 应急预案经过评审或论证 9. 重新修订后评审的,一并注明	

表 5-2 应急预案要素评审表

评审项目		评审内容及要求	评审意见
总则	编制目的	目的明确,简明扼要	
	编制依据	1. 引用的法规标准合法有效 2. 明确相衔接的上级预案,不得越级引用应急预案	
	应急预案体系①	1. 能够清晰表述本单位及所属单位应急预案组成和衔接关系(推荐使用图表) 2. 能够覆盖本单位及所属单位可能发生的危机类型	
	应急工作原则	1. 符合国家有关规定和要求 2. 结合本单位应急工作实际	
适用范围①		范围明确,适用的危机类型和相应级别合理	
危险性分析	生产经营单位概况	1. 明确有关设施、装置、设备以及重要目标场所的布局等情况 2. 需要各方应急力量(包括外部应急力量)事先熟悉的相关基本情况和内容。	
	危险源辨识与风险分析①	1. 能够客观分析本单位存在的危险源及危险程度 2. 能够客观分析可能引发危机的诱因、影响范围及后果	
组织机构及职责①	应急组织体系	1. 能够清晰描述本单位的应急组织体系(推荐使用图表) 2. 明确应急组织成员日常及应急状态下的工作职责	
	指挥机构及职责	1. 清晰表述本单位应急指挥机构 2. 应急指挥部门职责明确 3. 各应急救援小组设置合理,应急工作明确	
预防与预警	危险源管理	1. 明确技术性预防和管理措施 2. 明确相应的应急处置措施	
	预警行动	1. 明确预警信息发布的方式、内容和流程 2. 预警级别与采取的预警措施科学合理	
	信息报告与处置①	1. 明确本单位 24 小时应急值守电话 2. 明确本单位内部信息报告的方式、要求与处置流程 3. 明确危机信息上报的部门、通信方式与内容时限 4. 明确向相关单位通告、报警的方式和内容 5. 明确向有关单位发出请求支援的方式和内容 6. 明确与外界新闻舆论信息沟通的责任人以及具体方式	
应急响应	响应分级①	1. 分级清晰,且与上级应急预案响应分级链接 2. 能够体现事件的紧急和危害程度 3. 明确紧急情况下应急响应决策的原则	
	响应程序①	1. 立足于控制事态发展,减少损失 2. 明确救援过程中各专项应急功能的实施程序 3. 明确扩大应急的基本条件及原则 4. 能够辅以图表直观表述应急响应程序	

续表

评审项目		评审内容及要求	评审意见
应急响应	应急结束	1. 明确应急救援行动结束的条件和相关后续事宜 2. 明确发布应急终止命令的组织机构和程序 3. 明确应急救援结束后负责工作总结的部门	
	后期处置	1. 明确危机发生后，污染物处理、生产恢复、善后赔偿等内容 2. 明确应急处置能力评估及应急预案的修订等要求	
保障措施①		1. 明确相关单位或人员的通信方式，确保应急期间信息通畅 2. 明确应急装备、设施和器材及其存放位置清单，以及保证其有效性的措施 3. 明确各类应急资源，包括专业应急救援队伍、兼职应急队伍的组织机构以及联系方式 4. 明确应急工作经费保障方案	
培训与演练①		1. 明确本单位开展应急管理培训的计划和方式方法 2. 如果应急预案涉及周边社区和居民，应明确相应的应急宣传教育工作 3. 明确应急演练的方式、频次、范围、内容、组织、评估、总结等内容	
附则	应急预案与报备	1. 明确本预案应报备的有关部门（上级主管部门及地方政府有关部门）和有关抄送单位 2. 符合国家关于预案备案的相关要求	
	制定与修订	1. 明确负责制定与解释应急预案的部门 2. 明确应急预案修订的具体条件和时限	

① 代表应急预案的关键要素。

应急预案的评审要成立应急预案评审工作组，落实参加评审的单位或人员，将应急预案及有关资料在评审前送达有关单位或人员。应急预案评审采用符合、基本符合、不符合三种意见进行判定。对于基本符合和不符合的项目，应给出具体修改意见或建议。

应急预案制定单位应认真分析研究评审意见，按照评审意见对应急预案进行修订和完善。评审意见若要求重新组织评审的，预案制定单位应组织有关部门对应急预案重新进行评审。应急预案经评审或论证，符合要求的，由相关部门或单位的负责人签发。

3. 应急预案的主要内容

应急预案的制定是一种主动性的行动，它规定了行动的具体目标，以及为实现这些目标所要做的所有工作。应急预案要求制定者不仅要预见事发现场的各种可能，而且要针对这些可能制定实际可行的应对措施。应急预案的内容至少应包括但不限于以下几项。

（1）指导思想和目的。在制定应急预案时，首先要明确是基于什么思想和目的去制定应急预案。指导思想和目的对于应急预案的制定具有谋篇布局的作用，能指明应急预案的制定方向，确定应急预案的制定思路。通常情况下，制定应急预案的指导思想就是要贯彻关于处置突发事件的指导方针，最大程度地保护国家、集体和人民生命财产的安全，减少突发事件造成的损失，维护社会秩序的稳定，尽快恢复各种秩序。

（2）组织指挥。突发事件具有紧急性和突发性，巨大的时间压力是应急决策的主要特征之一。突发事件的处理必须快速及时，防止突发事件扩散和升级，减少其造成的危害和损失。这就要求高度的集中指挥，以便实现快速反应。统一的指挥系统对突发事件具有全权决策的权力，避免在各个指挥系统之间横向沟通协调导致时间浪费，能够快速有效地作出反应。应急预案要对处理突发事件的组织机构作出具体明确的规定，建立统一的突发事件应对系统与指挥中心，统一指挥应急管理的全过程。这样可以保证应急管理活动的高效协同与快速反应。根据突发事件的性质和规模，必要时可建立两级指挥体系：一级是以事件发生地的政府为主，公安、武警等有关政府部门的领导参加组成的总指挥部。政府主要负责人任总指挥。另一级是由事件发生单位组成的现场指挥部，由各部门的负责人参加，单位主要领导任指挥。

（3）职责分工和人力部署。处置突发事件是一项复杂的系统工程，有些规模较大的突发事件需要政府各部门分工负责、互相协作，以实现总的应急处置目标，通过明确划分权力与责任，规定不同组织层次和部门、岗位的工作与职责，分工明确、权责到位，有利于突发事件的应急处置环环相扣、流程顺畅，同时也避免了出现问题时相互推诿、逃避责任的情况。确定职责分工和人力部署时，要从需要和可能出发，考虑以下因素：第一，负责组织和指挥的人员；第二，负责事件现场控制和警戒的人员；第三，负责引导疏散群众的人员；第四，现场应急处置实际操作的人员；第五，控制和保护重点单位、重要部位和重要基础设施的人员；第六，后勤保障和机动力量。在制定预案时不仅要明确各部门的具体职责和任务，同时还要协调不同部门之间的关系。

（4）确定等级。在政府应急资源有限的前提条件下，必须在掌握轻重缓急的基础上动用资源来进行突发事件管理。划分突发事件的等级，目的是有效利用资源，避免资源浪费，若把低度紧急情况当高度紧急情况来处理，会浪费宝贵的应急资源和能力。应急预案虽然不可能设定某种突发事件在何时、何地发生。但是，预案可以假设某一类型突发事件的发生，并对这一类型的突发事件进行等级设定。因此，通过划分突发事件的等级或大小来决定采取何种方案，是非常必要的，也是合理的。划分突发事件等级的优点还在于为突发事件反应保留了一定的弹性。当突发事件发生时，如果应对不及时，便有可能导致事态扩大升级，当突发事件在紧急情况下升级扩大的时候，应急方案也应随之升级。当本地的资源和能力随着事态发展已经不足以应对时，则需要更高层的协调和更多的外部资源和支持来强化应急能力。

（5）具体应急处置措施。应急预案要对某一等级的突发事件的应急处置进行目标细分与明确。具体包括：确定应急处置的总目标，总目标下的细分目标，细分目标的领域确定，关键目标及领域的确定，可供选择的多种目标方案，确定目标和预期的效果等。根据这些目标，明确方案执行规划，主要内容包括：制定实现目标的一系列行动、制定纪律、颁布法令，以确保目标实施等。实现目标的一系列行动包括：明确参与部门的目标（任务分配）、职责及其性质与范围；明确执行计划的具体方法或方法体系等。具体而言，在应急处置部分，通常需要明确的内容包括：信息报告、先期报告、应急响应、指挥与协调、紧急状态、应急结束、善后处置、调查评估、恢复重建、信息发布等。

（6）组织纪律。纪律是应急处置人员严格按照预案规定执行应急处置措施的基本保证。如果没有纪律要求，在突发事件发生时，很可能会出现应急处置人员逃避责任，甚至临阵脱逃的情况，严重影响应急处置的效果。甚至因为某些人员的组织纪律性差，不履行自身应承担的责任，使应急处置行动陷入被动，甚至导致突发事件的扩大。因此，应急预案应对参加应急处置工作的单位和人员要遵守的组织纪律作出严格的规定，要求其服从命令，听从指挥、严格按指令行动，及时汇报和反映情况，防止擅离职守和违法违纪现象发生。

（7）通信联络。通信联络是制定应急处置预案时要特别予以重视的内容，它是现场指挥的信息神经系统，是快速应急处置的可靠保障。高度灵敏和迅捷的通信联络对现场指挥与决策具有决定成败的重要作用。因此，在应急预案中要制定一整套通信联络制度，具体包括：①通信联络网，即上下级之间的纵向通信联络，平行单位之间的横向通信联络以及一线人员之间的通信联络。②通信联络号以及有关人员、单位的代号。③通信联络的具体负责人员和工作人员。④现场通信车辆装备和指挥中心（值班调度室）的工作任务。

(8) 其他应急措施。突发事件的一个显著特点就是不确定性，在突发事件的整个过程中，由于种种原因，难免发生意外情况和突然变化。因此，要尽可能对各种事件做出全面的预测，并制定出相应的应急措施。

二、应急预案的演练

应急预案是一个事前制订的、用于处置突发事件的工作计划，包括在什么状况下启动，启动以后参与处置的部门如何组织实施预案，如何落实各参与单位的具体行动方案，如何协调各单位、各部门的行动，以及如何做好后勤保障工作。应急预案是一个复杂的系统工程，它是否科学合理、是否符合实际情况，需要经过实践的检验，而演练是最直接的途径之一。

1. 演练的目的

演练是让来自多个部门、机构、组织或群体的人员进行针对模拟场景，明确实际突发事件发生时各自职责并执行任务的活动，是检测应急管理工作的度量标准，是评价应急预案准确性的关键措施。演练的过程也是参演和参观人员学习和提高的过程。演练的目的如下。

(1) 检验应急预案的可行性。应急预案是对未来可能情况的一种假设，并在此假设基础上设定紧急情况下的行动计划。预案是否可行、是否科学还有待于进一步的检验，应急预案的演练就是检验预案可行性的有效途径之一。通过演练可以发现预案中存在的各种问题和缺陷，并通过修订使应急预案更加合理可行。

(2) 促进不同部门的协调。应急预案的制定一般是由某部门、单位制定或某部门、单位牵头，会同有关部门、单位共同制定的。综合协调是应急处置的重要原则之一，在突发事件发生后，多部门的协调配合才能保证应急处置工作的顺利进行。在日常的工作中，各部门一般都是各自为战，在应急处置现场也会沿用本部门的既定目标。如果没有事先的演练，在紧急情况下很难形成合理通畅的协调机制。因此，演练过程中要调动所有应急处置部门和单位共同参与，让参与处置的各部门、单位乃至每个人更好地理解预案，更好地检验预案，保证各部门、各单位熟悉各自在突发事件现场应承担的基本职责，以及如何与其他部门协调配合，进而提高突发事件应急处置工作的整体水平。

(3) 完善应急预案的内容。由于突发事件本身具有不确定性，发生发展规律很难把握，因此通过演练和演练后的评价总结，可以使预案更加完善，增加对未来预案设定情况的认知，使应急预案不断接近未来可能发生的情况。

(4) 培训参与应急处置的各种人力资源。应急处置人员素质是应急处置的关键因素，应急处置的人力资源包括专职人员、兼职人员、志愿者、社会公众等。人员培训的方式比较多，演练是其中最有效的方法之一。通过演练可以检验应急响应人员对应急预案、执行程序的了解程度和实际操作技能，评估应急培训效果，分析培训需求。作为一种培训手段，可以通过调整演练难易程度，进一步提高应急响应人员的业务素质和综合能力。

2. 演练的方式

演练的方式包括桌面演练、功能演练和全面演练等。各部门应在突发事件管理工作进展的不同阶段，或结合自身条件进行不同方式的演练，根据演练结果对预案进行修改和完善。

(1) 桌面演练。是指突发事件管理组织的代表或关键岗位人员参加的，按照应急预案及其标准运作程序，讨论突发事件发生时应采取行动的演练活动。桌面演练的主要特点是对演练情景进行口头演练，一般是在会议室举行的非正式的活动，在没有时间压力的情况下，锻炼演练人员解决问题的能力，以及解决应急组织相互协作和职责划分的问题。

桌面演练方法成本较低，主要是为功能演练和全面演练做准备，它只是演练的初级层次，其目的一方面是培养参加者相互配合的协同性，另一方面是检验应急预案的合理性、系统性和完整性，获得一些建设性的结论。

(2) 功能演练。功能演练比桌面演练的规模要大，需要更多的应急响应人员或组织参与。它是针对某项应急响应功能或其中某些应急响应活动举行的演练活动。功能演练一般在应急指挥中心举行，并可同时开展现场演练，调用有限的应急设备，来检验应急响应人员以及突发事件管理体系的策划和响应能力。

功能演练的组织者一般是应急预案的制定者或者批准者。通过功能演练，既检验了应急预案的响应程序、组织结构、任务分配和指挥协调的合理性，又培养了参加者在突发事件发生时的应对能力。

(3) 全面演练。是指针对应急预案中全部或大部分应急响应功能，检验、评价应急组织的应急运行能力的演练活动。全面演练一般要求持续数小时以上，采取交互式进行的方式。演练过程要求尽量真实，调用更多的应急响应人员和资源，并开展人员、设备及其他资源的实战性演练，以展示相互协调的应急响应能力。全面演练一般需10~50名评价人员，演练完成后，除采取口头评论、书面汇报的形式外，还应提交正式的书面报告。

无论选择何种演练方式，演练方案必须适应突发事件管理的需求和资源条件。演练的组织者或策划者在确定演练方式时，应考虑应急预案和应急执行程序制定工作的进展情况、面临风险的性质和大小、现有应急响应能力、演练成本及资金筹措情况、相关管理部门对演练工作的态度和各类应急组织投入资源的状况等因素。

3. 演练的设计

演练是检验应急预案有效性最直观的方法，但一次演练会动用大量的人力、物力与财力，因而在演练之前制订完善的演练计划是实施演练的一个关键任务。演练计划应以演练情景设计为基础。演练情景，是指对模拟突发事件按其发生过程进行叙述性的说明，情景设计就是针对模拟事件的发展过程，设计出一系列的情景事件，包括重大事件和次级事件，演练情景中必须说明何时、何地、发生何种事件、被影响区域、气象条件等事项，即必须说明事件情景。事件情景可通过情景说明书加以描述，并采用消息控制的方式将情景说明书的信息传达给参演人员，消息的传递方式主要有网络、电话、无线通信、传真、手工传递或口头传达等。

第二节 应急处置的后勤保障

应急反应需要法律、技术、资金、物资、人员等方面的广泛支持保障。没有充分的后勤保障，应急处置工作很难顺利开展。因此，根据《突发事件应对法》规定，国务院和县级以上地方各级人民政府应当采取财政措施，保障突发事件应对工作所需经费；国家建立健全应急物资保障制度，完善重要应急物资的监管、生产、储备、调控和紧急配送体系。

一、物资装备保障

应对突发事件应坚持预防为主、预防与应急相结合的原则。只有建立应急物资储备保障制度，健全重要应急物资的监管、生产、储备、调拨和紧急配送体系，才能保证在突发事件发生时有充分的物资保障。

目前，我国已经建立应急物资储备保障制度。重要物资的监管、生产、储备、调拨和紧急配送体系初步建成。中央应急物资储备库增至113个，已实现对全部省份（区、直辖市）全覆盖，并且进一步优化了中央应急物资的储备布局。应急管理部成立以来，立足于防范应对重特大灾害事故，统筹推进应急物资的保障工作，主要从五个方面来提升应急物资保障能力。第一，中央应急物资储备布局逐步优化；第二，中央应急物资储备品种不断丰富；第三，中央应急物资储备数量大幅增加；第四，地方应急物资保障能力明显增强；第五，应急物资保障信息化水平显著提升。国家在对现有各类应急资源普查和有效整合的基础上，合理规划建设国家重要物资储备库，并按照分级负责的原则，加强地方应急物资储备库建设。

《"十四五"国家综合防灾减灾规划》要求：健全国家应急物资储备体系，推进中央救灾物资储备库新建和改扩建工作，重点在交通枢纽城市、人口密集区域、易发生重特大自然灾害区域增设中央救灾物资储备库。继续完善中西部和经济欠发达高风险地区地市和县级储备体系。支持红十字会建立物资储备库。科学调整储备的品类、规模、结构，优化重要救灾物资产能保障和区域布局。开展重要救灾物资产能摸底，制定产能储备目录清单，完善国家救灾物资收储制度。建立统一的救灾物资采购供应体系，推广救灾物资综合信息平台应用，健全救灾物资集中生产、集中调度、紧急采购、紧急生产、紧急征用、紧急调运分发等机制。

物资储备体系建设。在中央层面，改扩建现有12座中央生活类救灾物资储备库和提升35座通用储备仓库，建设华北、东北、华东、华中、华南、西南、西北综合性国家储备基地，保持30大类440余个品种的中央应急物资储备规模。在地方层面，结合实际需求和建设条件，改扩建现有应急物资储备库，解决应急物资保障紧迫需求，重点完善中西部经济欠发达灾害高风险地区应急物资储备体系。物资产能提升工程。依托国家应急物资管理平台，搭建应急物资重点生产企业数据库。开展区域布局产能调查，鼓励各地区依托安全应急产业示范基地等，优化配置应急物资生产能力，重点加强西部地区、边疆省区应急物资生产能力建设。物资调配现代化工程。依托应急管理部门中央级、省级骨干库建立应急物资调运平台和区域配送中心。充分利用社会化物流配送企业等资源，加强应急救援队伍运输力量建设，配备运输车辆装备，优化仓储运输衔接。健全应急物流调度机制，提高应急物资装卸、流转效率。探索推进应急物资集装单元化储运能力建设，完善应急物资配送配套设施，畅通村（社区）配送"最后一公里"。

二、应急资金保障

物资装备建设离不开资金保障。应急资金是现代社会中突发事件应急处置活动的重要保障,是应急处置保障系统中不可或缺的重要组成部分。从现代公共管理的角度来看,应强调政府职能转变,即政府由管理向服务转变,提供公共服务。突发事件的处置既属于政府提供的公共安全服务的范畴,又属于政府危机管理的内容,它的经费开支属于一种公共支出,必须通过公共预算来保障,而且公共支出应当随着近些年国家GDP的增长而增加。这样才能提升政府提供公共安全服务的水平,提高政府的危机管理能力,从而更有效地处置突发事件,保护人民的生命财产安全。

因此,应根据《预算法》,每年按照财政支出额的适当比例安排政府预备费,作为公共财政应急储备资金。在一般支出预算中增设突发事件应急专项准备资金,并根据应急管理的需求,逐步提高资金提取比例。发生突发事件后,一方面应根据实际情况调整部门预算内部结构,削减部门支出预算,集中财力应对突发事件;另一方面经政府批准启动应急专项准备资金,必要时动用公共财政应急储备资金。按照"急事急办"的原则,简化工作环节,确保应急处置工作的顺利进行。此外,还可以在资金保障机制中实施风险转移,鼓励自然灾害多发地区的公民、法人单位和其他组织购买财产和人身意外伤害保险。从事高风险活动的企业应当购买财产保险,并为其员工购买人身意外伤害保险,也可以根据有关规定接受各方面的资金援助,如赠款、贷款等。

《"十四五"国家综合防灾减灾规划》要求:建立健全巨灾保险体系,推进完善农业保险、居民住房灾害保险、商业财产保险、火灾公众责任险等制度,充分发挥保险机制作用。完善政府投入、分级分类负责的防灾减灾救灾经费保障机制和应急征用补偿机制。完善财政、金融等政策,鼓励和动员社会化资金投入,切实推动规划相关任务和工程项目落实落地。

三、医疗卫生保障

医疗卫生保障包括医疗救治资源分布,医疗卫生机构的能力与分布,调用方案等。医疗卫生保障方面要有专人负责,保证医疗急救用品和灾民必需用品的供应,安排交通工具运送伤员、药品、器械或其他必需品。应急医疗救护工作必须坚持"救死扶伤、以人为本"的原则。应急医疗救护队在危机发生后,要尽快赶赴危机现场,设立现场医疗急救站,对伤员进行现场分类和急救处理,对伤势较重者要及时向医院转送。医疗卫生人员要对救援人员进行医学监护,处理死者尸体以及为现场救援指挥部提供医学咨询等。根据各类事件的特点和需要,在处置过程中要做好疾病控制和卫生防疫准备,并严密组织实施。

四、应急通信保障

突发事件的有效应对离不开信息的收集、传递、分析和共享,应急通信保障能够在信息沟通和交换方面发挥重要作用,不仅可以提供突发事件的相关信息,为应急决策指挥提供条件,同时应急决策指挥信息也必须依靠通信系统传达到处置行动的各方。《突发事件应对法》规定,国家建立健全应急通信保障体系,完善公用通信网,建立有线和无线相结合、基础电信网络和机动通信系统相配套的应急通信系统,确保突发事件应对工作的通信畅通。《气象法》规定,信息产业部门应当与气象主管机构密切配合,确保气象通信畅通,准确、及时地传递气象情报、气象预报和灾害性天气警报。气象无线电专用频道和信道受国家保护,任何组织和个人不得挤占和干扰。

重特大突发事件发生后，工信部设立国家通信保障应急领导小组，负责领导、组织和协调全国的通信保障和通信恢复应急工作。国家建立健全通信保障和通信恢复应急工作机制，提高应对突发事件的组织指挥能力和应急处置能力，保证应急通信指挥调度工作迅速、高效、有序地进行，满足突发情况下通信保障和通信恢复工作的需要，确保通信的安全畅通。卫星通信、广播电视、互联网、导航定位和移动信息终端等手段的推广和应用，将进一步提高信息上报、远程会商、公众服务和应急保障能力。

第三节　应急队伍的组成和建设

应急队伍是应对危机的具体实施者和应急处置措施的执行者。我国应急队伍包括公安、消防等各类专职应急队伍、社会各单位的兼职应急队伍、志愿者、社会公众等。这些队伍在突发事件应急处置中发挥着重要的作用。根据危机应对的发展趋势，必须培育和发展"一队多用、专兼结合、军民结合、平战结合"的应急队伍，将公安消防队伍建成综合救灾队伍，加强武警部队、医疗卫生救援队、矿山救援队、国防交通专业保障队伍等专业应急救援队伍能力建设，充分发挥人民解放军、民兵预备役、红十字会和社会志愿力量等在危机救援救助工作中的作用，大力推进应急队伍的针对性培训和演练。此外，根据"政府主导和社会参与相结合"的原则，鼓励社会各界参与突发事件应急处置。

一、应急队伍的组成

我国的突发事件应急队伍主要由专职应急队伍、兼职应急队伍和志愿应急队伍等社会力量组成。

专职应急队伍。公安、消防、交管、医疗急救、市政等队伍是基本的抢险救援队伍，武警和民兵预备役部队是抢险救援的后备力量。人防、地震、防汛、森林消防、矿山、建筑工程等专业救灾队伍是突发事件应急行动的骨干力量。

专职应急队伍一般承担了突发事件的事前预防、事中处置和事后恢复等不同阶段的应急管理工作，大部分时间都从事与应急管理相关的各项业务工作。专职应急队伍一般都配备有各类先进的救援装备、器材和通信、交通工具，在组织领导、应急救援计划、应急保障方案等方面都比较完善。专职应急队伍通过经常性的专业技能培训与演练，定期组织跨部门、跨行业的综合性演练，来不断加强组织的协同和保障能力，提高队伍应对突发事件的快速反应与协同作战能力，确保专业、高效地完成各类急难险重的应急处置任务。

兼职应急队伍。兼职应急队伍一般包括各企事业单位或社区的基层应急队伍、应急专家队伍、应急信息员队伍、应急研究队伍等。考虑到突发事件的突然性特点，特别是一些规模大、影响范围广的突发事件，仅依靠专职应急队伍人员和政府的应急资源处置远远不够，这就需要更多兼职人员和志愿者的参与。兼职应急队伍在平时主要是开展一些应急处置知识、技能的教育培训，在紧急情况下作为专职应急队伍的补充参与应急处置工作。

目前许多地方的应急处置的组织文化还未成熟，兼职应急队伍的人数还比较少，增加兼职应急队伍的数量，加强兼职应急队伍质量建设，是当前应急管理建设的重要方面。兼职人员在平时都是以自己的本职工作为主，应急能力培训不如专职队伍那样是长期、系统和全面。此外，在处置突发事件时，兼职人员所承担的任务与专职人员也有所不同。

志愿者应急队伍等社会力量是专职应急队伍的必要补充。在突发事件应对中，要健全社会动员机制，发挥机关、企事业单位、社区、公益团体等社会力量的作用，组建具有一定应急救援知识和技能的志愿者队伍，充分发挥志愿者队伍在突发事件事前预防、事中处置和事后恢复的积极作用，减少突发事件可能造成的损失和破坏。

二、应急队伍的建设

按照"一队多用、专兼结合、军民结合、平战结合"的原则，开展专职应急队伍、兼职应急队伍和志愿应急队伍的建设工作。

1. 专职应急队伍建设

专职应急队伍是应急处置的主要力量，包括专业应急队伍和综合应急队伍。专业应急队伍包括防汛抗旱、森林草原消防、气象与地质灾害、地震救援、矿山救援、危险化学品、环境污染、道路抢通与运输保障、海上与水上搜救、重大道路交通事故处置、市政公用事业保障、卫生与食品安全、重大动物疫情、特种设备救援、通信与电力保障等应急队伍。综合应急队伍按照"专兼结合、一专多能、一队多用"的原则，在各类突发事件应急处置和增援方面发挥作用。

专职应急队伍的建设需要在组织领导、人员编制、演练培训、物资装备等方面按照突发事件应急处置的特点和要求，建设一批在关键时刻调得动、用得上、顶得住的高素质专业应急队伍，有计划、有组织、有重点地组织队伍进行业务学习、教育培训和应急演练，不断提高应急救援能力。各专业部门要落实先期处置队伍和增援队伍的组织保障方案。各类抢险救援队伍要合理部署和配置、制定各类应急处置专业技术方案，并积极开展联合演练，进一步优化、强化以公安消防等专业队伍为主体、群众性队伍为辅助的应急抢险救援队伍网络。

近年来我国专职应急队伍不断发展，据2019年应急管理部的统计数据，近年来，我国建设了覆盖矿山、危险化学品、油气田开采、隧道施工等行业领域的85支国家级安全生产专职应急队伍，全国已有各类安全生产专职应急队伍1000余支，共计7.2万余人，在应急工作中发挥着核心作用，但各地专职应急队伍建设中也存在组织管理不够规范、专业技能不强、发展不均衡等问题。

2. 兼职应急队伍建设

在突发事件应急处置中，第一反应力量对处置工作的成败至关重要，特别是事发地点偏远、危害范围较大的情况下，兼职应急队伍在先期处置中往往将承担重要的处置任务。因此，兼职应急队伍的建设成为进一步提升基层应急能力的重要途径。

基层应急队伍建设。基层应急队伍是我国应急体系的重要组成部分，是防范和应对突发事件的重要力量。基层应急队伍的建设要覆盖至乡镇（街道）、村（社区），由乡镇和村民委员会等负责组织本地区的民兵、预备役人员、警务人员、医务人员等组建各级应急救援队伍，充分发挥基层应急救援队伍距离突发事件现场近、情况熟、反应快、行动快的优势，开展先期应急处置，组织群众自救互救，参与抢险救灾、人员转移安置和维护现场秩序，做好应急专业救援队伍的保障工作，协助有关方面做好善后处置和物资发放，提高基层应急处置能力。

应急专家队伍建设。应急专家队伍由自然灾害、事故灾难、公共卫生、社会安全以及综合管理等领域专家和实践经验丰富的行政管理人员组成，充分发挥专家队伍的参谋、智囊作用，提高应急决策的科学性和正确性。在突发事件的应对过程中，要让应急管理专家全程参与突发事件预防和应对的决策咨询，加大专家工作保障力度，加强突发事件的预测、预防、预警、预报，提升突发事件应急的技术支持能力，实现人员伤亡、财产损失降到最低程度。近年来，我国各类应急专家队伍建设得到加强。应急管理部陆续组建了涵盖多专业、多领域的专家队伍，建立了专家参与应急管理工作的机制。

应急信息员队伍建设。应急信息员在发现突发事件苗头、协助做好预警信息传递、灾情收集上报、灾情评估、隐患排查整改等方面承担着重要的职责。为提高各地应急信息的传递能力，确保信息报送渠道畅通、高效、快捷，为突发事件的预防和处置赢得宝贵时间，应在政府部门、乡镇（街道）、村（社区）、企业、学校和医院等基层单位设立兼职应急信息员，建立应急信息员管理制度，明确应急信息员队伍建设的要求和应急信息报送的程序与方式，组织信息员进行集中学习培训，逐步形成突发事件预防和处置信息快速传递网络，确保应急信息报送的质量和时效。

应急研究队伍建设。突发事件应急处置涉及管理科学、工程科学、信息科学、生命科学、基础自然科学、经济学、社会学、心理学、法学、历史学等领域。处置突发事件离不开科学研究的支撑。通过整合高等院校和研究机构中的相关专家学者资源，充实和完善应急研究专家学者队伍，对应急管理中的风险评估、监测监控、预测预警、决策指挥、救援处置、恢复重建等关键环节开展有针对性的研究工作，可以大幅提高应急处置的效率。此外，应急研究队伍还可对应急管理的体制、机制及法制等宏观问题，应急管理的技术装备保障等技术问题开展研究，进一步提高应急管理水平和处置能力。

3. 志愿应急队伍建设

志愿者组织是社会力量的一部分，作为一种典型的非政府组织形式，在突发事件的应急处置过程中发挥着重要作用。对于发达国家而言，组织与发动各种类型的志愿者参与突发事件的应急处置，已经成为发动群众与人力资源组织方面的一大特色。志愿者的主动参与，不仅有效地缓解了政府资源不足的问题，而且对于减少损失、弘扬人道主义精神起到了非常重要的作用。

许多地方志愿者在参与突发事件应急处置工作方面还处于初步发展阶段。在2008年汶川地震应急救援中，志愿者组织的作用已初见成效。志愿应急队伍参与突发事件应急处置，需要对志愿者进行管理和培训，使他们在危机应对中发挥更大的作用，并充分保障自身的安全。

在志愿应急队伍建设中，要充分发挥共青团、红十字会、行业协会、民间组织、青年志愿者协会的作用，加强志愿者队伍的招募选拔、组织管理、教育培训和演练。通过建立政府支持、项目化管理、社会化运作的应急志愿者服务机制，为志愿应急队伍的物资装备、工作经费、人身保险提供支持和保障。

具有应急管理职能的政府相关部门，应根据本地区的实际需要，组织具有相关专业知识和技能的人员建立各类志愿者队伍，协助开展应急救援工作。应急志愿者队伍组建部门和单位应建立志愿者信息库，并加强对志愿者的培训与管理。乡镇、社区要鼓励、引导现有各类志愿者组织在工作范围内加强应急志愿服务内容，支持民间组织建立自筹资金、自我管理、自我发展的志愿应急队伍，畅通社会各界力量参与应急志愿服务的渠道。采取多种方式鼓励应急志愿者投身应急管理科普宣教、应急救援和恢复重建等工作。

1. 突发事件应急预案编制的基本原则、主要步骤和主要内容是什么？
2. 预案的形式评审和要素评审的主要内容有哪些？二者的主要区别是什么？
3. 应急预案演练的方式有哪些？如何合理确定演练方式和评估演练效果？
4. 应急处置的后勤保障包括哪些方面？如何做好物资装备保障工作？
5. 我国应急队伍由哪些人员组成？如何进一步提高我国应急管理队伍的质量？

第六章
突发事件的现场应急处置

突发事件的现场应急处置是突发事件管理的核心环节之一。突发事件发生后，负有应急管理职责的各级政府或管理部门应当根据突发事件的性质、特点和危害程度，在第一时间组织各方面力量，调动各种应急资源，依法及时对突发事件进行有效的处置，努力减轻和消除其对社会公众生命、健康与财产的损害。因此，现场应急处置就是当公共危机发生时，在政府或管理部门的组织和领导下，为保障公众生命和财产安全，最大限度地减少突发事件所带来的负面影响，而采取的一系列行动和措施。现场应急处置是突发事件的事中反应阶段，是突发事件应急管理中极为重要的阶段，它直接决定着突发事件应急管理的效果。

突发事件的现场应急管理在一定程度上决定了应急管理工作的效率与质量。科学合理的现场应急管理不仅能大大降低突发事件所造成的损失，也是一个国家和地区的政府管理部门应急处置能力的重要体现。

第一节　现场应急管理基本目标

不同类型的突发事件有不同的现场特征，在进行现场应急管理时所采取的措施和侧重点都有所不同。但无论何种突发事件，进行现场应急管理的总体目标都是相同的，所有的现场应急处置工作都应围绕这些目标展开。

一、进行先期处置，控制事态蔓延扩大

由于突发事件的不确定性和连带性，如果在其爆发后没有采取正确的措施进行干预和控制，所造成的损害将会蔓延扩大至更大的范围，甚至引发其他类型的危机，造成更深层次的社会影响。危机爆发瞬间造成的人员伤亡和物质损毁已经是一种客观存在，最有效、最及时的现场应急管理措施也无法挽回这些损失，但现场应急管理的失误可能会进一步加重损失的程度。因此，控制事态蔓延扩大是现场应急管理的首要目标。控制事态蔓延扩大需要充分把

握危机的发展规律，分析现场情况，准确预测危机的发展蔓延方向，才能对症下药，有的放矢。

二、维护现场秩序，控制违法犯罪

突发事件发生后，现场环境往往会发生巨大的改变，需要对受害者展开及时的救援工作。维护现场秩序是进行现场应急处置的重要保证。但是，随着大量的应急救援人员、媒体工作人员、受害者家属、政府管理人员等涌入现场，现场的人员混乱，现场应急处置工作千头万绪。即使建立了完善合理的现场应急处置协调体制，配备了训练有素的应急处置人员，由于突发事件的灾难性和不确定性，部门之间的现场协调配合也很难在短时间内达到预期的水准。加之各种外围因素与应急处置机构之间的摩擦，往往会导致现场秩序的进一步恶化，甚至会引发新的危机。

此外，不法分子可能利用现场的混乱浑水摸鱼，偷盗或哄抢现场物品，一些别有用心的人甚至会对城市重要的基础设施实施破坏，加重危机造成的损害。因此，在现场应急管理中要把对现场秩序的控制作为重要的目标和内容。

三、为事后恢复创造条件

突发事件的发生破坏了特定范围内正常的社会秩序和工作秩序，给受害人的生理和心理造成了严重的伤害。突发事件应急管理的最终目标是将由突发事件造成的秩序混乱恢复到常态。在进行现场应急管理时应有意识地为事后恢复创造精神、物质方面的条件，特别注意避免处置不当导致恢复工作难度的增加。

四、保护现场与证据不被破坏

按照一般的程序，突发事件的现场应急处置工作结束之后，或在应急处置过程的适当时机，调查工作就需要介入，以分析突发事件的原因与性质，发现、收集有关的证据，并追究相关人员的责任，从而总结经验教训，避免突发事件的重复发生。在进行现场应急管理时，必须注意对现场进行有效的保护，为以后开展调查工作提供便利条件。

保护现场不仅有利于事后的原因、性质调查，而且也是保证应急处置工作有序开展和善后恢复的重要措施。现场不仅有能够反映事件发生原因的主要证据，而且可能有受害者的遗体及各种遗留物品。救援人员的大量涌入和各种救援工作的开展都会对现场造成一定程度的破坏，在采取破拆措施或翻动现场物品前要进行必要的记录和标志，同时要注意某些别有用心的人趁乱故意销毁或更改现场证据。

第二节 现场应急管理基本原则

在突发事件发生之后，现场应急管理并没有一个现成的模式。一方面要遵循现场应急管理的一般原则，另一方面也需要根据事件的性质与所影响的范围灵活掌握、适时处置。

一、快速反应原则

突发事件具有突发性、连带性和不确定性等特点，整个过程发展变化迅速。能否在发生的初始阶段采取及时、准确的应急措施,在最短的时间内控制局势的发展,在很大程度上决定着整个应急管理的成败。现场应急管理过程中任何时间上的延误都有可能增加应急处置工作的难度,致使灾难的损失扩大,导致更为严重的后果。因此,在现场应急处置过程中必须坚持做到快速反应,力争在最短的时间内到达现场、控制事态、减少损失,以最高的效率与最快的速度救助受害人,并为尽快恢复正常的工作秩序、社会秩序、生活秩序创造条件。同时,对引发或者影响突发事件的各种因素进行监测,防止危机的演变和扩散。

如果在突发事件发生时反应迟钝,优柔寡断,势必丧失有利时机,使应急管理陷入被动状态。大量的突发事件案例研究表明:造成严重后果的原因多数是反应不及时,受害人得不到及时救助。某机构通过对地铁事故的模拟分析得出:当地铁受到恐怖袭击时,如果能在6分钟之内作出反应,伤亡人数是372人;在14分钟内作出反应,伤亡人数将增加到1084人;如果反应时间延长到半小时,则伤亡人数会增加到2188人。某地的地震统计结果表明:地震后20分钟内救活率可达98.3%,震后1小时救活率下降到63.7%,震后2小时救活率下降到58%,部分被救出人员可能已经因窒息而死亡。因此,快速反应是现场应急管理的首要原则。

快速反应不仅要求应急反应力量能够在突发事件发生后的最短时间内到达现场,并能立即投入现场应急管理与救援工作,还要求决策机构也要反应迅速,在信息相对缺乏的情况下进行非程序化快速决策,及时采取有效措施避免更大的人员伤亡和财产损失,并向公众表明政府对待危机的态度与决心,这样可以创造有利的突发事件应急管理的外部环境,为事后恢复创造条件。

二、协调联动原则

突发事件现场应急管理涉及不同的政府管理部门、企事业单位以及社会群体。在突发事件现场,来自公安、交通、通信、消防、医疗救护、公共设施、物资支持,以及军队、武警等部门的大量人员共同开展各种现场应急管理工作。不同应急部门的职责不同,目标各异,因而在现场采取的应急措施也有不同的侧重。而现场应急管理工作千头万绪,需要整合各方面的力量,才能发挥最大的效能。因此,在现场应急管理的过程中,必须重视部门之间的协调,加强中央政府与地方政府、不同职能部门、政府与社会各界之间的联动与配合,明确不同部门的职责,按照确定的总体目标,各司其职、各负其责,并建立良好的信息沟通和共享机制,最大限度地减少突发事件造成的损失。

现场的协调配合一般应由专门机构负责,通常由应急管理部门负责事发现场的协调配合工作。对于一些规模较大、危害国家利益的重大突发事件,可由政府主要负责人直接负责组织协调,统一调度,以保证应急管理决策的权威性和及时性。随着全球化的发展,在应对公共卫生事件、恐怖主义等突发事件中,世界各国政府需要加强国际间协调和合作,例如"9·11"恐怖事件发生后联合国就设立了反恐怖主义委员会,旨在加强各国之间的合作,防止和制止全球范围内的恐怖主义行为。

三、适度反应原则

适度反应原则,是指现场应急管理的各种措施应当与突发事件的规模、性质、危害程度相当,一方面要避免反应不足造成的控制不力,另一方面要避免反应过度而扩大危机的影响范围,甚至引发其他类型的危机。在现场应急管理中,必须有效甄别主要危害物,对现场情况进行科学评估,启动相应级别的应急预案,调动适当数量的应急处置人员赶赴现场参与现场应急管理。由于应急处置中的各种措施会对社会稳定和人民的生命财产安全造成不同程度的破坏,因此,必须谨慎、适度地行使应急管理权,以期将这种破坏和利益损失降到最低程度,实现突发事件应急处置的整体最优。

四、合法性原则

在现代法治社会中,政府权力的法定性决定了在危机状态下政府行使的权力是国家宪法和法律赋予的,宪法和法律是政府行使危机管理权的正当和合法来源。突发事件的现场应急管理是一种非常规状态下的非程序化决策过程,在此过程中,危机管理部门拥有许多特殊权力。依法行使危机管理权,有利于发挥法律对社会无序状态或紧急状态的防范和校正功能,在维护公共安全和保障公民权益的基础上保证政府在法律规定的范围内行使危机管理权。因此,在采取现场应急管理措施时,必须尊重法律的权威,按照法律规定的职权与范围,依法行使危机管理职权,并严格遵守法律规定程序,防止有人误用或滥用危机管理权,恣意侵犯公民的合法权益。在处置涉外危机问题时,更需要注意各国法律的不同,避免由此引发政治、经济、宗教和外交等方面的次生问题。

为保证突发事件应急管理的合法性,各国都致力于通过立法的方式来规范政府在突发事件应急管理中的权力、职责与义务,明确其采取紧急措施的范围、手段和方式,依法规范危机管理行为,实现危机管理的法治化。例如,美国先后制定了许多适用于危机管理的法律、法规和法案,如《国家安全法》、《全国紧急状态法》、《反恐怖主义法》、《公共卫生服务法》等。这些法律法规不仅对紧急事件的定义和范围进行了严格的界定,而且明确规定了紧急状态的颁布程序、颁布方式、终止方式、紧急状态的期限以及联邦执法机构在紧急状态期间的权力。日本在危机管理过程中也逐步形成了较为完善的法律法规体系,包括《灾害对策基本法》、《大规模地震对策特别措施法》、《灾害救助法》等。我国已经实施的《突发事件应对法》对突发事件应急管理的主要环节都作了明确的法律规定,规定了政府管理部门在突发事件应急处置过程中的各项权力与义务,规范了各级政府的应急管理职责,推动了我国应急管理工作的法治化进程。

五、无歧视原则

根据风险社会的相关理论,风险社会与传统社会的一个重要区别在于,风险社会分配的不是财富,而是风险。一些人可以利用自身的优势将风险转嫁给其他人,如发达国家将一些能耗高、污染重的工业转移到发展中国家。风险分配与转移在突发事件现场应急处置方面就表现为对弱势群体的歧视。但是,从全球化的角度看,风险转移只是暂时的、表面的,这是由风险社会的本质所决定的,而且,这种转移可能引发新的风险。因此,在进行现场处置时,要遵循无歧视原则,所有的受害者,不论其性别、民族、种族、宗教信仰、身份、社会地位,都应得到相同的待遇。这是关注社会弱势群体、执法为民的具体体现,也是构建和谐社会、现代文明社会的具体内容。

六、程序性原则

突发事件的现场应急管理措施必须依据一定的评估标准和优先次序确定。如果在法律上有明确规定,则首先要按照法律的规定实施。最先到达现场的救援人员必须在简单评估的基础上有选择地开展救援工作。一般而言,现场应急管理的程序首先应抢救受害人的生命,保证人们最基本的生存条件,其次要以经济为标准来区分轻重缓急,根据现场救援力量的实际能力,确定救援的程序。

七、安全第一原则

不论是在正常的社会条件下,还是在突发事件的应急处置中,以人为本、安全第一都是最重要的原则。在突发事件现场应急管理的过程中,贯彻安全第一的原则就是要求把保护人员的安全放在首要位置,被保护的对象不仅包括危机的受害人、间接受害人,还包括参与应急处置的人员、其他社会公众等潜在受害人。

在大多数突发事件的处置现场,把处于危险境地的受害者尽快疏散到安全区域,避免出现更多人员伤亡的灾难性后果,是一项极其重要的工作。在很多伤亡惨重的突发事件案例中,没有及时进行人员安全疏散是造成群死群伤的主要原因。2004年巴拉圭首都亚松森市某超市发生火灾,共造成数百人遇难,事后调查表明,造成大量人员伤亡的主要原因是超市的经营者在火灾发生时没有组织工作人员及时疏散超市中的群众,反而以担心哄抢物品为由,关闭了超市大门,阻塞了唯一的逃生通道,导致大批顾客不能及时逃离火灾现场,最终酿成悲剧。

应急处置现场依然存在各种危险因素,对所有进入现场参与应急救援的人员构成严重的威胁,保护救援人员的安全是近年来应急管理实践形成的对安全第一原则的有益扩充。在应急管理早期阶段,人们在价值观念上普遍崇尚那些为人民群众的安全和利益不怕流血牺牲的应急救援人员。英雄主义、舍身救人,虽然在社会道义上值得提倡和发扬,但救援人员的伤亡同样要计入人员伤亡的统计范围,而且还会造成更大的社会负面影响。从危机管理的角度来看,如果没有科学的方法与态度,这种精神就可能成为一种盲目的、不负责任的冲动。从理性的角度来考虑,现场指挥人员在指导思想上应当充分地权衡各种利弊得失,尽可能保证决策的科学化与最优化,避免不必要的牺牲与代价。

八、资源共享原则

危机管理中的资源包括人力资源、财政资源、物质资源、信息资源等。由于突发事件的紧迫性,在大多数情况下,可用的资源是有限的,而且这些资源往往掌握在不同的部门或机构手中,只有遵循资源共享原则,建立良好的资源准备和配置机制,将有限的资源用于应急管理的重要方面,才能最大限度地提高资源的综合使用效果。由于突发事件具有信息不充分的特征,在现场应急管理的过程中,信息资源的共享显得尤为重要。各种应急管理信息可能来自于受害者、应急管理人员、利益相关者等方面。在突发事件处置过程中,必须注意通过各种方式收集危机信息并建立良好的信息沟通渠道,为应急管理决策和现场应急管理措施的实施提供必要的信息基础。

第三节 现场应急处置基本方法

突发事件的现场应急处置需要根据事件的类型、特点与规模作出紧急安排。尽管不同的突发事件现场应急处置有不同的侧重点，但一般都应包括信息收集与研判、设置警戒线、先期控制、组织人员安全疏散、受害人救助、现场交通管制、现场以及相关场所的治安秩序维护等方面的内容。

一、信息收集研判

任何处置工作的开展必须以对现场形势的准确评估为前提，快速反应原则并不是单纯强调速度快，而是要保证应急处置工作的高效率。因此，应急处置人员在到达现场后，如果不了解现场基本情况就盲目进行处置是非常不可取的。这样不仅无法实现控制事态蔓延扩大的目的，而且还可能会造成应急救援人员的伤亡，加重损失。为了有效地进行应急处置，应急处置人员的首要职责是获取现场准确的信息，对所发生的事件进行及时准确的认识与把握，并将这些信息及时准确地反馈给指挥决策部门，为紧急状态下的非程序化决策提供重要的信息资源。

通过收集现场的各种信息，可以大致判断突发事件的类型，以决定应急处置的重点，根据现场的情景以及对人员伤亡、财产损失的情况评估决定所需的应急资源。多数突发事件的处置现场可能会存在各种潜在危险，这些危险随时可能二次爆发，造成事态的蔓延和扩大，并对应急处置人员的安全构成一定的威胁。因此，在进行应急处置时，必须安排有经验的人员对现场潜在的危险进行实时监测和评估，例如易燃易爆危险品及有毒有害物质的存储、扩散情况，建筑物主体结构的力学特性等，一旦发现异常征兆，应立即通知所有人员撤离危险区域，避免二次危害的发生。

二、设置警戒线

为保证应急处置工作以及事后调查工作的顺利开展，几乎所有的应急处置现场都要设置不同范围的警戒线。在突发事件的应急处置中，如果事件的规模比较大，影响范围广，人员伤亡严重，往往要根据实际情况设立多层警戒线，以满足不同层次应急处置工作的要求。

一般而言，内围警戒线要圈定应急处置的核心区域。突发事件现场可能会发生二次危害，通过对内围警戒线的设立，尽量减少处于危险范围中的人员，以降低二次伤害发生的损失。应急处置中，应当根据现场的具体情况，划定突发事件发生和产生破坏影响的核心区域。在核心区域内一般只允许医疗救护人员、警察、消防人员、应急专家或专业的应急人员进入。在核心区域应成立现场控制小组，组织开展各项现场控制工作。内围警戒线范围的确定要考虑两个因素：现场危险源的威胁范围和与事件原因调查相关的证据散落的范围。

外围警戒线的划定以满足应急处置工作的需求为主要考虑因素。为保证安全，大量的应急处置工作是在两层警戒线之间开展的。在突发事件的现场，参与应急处置的人员可能成百上千，来自数十个不同的部门和组织，参与应急处置的各种车辆、设备也需要安排必要的停放位置和足够的活动空间。因此，外围警戒线是应急处置工作顺利开展的必要条件，应当尽量使无关人员，包括媒体工作人员离开警戒区域。

在某些突发事件的应急处置中还需要设立三层警戒线，即在核心区域和外围警戒区域之间设置缓冲区域，作为二线处置力量的集结区域和现场指挥部所在地。

三、先期控制

进行先期控制时，应当以控制事态的蔓延扩大为核心目标。一方面要避免发生更严重的人员伤亡,另一方面要对现场的各种危险源进行控制,防止在应急处置的过程中造成进一步的损害。一般而言,现场的危险源包括:各种易燃易爆危险物品、有毒有害物质、电气设备和线路、建筑物局部或整体坍塌处等。在现场应急处置时,首先要根据现场的具体情况对这些危险源进行辨识,确认其具体位置和危害大小,然后对其进行分类处理,采取搬离危险区域、封堵泄漏点、冷却降温、切断电源、佩戴防毒面具及防护装置等方式进行控制。

四、组织人员安全疏散

在突发事件现场进行先期控制的同时,如果现场有处于危险境地的受害者,应当采取适当措施尽快将他们疏散到安全地带,避免出现更大的伤亡。

根据突发事件的类型和危害程度,人员疏散可分为两种:一种是临时紧急疏散,另一种是远距离疏散。临时紧急疏散常见于火灾、爆炸、有毒物质泄漏等事件,临时紧急疏散多适用于一些危害后果较轻、影响时间较短,通过现场处置就能有效恢复的突发事件。当现场的危险解除之后,即可考虑安排人员返回现场。远距离疏散常见于有毒物质大面积泄漏与扩散、放射性物质泄漏事件、自然灾害等情况。由于现场的有害因素可能在较长时间内存在,远距离疏散不仅表现在疏散的距离较远,而且人员离开现场的时间可能长达数天,甚至数年,有的可能是永久性的疏散,没有重新返回事发地的可能。例如在切尔诺贝利核泄漏事故中,由于事故核心区域的放射性指标严重超标,从核心区疏散出的10多万群众至今没有返回。无论是临时紧急疏散还是远距离疏散,都必须有事先制定的疏散规划,以便在进行疏散时能开展有效的疏散指挥引导。

目前,大多数国家的安全疏散工作都是由警察部门具体负责实施的。我国尽管有其他应急组织承担安全疏散的责任和义务,但由于地方公安机关及派出机构对辖区内的公共场所、人员构成与分布、单位内部的基本情况比较熟悉,因此通常也是由公安机关参与现场应急处置工作,并组织人员安全疏散。

五、受害人救助

突发事件一般都会造成大量的人员伤亡,产生数量、范围不确定的受害人,不仅包括灾难中的直接受害人,还包括直接受害人的亲属、朋友以及周围其他利益相关的人员。应急处置的救助对象主要是直接受害人。在突发事件发生后,必须尽快组织处于危险范围中的人员进行安全疏散,并营救被困人员。根据受伤情况对伤者进行分类救治,妥善安置遇难人员。把受伤的人员抢救出来之后可以转交医疗救护部门进行急救和护理,而遇难人员一般由公安机关负责处理,包括进行死亡原因的司法鉴定,对死者身份的识别辨认,出具死亡原因、身份辨认的法律文书,对死者的遗物进行处理。对在突发事件中失踪的人员,公安机关也要参与寻找、调查并确定失踪者的具体名单。

必须注意的是,受害人所需要的救助往往是多方面的,不仅体现在生理层面上,还体现在心理和精神层面上。突发事件可能给较大范围内人员造成严重的心理创伤,这种创伤往往会长期存在,严重影响受害人的生活和工作,更有可能成为其他社会问题的源头,对社会稳定具有潜在威胁。因此,紧急救助的范围不仅限于生理层面,还应注意心理层面的救助。及时安抚在精神与心理上受到严重冲击的受害人,有效消除其恐慌心理,缓解应急处置工作的压力,防止产生过多的负面影响。经验表明,对受害人的心理干预越早,越有利于其事后恢复正常。

六、现场交通管制

现场交通管制是确保应急处置工作顺利展开的重要前提。通过实行交通管制，封闭可能影响应急处置工作的道路，开辟救援专用路线和停车场，禁止无关车辆进入现场，疏导现场围观人群，保证现场的交通快速畅通。根据实际需要和可能，可以在现场开设应急救援"绿色通道"，在相关道路上实行应急救援车辆优先通行，组织专业队伍，尽快恢复被毁坏的公路、地铁、铁路、空港及有关设施，保障交通路线的畅通。必要时，可向社会进行紧急动员，或依法征用其他部门的交通设施或装备。

七、现场以及相关场所的治安维护

保证现场秩序稳定是对突发事件进行有效处置的重要条件。突发事件发生后，一般应由公安机关负责现场与相关场所治安秩序的维护，对引起秩序混乱的因素采取有效的预防与控制措施，为整个应急处置过程提供治安秩序保障，防止由于现场秩序的混乱而影响应急处置工作的正常开展。特别是在发生严重自然灾害的情况下，应当把维护灾区治安秩序的稳定置于突出的位置，并对乘机进行盗窃、抢劫、欺诈、破坏救灾行动、哄抬物价、煽动群众不满情绪等行为依法及时做出处理。

在公安民警到达现场之前，在事件第一现场负责治安维护的通常是社区保安人员、企事业单位的治安保卫人员等。公安民警到达现场后，应立即在现场周围设立警戒区和警戒哨，做好先期控制、交通管制、疏散救助群众、维护秩序等工作。事件发生地的政府及其有关部门、社区组织也要积极发动和组织社会力量开展自救互救，主动维护秩序。负责组织维护现场治安秩序的公安机关，应当在现场沿警戒线布置警戒人员，严禁无关人员进入现场；同时应在现场周围加强巡逻，预防和制止对现场及周边区域相关场所的各种破坏活动。对肇事者或其他有关的责任人员应采取必要的监控措施，防止逃逸。

八、保护重要设施、目标与贵重物品和财产的安全

当突发事件的规模较大，现场比较混乱时，在进行应急处置时，必须根据具体情况做好对重要基础设施与重要目标的保护，防止违法犯罪分子乘机盗窃、抢劫贵重物品与财产，防止突发事件破坏、损毁、冲击重要基础设施与目标，如果有必要可以将贵重物品及时转移。

九、收集现场遗留物品

突发事件发生后，现场不仅有反映突发事件发生原因及发生过程的重要证据，还有很多遇难者的遗留物品。收集现场遗留物品不仅可以为突发事件的原因调查提供重要的原始物证，对确认受害者的身份，安慰死者家属也有重要作用。在收集过程中，要做好记录、分类工作，记录发现的位置、原始状态等，并将其妥善保管。

十、突发事件信息管理

突发事件具有特殊的新闻价值，到达现场收集新闻资料、进行新闻报道的媒体机构及人员可能会在短时间内大量聚集。主流媒体和非主流媒体的人员、车辆、新闻器材云集在现场，无疑会对应急处置工作造成较大的影响与压力。此外，由于突发事件本身和其所释放出来的新闻信息会在很大程度上产生负面的社会效应，对社会秩序的稳定与群众心理造成直接

或潜在的破坏，如果管理措施不当，往往会引起社会公众对事件真相的猜疑、误解，进而引发影响社会秩序稳定的连锁反应。

鉴于突发事件信息管理在突发事件应急处置中的重要性，世界各国无论在理论上还是在实践中，都比较重视对媒体的管理。根据突发事件的发展情况，应及时安排新闻发布，分析预测突发事件所造成的社会秩序失稳的情况，为尽快平复突发事件造成的秩序混乱奠定基础。

复习思考题

1. 突发事件现场应急管理的基本目标是什么？如何在应急处置过程中实现多个目标？
2. 现场应急管理基本的原则包括哪些具体内容？如何理解"快速反应"原则？
3. 为何要提出"适度反应"原则？如何在应急处置中把握好"适度反应"原则？
4. 什么是"安全第一"原则？如何在应急处置中遵守好"安全第一"原则？
5. 现场应急处置一般包括哪些方面内容？在实际处置中需要注意哪些方面的问题？

第七章
突发事件的恢复与重建

恢复与重建是突发事件应急管理四个阶段的最后一个环节，同时也是下一个应急管理周期的基础与开始。恢复与重建不仅要尽快恢复灾损设施、实现社会生产与生活的复原、将灾害影响降到最低，而且还要贯彻可持续发展的理念，把恢复与重建作为增强社会防灾、减灾能力的契机，整体提升全社会抵御风险的水平，所以恢复与重建中还包含着减缓的因素。

无论发生什么样的突发事件，一般都容易导致大量人员伤亡，社会秩序混乱，各类组织被破坏甚至瘫痪，生态环境被破坏，个体和社会心理失衡等社会与经济问题。突发事件的恢复与重建具有内容繁杂、形式多样、实施难度大、公众期望高、时间紧迫等特点。在突发事件恢复与重建阶段，需要克服多种困难，把握好其中蕴含的机会，只有处理好实体重建、心理重建、资源管理等诸多问题，才能实现将受影响地区恢复到正常状态的目标。《突发事件应对法》规定："突发事件应急处置工作结束后，履行统一领导职责的人民政府应当立即组织对突发事件造成的损失进行评估，组织受影响地区尽快恢复生产、生活、工作和社会秩序，制订恢复重建计划，并向上一级人民政府报告。受突发事件影响地区的人民政府应当及时组织和协调公安、交通、铁路、民航、邮电、建设等有关部门恢复社会治安秩序，尽快修复被损坏的交通、通信、供水、排水、供电、供气、供热等公共设施"。

第一节 突发事件恢复与重建的目标

一般来说，突发事件的恢复与重建是指突发事件发生后，由政府及社会各方采取各种措施进行复原和重建的过程，既包括经济、社会、环境等内容的恢复，也包括对受到影响的组织和个体的恢复。英国在《公共安全危机恢复指南》中指出：恢复是在危机发生后的社区复原和重建过程。2008年美国《国家应急反应框架》中认为，恢复的范畴，就是采取行动使个体、社区、国家回到正常状态。新西兰民防和应急管理部认为，恢复是指危机发生后一段时间内对社区整体有效再造的各种努力与协调的全过程。

恢复与重建按照时间周期可分为短期恢复和长期恢复。短期恢复往往在突发事件发生后立即开始，并经常与上一阶段的危机反应工作交叉。主要恢复内容包括：维护现场秩序，提供必要的公共安全和健康服务，恢复中断的公用事业和其他必要服务，疏通与重建交通路线，为受害人员提供食物、庇护场所等。虽被称作"短期恢复"，但其中有些活动也可能会持续数周甚至更长时间。

长期恢复也会涉及与短期恢复相同的一些工作内容，通常其时间周期长短取决于突发事件的严重性、破坏程度和对象的特点，可能持续数月或数年时间不等。例如，美国"9·11"恐怖袭击后，纽约世贸大厦周围的清理恢复就用了将近9个月时间，共清除废墟垃圾164万多吨。

西方国家在公共危机的恢复与重建中，大多强调围绕社区开展恢复与重建工作。总的来看，恢复与重建过程就是以人为中心、以人的生存环境为重点，积极开展社会、经济、生态等环境的复原和重建的过程。恢复的目的是要将社会的各种活动恢复到突发事件发生之前的状态，内容主要包括两个方面：一是要促进人的恢复和公共秩序的恢复，这是突发事件恢复中的首要目标和基础，是衡量整个危机恢复工作成败的关键；二是把握突发事件恢复中蕴含的机会，这是恢复工作的努力方向，是体现恢复工作成效的重要标准。恢复与重建的目标如下。

一、促进受害者的心理恢复

突发事件爆发后，人的生命最可能受到威胁，只是受威胁的程度大小有所区别而已，恢复工作就要以维持和保障人的生命安全为首要任务，努力促进受害者生理和心理等方面的全面恢复。受害者的心理恢复和公共秩序的恢复是恢复工作的首要目标。2006年日本专门制定了《国民保护计划》，对危机恢复中如何保护国民生命安全作了明确规定。

二、重建受损公共设施

突发事件的发生可能会造成交通、通信、供水、供电、供气、供热等公共设施工程的破坏，这些公共设施以网络的形式发挥其社会功能，是城市的生命线工程。生命线工程任一方面功能失效都可能迅速扩大突发事件的负面影响，造成更大的难以估量的破坏与损失。在突发事件恢复中，需要迅速调用资金、设备、人员，尽快修复这些生命线工程，为社会秩序的尽快恢复奠定物质基础。

三、恢复生产、生活、工作和社会秩序

突发事件发生后由于社会运行结构不畅等原因，社会的公共管理与服务功能失调，导致一定程度的社会失序，进而可能引发社会和经济的动荡，甚至导致社会和经济发展停滞。有些受害者被紧急疏散，住在临时的避难场所，生活、工作秩序被打乱，只能依靠政府或其他救援组织提供的救济生活。突发事件还可能造成学校停课、医院停诊、社会治安混乱等问题。

从社会的公共管理和服务功能来看，在突发事件发生后，容易造成单个或一些社会组织无法正常开展业务，使公共组织服务工作出现困难，需要对这些部门或机构进行恢复与重建，以维持公共部门的完整性，这样才能促进社会秩序的恢复。从社会运行角度来看，突发

事件会造成人员伤亡、心理障碍、生命线工程受损、工作和社会环境破坏，导致整个社会的运行出现障碍，只有恢复社会运行的整个链条，才能保证公共秩序的恢复。

四、把握突发事件恢复中蕴含的机会

突发事件恢复与重建阶段面临诸多困难，如果不重视恢复工作，或者恢复的方式和措施不当，就有可能引发新的危机，恢复工作为政府应急管理部门提供了一个至少能弥补部分损失和纠正混乱的机会。同时恢复工作也为应急管理工作提供了新的发展契机，例如修订区域发展规划，改善公共基础设施，培养公民安全意识和创造新的产业机会等。此外恢复工作也给各级政府及管理部门创造了新的发展机会。

（1）检讨和创新的机会。在应急管理部门没有经历危机前，日常管理中的一些问题往往容易被忽视。在由于缺乏有效防范和应对经验而遭受沉重损失后，相关部门通过对突发事件处置的调查与评估，检讨组织管理机构、机制、体制等方面可能存在的问题，进而会积极调整、加强应急管理能力。例如1979年3月三哩岛核泄漏事故发生后，美国建立了联邦政府处理灾害事故的专责机构——联邦应急管理局；2001年美国"9·11"恐怖事件发生后，美国政府成立了国土安全办公室，随后组建了国土安全部，并将联邦应急管理局归入其下，带来了美国突发事件应急管理体系的重大变革和发展。

（2）部门内部和社会凝聚力增强的机会。突发事件发生后，参与应急响应的各个部门及其内部更容易团结起来，搁置之前的分歧与矛盾，一致应对危机，面对风险挑战形成众志成城、荣辱与共，甚至生死与共的精神力量，为内部的融合和发展创造机会。根据以往实践经验来看，在应急处置中，人们更愿意奉献爱心，救助弱者，承担社会责任，通过媒体的积极引导与教育，增强社会凝聚力和互助协作。

（3）展示应急管理部门形象的机会。突发事件发生后，常会使公安、消防、医疗、交通等公共管理部门得到社会更多的关注，如果公共管理部门在危机恢复中有良好表现，必然能使部门更容易将自己积极、正面的形象向社会展示，从而消除公众的偏见，为以后的良性沟通和互动创造有利条件。

第二节　突发事件恢复与重建的内容

突发事件恢复与重建的内容繁杂，形式多样，公众期望高，往往时间紧迫，给管理部门的恢复工作带来了挑战。从恢复对象来看，既有硬件的，例如企业、建筑物、信息系统等，也有软件的，例如心理、制度等；既有针对社会、政府、组织的，也有针对个体的。从地理范围来看，有时是小范围恢复，有时是跨区域，甚至某些突发事件恢复涉及国际间的合作。因此，需要理顺突发事件恢复与重建的基本步骤和内容，注重运用科学的恢复策略与方法。

一、建立恢复管理领导机构

突发事件进入恢复与重建阶段，形势处于相对比较稳定阶段。为了便于对突发事件恢复工作的组织协调与综合管理，可以在恢复期间设立专门的恢复管理领导机构。很多国家都在积极探索恢复阶段的组织领导工作，例如美国联邦政府和州政府根据危机恢复的需要决定是

否成立灾害恢复中心;英国政府在恢复阶段成立专门的恢复协调小组,负责人通常来自警务部门,小组下设财政、沟通、业务与经济恢复、环保与基础设施、科学技术顾问组、地方恢复委员会、社会福利与医疗卫生部门等,对推动整个恢复工作有效开展发挥了重要作用。我国政府在 2008 年南方低温冰冻雪灾中,依托国家发展和改革委员会设立了应急指挥中心,加强了现场应急管理,组织开展了灾后恢复工作。

二、开展前期评估

恢复管理领导机构应全面收集信息,了解突发事件的破坏性质和严重程度,对突发事件的损害做出全面、客观的评估,才能确定恢复的具体内容和对象,具体步骤如下。

1. 收集信息

在前期评估工作中,一方面通过对突发事件影响的调查来了解危机的第一手信息,另一方面安排专门人员进入突发事件现场对损失进行现场调查与评估,综合两方面的调查结果,形成对突发事件所造成损失的全面认识。为保证评估工作的质量和进度,前期恢复评估要注意以下方面。

(1) 应尽可能运用系统的分析方法,统筹考虑和筛查突发事件造成的各环节、各类型的损害和进行风险评估,特别是加强动态性的评估,例如在群体性事件平息后,随时掌握有关人员的动态信息,追踪了解诉求解决的进展情况,评估事件再次恶化的风险。

(2) 充分发挥包括恢复工作小组在内的多部门、多学科专家以及其他社会力量的作用,运用现代科学技术方法来开展恢复调查和评估工作。

(3) 需要充分考虑各种突发事件导致的次生、衍生问题对恢复工作的影响,并注重运用综合手段来进行分析和评价。

2. 确定需要恢复的所有可能对象和内容

突发事件造成的损害除了那些显而易见的损失之外,还有对社会心理造成损害。恢复小组要根据所收集到的所有信息,对突发事件造成的损害进行全面评估,以了解进行恢复的所有可能对象。在确定具体恢复对象时,需要紧密结合本地区的实际情况和应急管理工作的要求,围绕所有可能对象和内容进行广泛的讨论与协商,参与讨论的人员应包括公安、民政、医疗卫生、交通、市政、社区等部门的工作人员。

3. 对危机恢复对象和内容进行重要性排序

应急管理部门在特定时间和特定空间内,受到资源、环境等方面因素的制约,其恢复能力往往受到一定的限制,需要确定恢复工作的优先内容,特别是恢复对象的优先秩序。例如2008 年我国南方低温冰冻雪灾中,国务院结合实际情况确定了"通路、保电、安民"的应急工作方针,进而明确了突发事件恢复工作的最优先内容。

三、制订恢复重建计划

通过前期评估确定恢复具体内容和对象后,恢复管理领导机构需要制订恢复重建的工作计划,以增强恢复重建工作的规划性、统一性和指导性。2008 年我国制定了《低温雨雪冰冻灾后恢复重建规划指导方案》,明确了灾后恢复重建的主要任务与领域,为做好灾后恢复重建工作发挥了重要作用。当然,如果突发事件发生前制定的恢复规划或相关预案仍可适用,应将其与实际相结合开展危机恢复重建行动。

恢复重建计划应在突发事件发生前就拟订完成，以便在危机发生后，能尽快完善和迅速实施。在制订计划过程中，管理部门应综合考虑具体突发事件类型、受损情况、公共设施所属机构职责以及公众期望等因素，进行科学论证，以促进人的恢复、维护公共秩序为目标，以增强突发事件抵御能力为标准，制订具有可行性、可操作性的恢复重建计划。恢复重建计划应详细说明恢复重建所要达到的目标，确立此目标的原因，以及目标实现的可行性分析等，确定恢复的方式方法、阶段划分、步骤、进度，明确恢复重建的重点、任务和政策措施。制定组织领导、信息安全、通信保障、资金、人力资源等方面的保障措施。一般而言，恢复重建具体内容包括：物质重建、社会重建、心理恢复、人员疏散与安置、资源管理、形象管理等。

1. 物质重建

突发事件会造成公民生命财产的损失，因此物质重建是恢复与重建的首要内容，主要包括：基础设施重建、公民生命安全的关注、公民财产补偿三方面。基础设施恢复，主要是对被破坏的住所、交通要道、通信设施等为居民生活和社会生产提供公共服务的物质工程设施的恢复与重建。公民生命安全的关注，主要指依靠医生、救援组织专家对受伤群众进行救助治疗。公民财产的补偿，恢复与重建有三种方式，一是社会各界的支持和救援，通过社会捐款等方式为受灾地区及群众筹集资金；二是保险的支付与赔偿；三是政府主导的恢复与重建工作。

2. 社会重建

物质重建是恢复重建工作的物质性基础，社会重建则从制度安排的角度为受灾人员、受灾组织和受灾地区提供更为长远的恢复重建机制。社会重建主要包括以下内容。

（1）建立面对受灾具体情况的调查评估制度。恢复重建阶段的首要任务是对受灾的具体情况进行调查评估，例如评估受灾的程度、性质等，通过科学评估，为以后的工作奠定良好的基础。

（2）建立面对全地区全员的恢复重建计划。在对受灾具体情况进行科学评估的基础上，建立全方位的恢复重建计划，包括对受灾地区的住房、道路等基础设施进行恢复重建的计划，对受灾人群财产、健康等方面的恢复重建计划等，只有在总体计划方案的指导下，才能保障恢复重建工作有序、规范地实施。

（3）建立面对管理部门的职责体系和法律规范。恢复重建工作还应当明确管理部门的职责体系和法律规范，保障恢复重建的每一个步骤都是在法律允许的范围内实施，每一部分都有特定责任单位或责任人负责，以便对恢复重建过程中出现的问题进行有效的问责。这一过程一方面能够保障社会公众的权益，另一方面有助于管理部门能更好地发挥恢复重建的职能，如果发生违法违规行为，就能追究相应的法律责任。

（4）建立面对受灾人员的专项救助机制。例如对受灾人员的保险理赔、再就业指导等方面的救助，保障受灾人员灾后能够迅速回到正常的生活、工作轨道上。

3. 心理恢复

突发事件给受灾人员的身心造成了巨大创伤，心理恢复要对受灾人员进行心理干预，使之恢复到正常的心理状态。对受灾人员进行心理干预、心理救助是灾后恢复重建工作的重要内容，体现了现代政府和社会的人文关怀。心理恢复机制包括：政府统一部署、法律法规提供制度保障、从业人员力量的整合等方面的内容。

4. 人员疏散与安置

人员疏散与安置可分为短期疏散安置和中长期疏散安置。短期疏散安置可考虑划定专门的疏散区域、线路和转移场所，必要时还可成立"安置中心"，该中心设施应包括基本的生活设施，安置时应尽量保持原有社会生活单位，使被安置人员在心理上能互相支持。中长期疏散安置主要针对短期内无法返回事发地的居民，优先考虑以原居住地为中心向外围疏散，安置在临时住所或兴建安置住宅，若确定无法返回原居住地时，可建设永久性、功能完备的安置社区，满足远距离疏散安置要求。

5. 资源管理

突发事件往往在短时间内会带来大量人员、物资需求等方面的压力，这就需要领导机构厘清不同部门、区域、时间对资源的冲突性需求，评估和核查恢复工作对各类资源的实际需求，协调各部门、各地区有序开展恢复工作。

6. 形象管理

突发事件发生后往往会给管理部门的公信力带来质疑，社会无序的状态易引起受灾人员对管理部门的意见。在恢复重建阶段，管理部门应对自身的形象进行客观分析和评估，找出需要改进的方面和紧急补救的方法，不但要注意受灾区域群众对部门的评价反馈，还要注意更广泛的社会舆论，包括国际舆论给突发事件恢复工作带来的挑战，充分利用恢复重建工作的有利时机，积极弥补过错和展示管理部门的正面形象。

四、总结整改与监督落实

在恢复重建计划指导下，管理部门在全面开展恢复与重建行动的同时，也要从实践中总结经验教训，特别是管理人员要对危机进行认真反思和评估，进一步加强突发事件恢复重建阶段工作的监督落实。

1. 总结整改

总结整改是在总结经验的基础上对原有的突发事件应急管理体系进行适当的调整优化，使之更加科学合理，调整既涉及应急管理体制、机制、机构设置等宏观管理措施，也涉及人员管理、物资管理等具体细节。

机制调整：在恢复与重建的实际工作中，需要关注是否需要对某些体制、机制进行调整与加强，例如2003年我国遭遇"非典"事件之后，中央政府开展了应急管理的"一案三制"建设，提高了应对突发事件的能力。

机构调整：通过突发事件应对实践挑战，能够比较容易发现管理部门中有哪些机构不能有效应对突发事件，进而对其作出适当的调整与优化。

人员调整：突发事件是检验管理部门和管理人员能力的试金石，通过突发事件可以获得分析评价管理部门和调整工作人员的依据。

2. 相关责任人的奖惩

若应急管理部门或组织存在明显的重要责任单位和人员失责问题，可考虑在应急处置过程中就给予及时、必要的惩罚，进而起到警示作用。对于次要的责任单位和责任人员，可在应急处置稳定阶段对其进行调查与处理，这有利于稳定应急处置队伍，有利于发挥参与人员的积极性，有利于提供将功补过的机会。与此同时，还应该对突发事件应对中尽职尽责、表现优异的部门和个人给予及时的奖励和表扬,积极引导参与人员主动投身到突发事件恢复重建工作中。

3. 加强监督

恢复与重建阶段并不意味着应急处置工作的结束,这个阶段特别要防止出现单位和人员松懈的情况。管理部门和工作人员还应该进一步加强恢复与重建计划的监督与落实,督促恢复与重建工作按计划推进和实施。美国"9·11"恐怖事件后,美国国会独立调查委员会曾建议,要加强国会对情报系统和国土安全机构的监管,提高其突发事件应对各阶段的工作质量和效率。

五、进行后期恢复评价

恢复工作结束后,要对恢复工作的效果进行全面的评价,目的是通过回顾、反思来总结经验教训,优化类似突发事件的处置模式,提高对突发事件的预防与应急处置能力。后期的恢复评价可以从两个方面进行:一是恢复阶段性评价,即对恢复阶段进行评价,内容包括公共服务需求是否恢复到正常,当地的企业营运是否正常,教训是否得到真正汲取等;二是应急管理的全过程评价,不局限于应急处置的过程,还可以包括应急管理机构、应急预防措施、应急管理基础工作、自身形象等方面。

第三节 突发事件恢复与重建的实施

突发事件发生后都会对社会产生巨大的危害,会对正常的社会秩序造成极大的干扰与破坏,重大突发事件的恢复通常需要相当长的一段时间。从危机全过程管理理论的角度来看,恢复与重建工作应该在突发事件发生之前就做好相应的准备工作,一旦突发事件发生,就能充分发挥所有恢复与重建参与者的积极作用,因地制宜地开展现场紧急恢复工作。同时,要围绕恢复与重建的主要目标,尽量降低事件造成的破坏和损失,尽快恢复事发地的社会正常秩序。

一、开展恢复与重建准备工作

做好恢复与重建准备工作是开展恢复与重建工作的重要前提条件,在恢复与重建准备工作中,要注意通过多种渠道广泛收集、掌握各类情况信息,及早发现和预警可能的不安全因素,并密切追踪其动态变化;要在事前分析爆发的可能性,突发事件的性质、规模、范围和时间等情况,爆发后谁受到影响以及影响程度如何;要建立和完善相应的危机组织管理机制,并视情况制订、修订、启动紧急恢复与重建计划,动员社会力量参与恢复与重建。这就要求未雨绸缪,在危机发生前,就要注意培养危机恢复意识,全面系统、高效实用地做好恢复准备工作,制定突发事件现场恢复的标准,例如爆炸现场的警戒线标准、火灾现场污水处理的监测与排放标准等;在公共场所周围划定疏散路线、疏散区域和人员安置场所;制订、演练、调试和完善相应的恢复与重建计划;加强恢复与重建规划的针对性和实用性,增强准备工作的完备性、可行性。

二、充分发挥所有恢复参与者的作用

充分发挥所有恢复参与者的作用,是做好恢复工作的重要基础。应急管理部门应尽可能了解公众对受损位置、区域或环境等方面恢复的期望，增强其对恢复工作和重要方面的认同，形成目标共识；促进社会更广范围的有序参与恢复重建工作，并使其了解计划的步骤、路径、进度等恢复与重建情况。

志愿者组织是恢复重建的重要人力资源。突发事件发生后，一些志愿者可能就在现场附近，甚至已参与应急管理工作，周边区域的志愿者通常比较了解当地的情况，并已获得该事件的前期处置工作内容。应急管理部门平时应掌握志愿者组织信息，建立可靠的联系渠道和志愿者协助制度，为保障志愿者在恢复重建中能够充分发挥作用创造有利条件。通过建立有效的协调工作机制和安全保障制度，促进与志愿者的沟通与交流，保障志愿者的安全与健康。

三、因地制宜开展现场紧急恢复工作

应急管理部门在组织恢复重建的过程中，应着眼于防范再度发生类似危机，进行快速应对和恢复；在应对处置过程中还要根据简化、持续、安全的原则，尽快恢复关系人民群众安全和生活的基础设施，例如交通系统、生命线工程等。恢复时要重视现场的安全保卫工作，特别是现场还存在一定的危险因素时，应当部署公安、武警执行相应的安全警戒任务，保障参与人员的生命安全，预防危机后犯罪行为的发生。

在一些突发事件的现场恢复过程中，管理部门还应注意对废弃物、垃圾、瓦砾等的处理，应设置临时堆放场所、最终处理场所，依次进行搜集、搬运及处置，对现场进行清理，避免造成环境污染，同时采取适当措施维护和保证居民、工作人员的身心健康。

四、及时有效地联络沟通

管理部门进行危机恢复与重建时，要及时与内、外部参与人员进行有效沟通，使他们及时了解突发事件的恢复与重建状况；同时，要加强与社会的有效沟通，促进社会各界和国际社会对恢复与重建工作的支持与理解。这就要求管理部门在恢复与重建阶段，要与参与恢复与重建工作的部门、企业或志愿者组织建立相应的恢复与重建联络小组，加强沟通与交流，共同讨论优先行动，及时确定相关优先恢复事项，避免重复劳动，提高恢复工作的效率。在恢复的过程中，还要注意获得媒体对恢复与重建工作的支持与配合，充分利用新媒体、互联网、广播电视等媒介与外界进行及时交流与沟通，了解公众对恢复与重建工作的想法与意见，进而及时改进与调整优化恢复与重建工作。

五、注意开展政府危机公关工作

有时在经历危机事件后，政府的公信力和信誉度会受到质疑和下降，民众对危机事件的关注度提升，政府需要改善管理部门形象，增强恢复与重建工作的透明度，减少对恢复与重建工作不利的负面影响。例如，危机平息后，受害者及其家属往往会成为媒体关注的焦点，其言行和态度都会对恢复与重建产生巨大的影响，这就需要管理部门加强与社会公众的互动，取得人民群众的谅解、信任和支持。

政府危机公关可以运用多种形式，可以借助各类媒体，例如以新闻发布会、记者见面会、专题发布会等形式，迅速传播管理部门关于恢复与重建工作的态度、理念、工作方针和努力方向，消除公众的疑虑。领导者公关也是常见的危机公关形式，即设计领导人活动，通过其亲临一线的具体行动和出色指挥，向公众展示政府进行恢复与重建的决心与管理能力，争取更多公众的理解与支持。通过快速的社会动员，向危机中受到影响的人员及时提供物资等生活保障，增强社会的凝聚力。此外，危机公关要注意联系各相关团体的负责人或代表，增强他们对危机公关的认同，进而增强危机公关的效果。

复习思考题

1. 突发事件恢复与重建的主要目标是什么？如何把握危机恢复中蕴含的机会？
2. 突发事件恢复与重建的主要内容是什么？如何合理确定危机恢复内容的重要性排序？
3. 恢复与重建计划应包括哪些具体内容？如何有效做好恢复中的"资源管理"工作？
4. 如何在恢复与重建中对应急管理进行调整优化？如何评估恢复重建工作的实际成效？
5. 如何通过恢复与重建工作来提升受灾地区的综合应急管理能力？具体包括哪些方面？

第八章
突发事件的危机公关

随着现代信息技术、通讯技术的迅速发展,信息的传播速度、传播方式都发生了根本性的变化。信息管理是突发事件应急管理的重要组成部分,在现代社会条件下,新闻媒体等对危机信息具有特有的社会功能和放大效应,一方面,在危机发生和处置过程中,媒体会进行大规模的、深度的新闻报道,另一方面,突发事件的管理者也需要和媒体进行有效合作,最大限度地发挥媒体对应对危机的积极作用。为此,突发事件的危机公关已经成为各级政府管理部门和应急组织应对突发事件的重要手段。

当前社会的全球化和信息化趋势发展不可阻挡,信息社会的生态化特征越来越明显,人们由于实际活动的范围、精力和注意力有限,不可能与整个外部环境和众多的事情保持经验性的接触,对超出自己亲身感知以外的事物,人们只能依赖各种信息传播的渠道去了解获取。人们的行为已经不再是对客观环境变化的亲身感受与反应,而成了对电子生态环境提示的某种"拟态环境"的反应。"拟态环境"并不是现实环境的"镜子"式的全景再现,而是通过传播媒介对象征性事件和信息进行选择、加工,重构之后向人们展示的环境,往往存在不能完整、真实展现事件全貌的问题。公众依赖电子生态环境中制造的媒介事实来认识自己周边的真实世界,并以这样的认识来达成自己的判断,得出自己的观点,指导自己在现实生活中的行动。人们上述的认知和观点并不是客观真实的现实,而是由信息传播的方式、速度、范围决定了人们对周围世界"大事"及其重要性的判断,而随着新媒体技术发展和互联网络在全世界范围内的不断普及扩大,这种影响力也会随之不断增强。

当今世界各国危机事件发生的原因日趋复杂多变,在事态发展演化上的不确定性也越来越明显,加上公众对突发事件的认知存在较大差异,因此在现代信息社会的"拟态环境"大背景中极易引起广泛的舆论关注和社会不稳定问题。一旦危机事件发生,公众就会对政府管理部门等具有较高的期待值,应急管理部门的态度、反应、措施都会对危机处置的进程产生重要影响。这就要求政府管理部门采取恰当的危机公关措施,尽快控制危机的蔓延,减少突发事件所造成的社会危害。

1. 突发事件的新闻价值

新闻是通过媒介向社会公众传播的新近发生的事实。新闻信息有正面的，也有负面的。突发事件由于其对公共安全和人们日常生活造成较大损失与影响，更易于传播。突发事件的新闻价值在于它所具有的突发性、灾难性、刺激性等特点。从社会公众的心理来讲，具有突发性、灾难性、刺激性的事件往往会引起社会广泛关注，而社会广泛关注的事件，特别是反常的事件，对新闻媒体来说就具有很高的新闻价值。无论是国内外的新闻媒体，还是普通的社会公众，在对突发事件的敏感性、重视程度上都具有高度的一致性。在信息传播手段高度发达的现代社会，这种现实情况无疑对突发事件的应急管理提出了新的挑战。对新闻媒体、互联网、自媒体等的信息来源如何进行有效管理，如何发挥新闻媒体对应急管理工作的积极作用，应急管理部门如何与各类新闻媒体进行有效沟通、形成良性的互动关系，是突发事件应急管理工作取得良好社会效果的关键。

2. 媒体的巨大影响力

随着新闻媒体特别是新媒体在全世界范围的分布和扩张，任何一个角落发生的事情都不能逃过媒体的"追捕"和"展示"。任何"秘密"都有被曝光的可能，任何机构都面临将自己的行为和信息进行公布的任务。危机事件发生后，人们高度关注事态的发展动态，媒体的大量报道就会对突发事件的发展进程产生十分重要的影响。

媒体的这种直接影响力随着媒体形式的多样化、直观化和实时化不断被加强。传统的媒体形式如报纸、广播在表现危机事件方面有一定的局限性，但随着电视、网络直播的普及，直观的画面和实时的影像传输带给观众身临其境的感受，感官的冲击性大大增强。

3. 媒体的引申能力

媒体作为信息传播的机构，其主要功能是从社会管理的角度对公众关心的问题予以一种媒介化的表现。各种危机事件因其高度破坏性、突发性和不确定性，自然成为社会公众关注的焦点，会激起公众的求知欲望，所以成为媒体报道的经常性话题。危机事件发生后，媒体通过新闻报道、图片、影像、评论等一系列话语运作将某些事件联系在一起，并赋予它们"社会问题"的意味，从而使公众和应急管理部门开始关注、重视这一问题背后的深层次原因。各种类型的深度报道和自媒体的个人观点，如报纸的评论栏目和电视的谈话栏目等，这些发展标志着媒体引申能力的日益增强。

媒体对危机事件的报道方式、报道内容和报道频率在很大程度上会影响危机管理的演变与进程。甚至在某些情况下，还会出现媒体对突发事件不负责任的报告和炒作而导致危机事件的发生，即媒体建构了危机。

4. 突发事件应急处置中的虚假信息

现代传播技术的发展和媒体的市场化、产业化带来的结果是注意力成为稀有资源。为了吸引公众的注意力，一些对社会有重大意义的事件和现象，可能被那些具有吸引力的感性化"亮点"代替。此外，新型的信息传播方式，如互联网、手机通信、自媒体等在传送信息方面虽然迅速但准确度较差，传统的信息监管又很难对这些传播方式予以有效监管，所以出现了大量的虚假信息、垃圾信息。

除了大众传媒，手机短信、博客、微博、微信、网络直播等新型的信息传播手段改变了传统的一对多、多对一的传播模式，多对多、互动性模式为用户提供了可以充分展现自己、搜寻信息、寻求同道、批评辩驳的绝佳平台。匿名参与则降低了信息发布者对信息准确性的基本要求，会导致大量不负责任的虚假消息出现。在对信息传播的监管方面，国家有关部门做了一些有益的积极探索，但从技术角度而言，对短时间内大量传播的即时信息进行监管难度很大。2019年新型冠状病毒感染疫情暴发期间，国家和各级地方政府及时举行新闻发布会，介绍社会关注的各类疫情相关信息，积极回应社会关注，实现了高效、全面和权威沟通，有效地防止了谣言信息的传播和危害。

第一节　突发事件危机公关的原则

危机发生的诱因多种多样，表现形式各有不同，发展规律也不易把握，因此，不同危机、不同阶段的危机公关有不同的侧重点和具体措施。但所有的危机公关至少应遵循速度第一原则、系统运行原则、真诚沟通原则、承担责任原则和权威证实原则。

一、速度第一原则

在危机出现的最初 12~24 小时内，消息会像病毒一样，以裂变方式高速传播。而这时候可靠的消息往往不多，充斥着谣言和猜测。从一般的社会结构看，决策者掌握的信息是最广泛的，而社会公众掌握的信息是最有限的。应急管理部门是信息的主要掌握者，是危机发生时民众的首选依靠对象和信息来源。来自应急管理部门的消息具有权威性，是民众最想知道的。应急管理部门只要主动出击就能占得引导舆论的先机。如果丧失了先机，应急管理部门再想引导或重新塑造舆论，将要付出高昂的代价。因此，电子生态环境中的政府应在第一时间设置新闻报道的框架，成为新闻的第一定义者，例如英国内务部制定了危机发生后 90 分钟的危机新闻协调制度，以便在危机发生时，迅速研究事件和舆论走向，确定合适的发布口径。

二、系统运行原则

危机公关需要面对不断变化的危机情境，沟通不同的利益相关群体，因此，在危机四伏的情况下，必须系统运作，透过表面现象看本质，创造性地解决问题，化害为利，绝不能顾此失彼。危机发生后，公众会关心两方面的问题：一方面是利益的问题，无论谁是谁非，应急管理部门都负有保障公众安全的责任，即使受害者负有一定责任，在危机公关时也不应过分强调责任划分，否则会引起公众的反感，加深矛盾。另一方面是情感的问题，公众其实更关心应急管理部门是否在意自己的感受，因此，站在受害者的立场上表示同情和安慰，并通过新闻媒体向公众致歉，解决深层次的心理、情感问题，才能赢得公众的理解和信任。

三、真诚沟通原则

真诚沟通意味着诚实、诚恳。危机发生后，公众有权知道自己面临什么样的危险，以便采取措施避免危险。很多危机管理的学者将"讲真相、第一时间讲、及时讲"奉为危机公关的基本准则，并将说出真相作为第一准则，危机公关的实践也证明诚实是危机处理最关键，也是最有效的解决办法。公众会原谅应急管理部门行动的过错，但不会原谅应急管理部门说谎。

四、承担责任原则

无论危机的形式如何,应急管理部门作为公共服务的提供者和公共政策的制定者,对危机带来的人员伤亡、财物损毁以及社会心理恐慌负有不可推卸的责任。勇于承担责任,承认错误并及时改正才能获得公众的信任与支持。危机中的公众和媒体对应急管理部门存在心理上的预期,即应急管理部门应该怎样处理公众才会感到满意,应急管理部门的态度至关重要。危机公关的事实证明,危机发生后心存侥幸,推卸责任的态度和行动只能导致危机的扩大,使应急管理部门的种种努力付之东流。在危机发生后的第一时间,应急管理部门应向公众说明情况,表示应急管理部门对危机的关心和对受害者的同情,勇于承担责任,不回避问题和错误,对公众负责,及时与媒体和公众沟通,获得公众的信任和支持。

五、权威证实原则

在危机发生后,应急管理部门应通过媒体公布消息,安抚民众是重要的危机公关手段。负责人的出现代表着应急管理部门对事件的关心。在危机刚刚发生时,由于信息的不充分,危机的原因、影响范围、发展趋势可能都是未知的,在这种情况下,向公众说什么是一种挑战,如何向公众说是另一种挑战。2005年松花江水污染事件中,黑龙江省省长承诺要在恢复供水后喝下第一口水,获得了公众的认可,为最终平息危机发挥了重要的作用。2003年"非典"危机重要转折点是北京市长的第一次新闻发布会,有外国记者问:"如何让公众相信现在发布的病例数字真实?",市长回答:"如果可能,可以让电视台在我办公室架一台摄像机直播,让市民随时可以看到我说什么、做什么。",实践证明,作为负责人平时可以多做少说,而危机来临时,则需要边做边说,这对于民众提振信心,重拾对应急管理部门的信任起到了关键性的作用。

危机公关的目标是通过引导社会舆论,降低危机造成的损失和负面影响。电子生态环境下,危机信息的传播形式越来越多,传播的速度越来越快,应急管理部门用于危机决策的时间越来越少,对应急管理部门危机公关的要求也越来越高。危机公关是推进应急管理部门信息化,进而推动社会信息化的重要保障,是增强国际竞争力,维护国家安全的关键环节。作为危机公关的主导者,应急管理部门要主动适应电子生态环境的特点,杜绝面对危机时封堵消息、被动应对媒体指责的工作态度,充分认识媒体的积极作用,正确处理与媒体的关系,利用各种渠道公开危机信息,减少应急管理部门与公众之间的信息不对称,为处置危机赢得时间和公众的理解,树立良好的应急管理部门形象。

第二节 突发事件危机公关的策略

现代公共关系的要义,就是各类社会组织与其利益相关的公众之间建立和维持相互信任、支持的良好关系,使社会组织始终具有良好的信誉和形象。这就需要相应的工作机制来保证,一旦遭遇突发事件,应急管理部门就能够切实做到快速反应和及时发布信息,展现应急管理部门对社会、民众高度负责任的积极态度,从而最大程度地得到公众的广泛理解与支持。公共危机事件中的危机公关的策略有以下几个方面。

1. 建立公开、顺畅、权威的沟通渠道，满足公众的知情权

当社会面临重大危机，人们的生存与安全受到威胁时，会陷入极度恐慌之中。为了减轻、消除心理上的紧张与压力，人们必然要通过各种渠道去获得与危机有关的信息。当人们从正式渠道获得的信息不足，无法解释目前正在发生的危机，或不能解除其心理上的紧张与压力时，各种谣言就会迅速出现和传播，进而引发更大的社会恐慌。当危机发生时，由于公众对危机的恐惧和不明真相，封锁消息反而会为各类谣言提供了传播条件，而且信息化和全球化使阻断信息传播变得越来越不可能。杜绝谣言的产生、避免发生群体性的社会恐慌，唯一的办法就是要建立公开、顺畅、权威的沟通渠道，及时、全面、准确地告诉公众事实的真相，提高应急管理部门工作的透明度，满足公众的知情权。

2. 快速反应、及时处理，将危机控制在最小范围

应急管理部门必须具备危机意识，要对处于萌芽状态的危机具有一定的敏感性，缺乏这种敏感性就会贻误危机处理的最好时机。只有保持敏感性，才能在危机发生时，立即投入危机的处理中，通过采取各种有效的应对措施来消除和解决危机，进而将危机所造成的损失和冲击降到最低。具备危机意识，将危机消灭在萌芽状态，是应急管理部门处置能力的重要体现。

3. 应急管理部门要发挥其行为的规范导向功能

社会学中的"紧急规范"理论认为，在紧急状态下人们的行事规则容易受最先行为者带头作用的影响，从而形成"紧急规范"，"紧急规范"一旦产生，就会对其他人的行为起到导向作用。例如发生火灾时，如果有人提一桶水来救火，这个行为就成为"紧急规范"，大家会冷静下来，跟着去提水救火；相反，如果有人第一个逃走，其他人就会效仿，争先恐后地逃跑。因此，面对突发事件时，应急管理部门必须成为"紧急规范"的首倡者和实施者，通过"紧急规范"，同心协力，步调一致，组织和带领大家共同战胜危机。

4. 及时发挥应急管理部门宏观协调、整合资源的作用

危机发生时需要应急管理部门出面协调、组织、调配社会的人力、物力、财力，在最短时间内达到社会资源的最大整合，这在危机处理中是最为关键和重要的。世界许多国家都非常重视危机状态下政府协调职能的发挥，例如2001年英国政府在内阁办公室设立了非军事意外事件秘书处，其宗旨是"协调政府内外各方，在危机的预见、预防、准备和解决方面提高英国应对突发挑战的能力"。主要职能是评估突发事件的应对能力，协助制订整体反应计划，与各有关组织建立伙伴关系，开发和共享英国重要网络和基础设施资源，确保预防和控制灾难的规划和机制能够发挥作用，并确保政府在处理危机期间能够继续发挥正常的职能。又如美国国务院下设美国联邦应急管理局，集中联邦到地方的救灾资源，建立了一个统合军、警、消防、医疗、民间救灾组织等单位的一体化指挥、调度体系，发生重大灾情即可迅速动员一切资源，在第一时间进行支援工作，将灾害降到最低。总之，在社会面临危机的时候，由应急管理部门出面有效组织、协调和调控是迅速控制危机，将危机损失降到最低程度的最重要保证。

5. 做好善后沟通工作，提升应急管理部门形象

危机通常会给人民群众的生产、生活造成损失，使人们对政府的管理能力产生怀疑，即使应急管理部门采取了积极而有效的处置方法，政府的形象也很难完全恢复到危机发生之前的水平。因此，危机的结束并不代表危机处理的结束，当人们度过危机之后，应急管理部门还应做好危机后的沟通工作，向公众承诺应急管理部门今后的改进措施，表达应急管理部门的诚意，恢复公众对应急管理部门的信心，重新提升应急管理部门的形象。随着现代社会的发展，危机虽然不可避免，但却是可以预防的，有效的危机预防可以减少危机的发生，积极的危机应对则可将危机造成的损失降到最低。

第三节　突发事件危机公关的内容

危机公关就是政府为了更好地管理社会事务，争取公众对政府工作的理解与支持，塑造良好的政府形象，运用各种传播手段，与社会公众进行信息沟通的过程。与日常的公关相比，危机公关具有很大的时间压力和公众压力，因为它要求应急管理部门调动各种资源与力量，在最短的时间内使危机造成的损害最小化，不断满足公众在危机应急管理中的信息知情权，从而塑造良好的政府形象。

危机公关中，最重要的传播手段是报纸、广播电视和互联网等大众传播媒介。应急管理部门要发挥媒体的积极作用，就需要采取合理的危机公关方式和内容，就需要与管理部门密切配合，实现正确引导社会舆论，共同促进危机的解决。

1. 现场设立新闻联络点

在应急处置现场警戒线外围设立新闻联络点是各国通行的，也是有效的做法。如果突发事件现场范围过大，在现场设有双层警戒线的情况下，为了保障新闻联络点的安全，其位置一般要设在外围警戒线之外，新闻联络点的作用在于以下几个方面。

（1）接待新闻人员，防止众多的媒体人员涌入现场而对应急处置工作造成不必要的干扰与影响。

（2）保护新闻采访人员的安全。有些突发事件在应急处置过程中还会存在蔓延扩大的可能，保护现场的每一位参与者，包括媒体工作人员的安全，是应急管理人员必须考虑的问题。新闻采访人员可能对现场的潜在危险认识不足，或不知现场还存在危险而不加防备地到处走动，不仅会增加自身的危险，也会给应急处置工作增加新的难度。

（3）确认媒体人员。在紧急情况下，现场极有可能是一片混乱，哪些是媒体人员，哪些是无关人员，通常难以区别。因此有的危机管理专家认为对媒体管理的关键步骤是"确认谁是媒体"，这就要求应急组织的新闻媒介管理机构应当了解国家、地方和国外媒体主要联络人员的识别标志和联络方式。只有在确认了谁是媒体人员的情况下，才能进行有效的媒体管理。

2. 设立信息中心

信息管理的作用不仅在于通过媒体向社会发布各种信息，同时还需要收集突发事件发生后所产生的一系列有关应急决策的信息。对于重大的、情况复杂的突发事件，需要根据具体情况设立信息中心。信息中心应当作为发布危机管理信息的首要权力拥有者，其作用包括协调危机信息，收集来自各个方面有关应急处置的信息，向决策管理机构提供准确的信息，向个人、家庭、企业、社区等直接或间接受突发事件影响的有关方面和新闻发言人提供所需要的各种应急处置与恢复的信息，纠正在新闻媒体报道中出现的错误或不准确信息。信息中心设立的位置应选择在新闻媒体比较集中的地方，如果应急处置决策指挥机构距离现场较远，则需要处理好信息中心与现场媒体之间的联系。

3. 推荐新闻发言人

新闻发言人的推荐和确定在新闻媒介的管理过程以及应急处置过程都是非常重要的。通过新闻发言人，可以在应急管理组织机构与新闻采访人员之间建立起信息沟通的渠道，把危机事件最新的情况通报给社会公众。新闻发言人应自始至终由一个人来承担，以避免出现不同的观点和口径。

除推荐与确定新闻发言人之外，还需要确定现场的新闻管理人员或机构，其职责应当包括处理应急管理部门与媒体之间的公共关系，在应急处置的不同阶段安排新闻采访，监督新闻媒体的采访过程，控制媒体的活动范围，确定被采访对象，避免与媒体发生冲突，安排新闻发布会等。

4. 举行新闻发布会

新闻发布会的举行与新闻发言人的推荐、确定是紧密联系的。突发事件发生后，在信息严重不充分的情况下，及时地举行新闻发布会，把最新的、准确的信息传递给新闻媒体，可以最大程度地避免社会公众的各种猜测和担心，避免各种未经证实的小道消息的传播，有效地掌握、控制正确的舆论导向。

在特别重大突发事件的应急处置过程中，社会公众或受害人主要是通过新闻发布会这个渠道了解突发事件的真相，了解应急管理部门在应急过程中的各种努力，从而增强对应急管理部门的信任。

5. 签发采访许可证

如果在突发事件的应急处置过程中，现场从事新闻采访的媒体人员过多，或现场的条件不允许过多的采访人员存在，或为了避免对应急处置工作带来不利影响，或仅需要权威媒体进入应急处置的核心区域，就可以考虑以签发采访许可证的方式来加以有效管理。例如2002年大连"5·7"空难应急管理过程中，由于事故的海上打捞现场条件所限，不可能允许大量的新闻人员出现，因此只允许中央新闻单位的记者随应急领导小组到海上打捞现场进行拍照与采访，而且规定有关此次事件的报道都以新华社的通稿为准。

6. 公布咨询电话

公布咨询电话的目的在于满足受害人的家属、亲友、同事以及其他人员对突发事件情况进行了解与咨询的需要。新闻媒介是让社会公众获取危机事件信息的一种重要的渠道，但不是唯一的渠道。而且在应急处置过程中新闻媒介不可能把任何事件的细节都进行报道，有时受害人的家属需要与应急管理部门直接进行单独沟通。新闻媒体有时也需要通过电话采访危机发生的单位或应急管理部门。特别是在突发事件发生的最初阶段，许多情况还来不及通过新闻媒体向社会公布，或媒体能够提供的信息非常有限，而受害人家属与亲友又急于了解事件的情况，特别是造成了人员伤亡的事件，这就需要有一个沟通的渠道。通过公布咨询电话号码等媒体咨询方式，能使相关人员与各相关部门开展及时、高效、权威的沟通与交流。

复习思考题

1. 突发事件发生后为什么要开展危机公关工作？如何理解突发事件的新闻价值？
2. 突发事件危机公关的基本原则有哪些方面？如何有效实现"速度第一"原则？
3. 突发事件危机公关的主要策略包括哪些内容？如何发挥管理部门的引领作用？
4. 危机公关的主要策略包括哪些方面？如何选择合适的新闻发言人？
5. 在现代信息社会条件下，谈谈如何更有效地开展危机公关工作。

第九章
大数据、云计算与应急信息管理

应急管理是满足人民群众日益增长的安全需要的重要保障，及时预防与快速有效应对突发事件需要建立在良好的应急信息管理工作基础之上，在应急管理体系中，信息管理占有重要的地位。只有信息真实有效，才能保证应急管理决策发挥作用。大数据时代，突发事件应急信息具有海量、多源和异构数据特点，需要加强应急管理体系中的信息管理能力。突发事件应急信息管理是突发事件应急管理的基础和依据。

第一节 大数据与云计算概述

一、大数据的定义及特征

大数据（big data），或称巨量数据，是指具有体量巨大、来源多样、生成极快且多变等特征，并且难以用传统数据体系结构有效处理的包含大量数据集的数据。研究机构Gartner认为，"大数据"是需要新处理模式才能具有更强的决策力、洞察发现力和流程优化能力来适应海量、高增长率和多样化的信息资产。麦肯锡全球研究院将大数据定义为：一种规模大到在获取、存储、管理、分析方面大大超出了传统数据库软件工具能力范围的数据集合，具有海量的数据规模、快速的数据流转、多样的数据类型和价值密度低四大特征。

大数据的主要自然特征，包括：①体量巨大，对于当前各领域的数据集合，TB、PB的数据量级单位已不能满足需求，目前已开始使用EB和ZB进行衡量。②速度快，一般指处理速度与产生速度，大数据往往与人工智能、物联网等技术结合应用，对数据的实时响应要求高，大数据处理效率又称"1秒定律"，即可以在秒级时间内获取分析结果。③维度多，大数据的多维度、多层次属性应用到社会生产的各个领域，可以加速流程再造，提高生产效率，加速供需信息匹配，提高协同效率，从而创造更大的价值。④复杂性高，由于记录工具不同和应用场景不同，一方面，数据结构不尽相同，呈现出文字、图像、音频、视频等不同的形式；另一方面，在内容逻辑层面也出现看似杂乱无章，实际有章可循的现象。⑤依附属性强，与传统有形资源不同，大数据具有虚拟性、无形性，无法单独存在，往往需要依赖硬件设备存储，依赖软件平台读取、操作。只有将数据存储在相应介质并通过设备显示，数据才能以更直观的方式被感知、度量、传输、分析与应用，数据质量的好坏、价值的高低才可能被评估。⑥关键生产要素，在农业时代，土地是关键生产要素；工业时代以劳动、资本、技术作为关键生产要素；数字时代，国家将数据列为第五大生产要素，大数据将参与到市场的投入、管理、产出和分配的各个阶段。随着大数据逐步成为驱动数字经济发展的核心要素，其与劳动、资本、技术、土地一起构成经济新范式，重视和利用大数据要素价值已成为社会各界的广泛共识。

二、云计算的定义及特征

云计算（cloud computing）是分布式计算的一种，指的是通过"云"将巨大的数据计算处理程序分解成无数个小程序，然后通过多部服务器组成的系统进行处理，分析合并这些小程序得到的结果并返回给用户。云计算早期就是简单的分布式计算，解决任务分发，并进行计算结果的合并，而现阶段的云计算是分布式计算、效用计算、负载均衡、并行计算、网络存储、热备份冗余和虚拟化等计算机技术混合演进并跃升的结果。通过这项技术，可以在很短的时间内（几秒钟）完成数据处理，从而实现网络服务。

云计算不是一种全新的网络技术，而是一种全新的网络应用概念，云计算的核心概念就是以互联网为中心，在网站上提供快速且安全的云计算服务与数据存储，让每一个互联网用户都可以使用网络上的庞大计算资源与数据中心。云计算是继互联网、计算机后，信息时代又一次革新，是信息时代的一个大飞跃，云计算具有很强的扩展性和需要性，可以帮助用户将很多的计算机资源协调在一起，使用户通过网络就可以获取到无限的资源，同时获取的资源不受时间和空间的限制。

云计算的可贵之处在于高灵活性、可扩展性和高性价比等，与传统的网络应用模式相比，其具有如下优势与特点。

①虚拟化，虚拟化突破了时间、空间的界限，是云计算最为显著的特点，虚拟化技术包括应用虚拟和资源虚拟两种。众所周知，物理平台与应用部署的环境在空间上是没有任何联系的，通过虚拟平台对相应终端操作完成数据备份、迁移和扩展等。②按需部署，计算机包含了许多应用、程序软件等，不同的应用对应的数据资源库不同，所以用户需要较强的算力对资源进行部署，而云计算平台能够根据用户的需求快速配备算力资源。③灵活性高，目前市场上大多数IT（信息技术）资源都支持虚拟化，比如存储网络、操作系统和开发软、硬件等。虚拟化要素统一放在云系统虚拟资源池中进行管理，可见云计算的兼容性非常强，不仅可以兼容低配置机器、不同厂商的硬件产品，还能够外设获得更高性能的计算。④可靠性高，倘若服务器出现故障也不影响计算与应用的正常运行。因为单点服务器出现故障可以通过虚拟化技术将分布在不同物理服务器上面的应用进行恢复或利用动态扩展功能部署新的服务器进行计算。⑤性价比高，将资源放在虚拟资源池中统一管理，在一定程度上优化了物理资源，用户不再需要昂贵、存储空间大的主机，可以选择相对廉价的计算机组成"云"，一方面可以减少费用，另一方面计算性能不逊于大型主机。⑥可扩展性，用户可以利用应用软件的快速部署条件更为简单快捷地将已有业务以及新业务进行扩展。例如，计算机云计算系统中出现设备的故障，对于用

户来说，无论是在计算机层面上，还是在具体运用上均不会受到阻碍，可以利用计算机云计算具有的动态扩展功能来对其他服务器进行有效扩展。这样一来就能够确保任务得以有序完成。在对虚拟化资源进行动态扩展的，同时也能够高效扩展应用，提高计算机云计算的操作水平。

三、大数据技术与云计算的关系

大数据是指无法在一定时间内用常规工具对内容进行抓取、管理和处理的数据集合。大数据技术是指从各种各样类型的数据中，快速获得有价值信息的能力。

大数据技术的总体架构包括三层：数据存储、数据处理和数据分析。数据先要通过存储层存储下来，然后根据数据需求和目标来建立相应的数据模型和数据分析指标体系，对数据进行分析获得有价值信息；中间的时效性通过中间数据处理层提供的强大并行计算和分布式计算能力来完成；三者相互配合，让大数据产生最终价值。

从技术上看，大数据技术需要对海量数据进行分布式数据挖掘，但这无法用单台计算机进行处理，它必须采用分布式架构，依托云计算的分布式处理、分布式数据库、云存储、虚拟化技术。如果将大数据的应用比作一辆辆汽车，支撑起汽车运行的高速公路就是云计算。

从整体上看，大数据技术着眼于数据，关注实际业务，提供数据采集分析挖掘，看重信息积淀，即数据存储能力。云计算着眼于计算，关注IT解决方案，提供IT基础架构，看重计算能力，即数据处理能力。没有大数据技术的信息积淀，云计算的计算能力再强大，也难有用武之地；没有云计算的处理能力，大数据技术的信息积淀再丰富，也终究不过是镜花水月。大数据技术根植于云计算。云计算关键技术中的海量数据存储技术、海量数据管理技术、MapReduce编程模型，都是大数据技术的基础。

本质上，大数据技术与云计算的关系是静与动的关系；数据是计算的对象，是静的概念；云计算则强调的是计算，是动的概念。

从整个产业互联网的技术体系结构来看，无论是物联网技术体系还是人工智能技术体系，都离不开云计算和大数据的支撑。以物联网技术体系为例，云计算处在物联网技术体系结构的第三层，而大数据则处在第四层，二者最终为智能决策层提供服务。

四、大数据时代的应急管理

大数据时代的意义不在于掌握庞大的基础数据信息，而在于对这些含有意义的海量数据进行专业化处理，在于提高对大数据的加工能力，通过加工实现数据的增值。大数据技术被广泛嵌入公共安全风险治理领域和应用实践，该技术将公共安全风险因子实时数据作为靶向，紧扣风险识别、预测、分析、评估环节，促进了治理效能的有效提升。

第一，大数据技术保证了应急信息源的多元化和海量数据。大数据技术采集到的是最原始的、未加处理的、混杂的完整安全数据，既包括通过采集系统采集到的实时数据，如位置数据、遥感数据等，还包括经过观测、实验记录及后期加工的科学数据等。这些数据既有文本数据，也有音频、视频等多媒体数据，这些都是全方位的多媒体的海量数据，而不是部分随机信息。

第二，大数据技术满足了应急管理实时信息采集的需求。应急管理信息既要有静态数据，也要有动态数据，保证应急管理的预防、准备、响应和恢复等环节的科学决策与应对。

其中应急处置过程中更需要动态、实时的海量数据来评估、分析突发事件的发生、发展和危害的动态变化过程，为高效、科学的应急处置决策提供依据，大数据技术发展满足了对突发事件应急信息实时收集与分析的客观需求。

第三，大数据技术为科学决策提供了快速、全面的真实数据。突发事件的复杂性、突发性与风险的不确定性等特性，要求应急管理决策必须尽可能精准、科学和快速，如果应急处置不当，将会危害公众的生命和财产安全。大数据技术加速了应急信息的处理过程，提高了效率，满足了不同应急管理部门在有限的时间内根据突发事件的情况做出有效处理信息的需求，改变了传统的"小数据"时代依靠经验、直觉做决策的情况，有利于社会稳定和降低突发事件带来的损害。

应急管理体系涉及的信息管理包括应急信息的采集、应急信息的处理、应急信息的数据挖掘、应急信息的决策、应急信息的传播和应急信息共享 6 个层次，它们之间形成一个循环系统，是一种相互影响的过程。

第二节　应急信息的采集

大数据时代，应急管理的相关信息将是海量动态性数据，其来源、形态日益多元与复杂。应急信息采集是开展应急信息管理的第一步，在整个应急信息管理过程中占首要地位。信息采集是在现代先进信息技术支撑下，对各类突发事件分散各处的、形式多样的、海量的应急信息进行采集和存储的过程，其核心是将海量的、无序的应急信息资源转化为可处理的有序的应急信息资源。受经济、自然等因素的影响，突发事件每天都在发生。移动互联网和手机端应用的发展，更增加了突发事件的应急信息数量。大量的信息如果还是由人工采集，那将错失对突发事件快速决策的时机。因此，大数据时代对突发事件海量应急信息的采集是对某类事件共同的特征要素进行抽取并加以计算的过程。当某类突发事件发生后，可以"秒"速调取经过处理的大量历史突发事件的结构化数据。海量的同类及类似历史事件或者现实事件信息的采集，能在很大程度上避免以偏概全的现象，呈现的事实、得出的结论更加客观。大数据时代的实时信息采集是将碎片化的、孤立的、静态的数据融合起来，变成可共享的、有序的、能随时调用的信息资源。突发事件应急信息的采集，会影响数据挖掘与数据分析的结果，最终影响突发事件的应急管理决策。

一、应急信息采集主体

应急信息采集狭义上是指根据应急管理的需要，通过各种渠道和形式获取相关信息的过程。广义上讲，是指一个连续的动态过程，主要包括以下过程：体制建立、预案设计、信息获取、信息甄别、信息处理、信息集成、信息发布。本节讨论的是与突发事件相关的应急信息，即与自然灾害、事故灾难、公共卫生事件和社会安全事件等应急信息。

应急信息采集的来源从主体角度可划分为政府部门、社会组织和民众。

（1）政府部门。目前国内已经建立了较为完备的应急管理部门体系，中央政府和地方政府承担着应急监测预警、决策指挥的责任。例如，国家应急管理部要建立突发事件报告系统并统一发布应急信息，统筹应急力量建设和应急物资储备并在应急处置时统一调度，组织突发事件救助体系建设,指导安全生产类、自然灾害类应急救援,承担国家应对特别重大灾害指挥工作。

(2)社会组织。应急信息采集的社会组织包括咨询机构、社区组织、企业、学校、公益组织等,社会组织采集应急信息往往具有针对性,但各具特色,机构专家的知识经验也是宝贵财富。

(3)民众。民众可以填补政府部门和社会组织信息采集时的疏漏,发挥群策群防群控的作用。

关于应急信息采集的来源及渠道,有的学者将信息采集渠道分为组织渠道和非组织渠道,前者包括政府、咨询组织、大众传播媒体,后者包括现场调查、文献检索、人际传播。也有学者将应急信息采集渠道分为制度性渠道和非制度性渠道。

(1)制度性渠道。①举报渠道。国家政府部门设置举报渠道,通过单位和个人的举报及时获取突发事件信息,如12350安全生产举报电话,受理生产安全事故、重大安全隐患、非法违法生产建设经营等方面的举报投诉;12345政务服务便民热线,受理对公民、法人和其他组织危害群众生命财产安全、危害公共财产安全、影响经济社会发展的违法违规行为的举报投诉等。②报告渠道。《国家突发公共事件总体应急预案》中规定:特别重大或者重大突发公共事件发生后,各地区、各部门要立即报告,最迟不得超过4小时,同时通报有关地区和部门。应急处置过程中,要及时续报有关情况。③公文渠道。指在行政管理部门通过行政渠道下发或上报文件、政策、法规、通知、简报、报表等材料来收集信息。

(2)非制度性渠道。①媒体渠道。包括报纸、杂志、广播、电视、互联网等,大众传播媒体具有速度快、范围广、影响大等特点。②口头渠道。零次信息的时效性较强,内容较新。③文献检索渠道。可以通过文献检索获取突发事件的信息和应对方法。

二、应急信息采集方法

应急信息采集方法主要分为传统应急信息采集方法和现代应急信息采集方法。传统应急信息采集方法主要是人工采集,包括人员值班、应急调查法、咨询法等。虽然现阶段传统应急信息采集方法的作用不可小觑,不应忽视普通民众以及信息员的作用,但整体来看传统方法消耗大量的人力、物力,且实时性差、数据资源利用较低、管理效率不高,无法全面地满足应对各种突发事件的要求。现代应急信息采集方法依托于先进科学技术进行采集,如陆海空观测站、自动气象站、雷达观测站、卫星观测站采集系统等,在信息获取后进行组织标引,实现信息的汇总集成,形成决策数据库,为以后的应急信息采集提供指导。

下面结合突发事件的四种类型,即自然灾害、事故灾难、公共卫生事件和社会安全事件,依次介绍具体的应急信息采集方法。

(一)自然灾害应急信息采集方法

自然灾害主要包括水旱灾害、气象灾害、地震灾害、地质灾害、海洋灾害、生物灾害和森林草原火灾等。

1. 传统应急信息采集方法

通常县级以下的乡、镇、村等基层地区获取自然灾害信息主要依赖于基层灾害信息员。

应急调查也是一项主要的手段，其主要工作内容是灾害现场调查，并分析、评估灾害。

2. 现代应急信息采集方法

国家级灾害信息监测由专业的灾害监测机构完成，借助较为先进的科学技术手段严密监测，以获得大量零星分散的灾害信息。电网气象灾害监测方法有自动气象站实时要素数据监测、地面雷达监测（如多普勒天气雷达）、高空气星云图监测（用气象卫星获取红外波段云图、综合云图信息以及相应的地理位置定位信息）等。利用大众传播媒体进行采集也是常见的采集方法，利用短信服务的方式来进行应急信息的采集，保障率较大，覆盖面更广，且更加具有细节性。

值得关注的是，有学者提出要增加城市生命线系统的监测和数据采集，包括供水、排水、供电、燃气、通信、交通等方面。

（二）事故灾难应急信息采集方法

事故灾难突发事件主要包括工矿商贸等企业的各类安全事故、交通运输事故、公共设施和设备事故、环境污染和生态破坏事件等。

1. 传统应急信息采集方法

以国内矿难事故为例，其传统应急信息采集的途径包括现场调查、逻辑推理、全面跟踪、咨询专家。以交通运输事故为例，传统应急信息采集方式主要包括电话报警、警察巡逻队报警、指挥中心人员观察实时交通路况监控大屏报警等方法。

2. 现代应急信息采集方法

摄像机监视、收费系统和信息采集点设施采集、GPS采集等方法已经广泛应用于交通运输事故应急信息采集。目前的交通运输信息主要分为固定型交通信息和移动型交通信息。固定型交通信息获取技术是指将交通检测器设备安装在固定的地点，对移动的车辆进行监视，采集交通流参数。固定型交通信息采集设备包括感应线圈检测器、电磁检测器、视频检测器、微波检测器、超声波检测器、红外检测器、激光检测器、噪声检测器、能见度仪等。移动型交通信息采集技术包括基于GPS的浮动车技术、基于RFID（射频识别技术）的信息采集技术、基于汽车牌照识别的信息采集技术、基于遥感图像的大范围路网交通信息获取技术、智能手机技术、条码技术等。

企业安全事故方面，可以利用安全监测终端设备进行企业园区联网数据采集，如可燃及有毒有害气体探测器、火灾探测器及其相应的报警控制器等。有学者指出除了用监测设备进行信息采集外，还应注意值班制度、人员素质等的信息采集。

（三）公共卫生事件应急信息采集方法

公共卫生事件是指已经发生或者可能发生的、对公众健康造成或者可能造成重大损害的传染病疫情和不明原因的群体性疫病，还有重大食物中毒和职业中毒以及其他危害公共健康的突发事件。

1. 传统应急信息采集方法

如对于食品安全事件的信息采集方法有调查法和观察法，调查法分为访问调查法和问卷调查法；观察法包括对人的观察和对事的观察两个方面。

2. 现代应急信息采集方法

动物疫情应急信息采集方法有防控机构的信息直报、舆情监测等。在医学救援应急信息采集方面，可以应用数字化信息采集装备，信息采集由人工采集向实时监测转变。还可借助通信和网络技术改造救护车、医院等，采用条码技术识别药品器材等物资信息，为救护人员配备实时通信设备等。

在大众媒体信息采集方面，可以利用12345政务服务便民热线，积极受理和处理市民各类申诉举报、情况反馈、建议诉求等信息。对来源于网络、电话、传真、短信、走访等多种渠道的信息可以进行甄别、提取，编辑成拟上报的公共卫生事件信息，并实现拟上报信息与直报信息源的关联。

（四）社会安全事件应急信息采集方法

社会安全事件一般包括重大刑事案件、恐怖袭击事件、涉外突发事件、金融安全事件、群体性事件、民族宗教事件、学校安全事件以及其他社会影响严重的突发性社会事件。

1. 传统信息采集方法

传统的信息采集方法是先对突发事件进行定级、定位、定性，然后根据事先准备的应急预案进行应急信息采集，一般包括基层组织、信息员汇报，相关冲突方信息收集，突发事件现场调查等。例如社区居委会、村委会、各基层党组织、信息员收集、获取社区、乡村的各类社会安全事件应急信息，经初步分析评估后，可通过电话、基层管理组织等方式向当地政府管理部门进行及时信息报告。

2. 现代信息采集方法

针对可能发生的突发社会安全事件，可以采取移动通讯信息监测，音视频采集分析，网络社交平台监控和热点事件跟踪分析等方式来开展信息采集工作，运用云计算、大数据挖掘、舆论监测等技术手段动态掌握突发社会安全事件发生、发展的重要应急信息，为做好舆论引导，事前主动干预，事中高效处置等应急管理工作提供决策支持。

第三节 应急信息的处理

大数据处理在本质上是一种更先进的信息处理技术，其核心是大数据处理分析，即从海量的、多样化的、价值密度低的和动态性的应急数据中提取有价值的应急信息。应急信息的处理主要是按照一定的分析模式，运用一定的分析方法，对经过整序加工后的应急信息素材进行评价、分析、综合、关联和预测，并将信息转化为情报知识。应急信息形式与内容的多样性、获取方式与来源的多元化以及高维度特征也会给应急信息的组织和分析带来巨大困难。应急信息处理的主要内容是对应急信息进行分类、聚类、数据去重、数据转换、建立索引等。在大数据时代，应该提高应急信息处理人员对应急信息的感知力和数据智能分析能力，制定应急信息的元数据标准，数据的标准化有利于对突发事件应急信息的标引，建立突发事件各类型数据与情景的数据库，加强数据与突发事件之间的联系，通过发展大数据分析，提高应急信息处理人员的信息处理能力。

一、应急信息分析方法分类

应急信息分析方法可以划分为定性研究、定量研究以及定性与定量相结合的三大类研究方法。

1. 定性研究方法

定性研究方法是指根据社会现象或事物所具有的属性和矛盾变化，从事物的内在规定性来研究事物的一种方法或角度。开展定性研究需要依据一定的理论与经验，主要抓住事物特征的主要方面，弱化事物在同质性上的数量差异。包括定性的类比、分类、分析、比较、归纳、演绎和综合等方法。那些不需要或不可能应用定量研究方法进行分析研究的应急信息，一般就会选择定性研究方法。定性研究方法中常用于应急信息分析工作的方法有以下几种。

①综合法：把与事件来源和内容有关的各种信息，为了特定的目的而收集在一起，形成一个完整的、系统的信息集合。②对比法：对比两种或两种以上相似事物的相同点和不同点或优缺点的方法。③相关法：利用事物之间的内在或现象学关系，从一个或几个已知事物的信息中判断未知事物的一种方法。④因果法：基于事物之间的内在因果关系，运用所拥有的信息，从原因中得出结果，或从结果推出原因的方法。

2. 定量研究方法

定量研究方法是指研究事物某方面量的规律性，将问题与现象用数量来表示，采用统计、数学或计算机技术等方法，获得及运用与社会现象有关的数学模型、理论或假设的研究方法和过程。只有成功地应用数学分析方法对应急信息进行定量研究，才能有效实现高效应急管理。事实证明，定量分析方法在社会科学研究中的应用取得了前所未有的成果，在此背景下产生了应急信息分析的定量研究方法。常用于应急信息分析的定量研究方法有：插值法、回归法、预测分析法和系统分析法。

3. 定性与定量相结合的研究方法

在应急信息分析中，政府和企业是应急信息分析的主要服务对象，决策研究决定了应急信息分析的主流方向。定性研究方法是应急信息分析的基础，定量研究方法是应急信息分析的要求。定性分析与定量分析相结合可以改变单一研究方法的局限性，以满足决策和预测的需求。定性分析的终点往往是定量分析的起点，定量分析是定性分析的精准过程。通过定性与定量相结合，使应急信息分析方法更符合实际需要，结论更准确可靠。

在应急信息分析中，可以根据具体情况的需要，将应急信息分析的定性与定量方法结合。在实践应用中，由于突发事件的复杂性，可能需要结合多种方法进行应急信息分析。目前，应急信息分析本身虽然缺乏独特的方法，需要吸收、移植、借鉴和融合其他学科的方法，但不是一种生硬的照搬，而是需要将它们与应急信息分析结合，通过创新来逐步形成自己的方法与体系。

二、风险信息分析方法

风险信息分析是对不同强度危害的可能性和可能产生的后果进行分析与评估，主要包括暴露因素分析、危害因素分析、灾害曲线建立、脆弱性分析和风险建模。

风险信息分析是随着技术发展和工业进步所带来的事故率骤增而发展起来的，多是针对安全生产事故的关键薄弱环节和因果关系，目的在于减少事故的发生。风险信息分析方法也基于定性和定量分析方法。定性分析会给出说明性的风险程度，例如很严重、较严重、一般等，有时也配合给出防范措施建议。定量分析方法运用统计和概率等数学方法计算出具体风险值，一定的风险值反映一定程度的风险，或给出可能的人员伤亡数量、经济财产损失量等。

随着人们对风险认识的深入，逐渐意识到不能仅考虑某方面或几方面的因素，必须全面、整体地考虑问题，风险信息分析方法逐渐向综合评估方法发展，并更加关注定量分析方法。综合风险信息分析方法一般有以下两大类。

1. 基于突发事件演化规律和后果分析的评估方法

一般通过模拟计算的手段预测突发事件可能影响的时空范围，分析该时空范围内可能受到影响的人、物及其受影响程度，从而进行风险信息分析。例如火灾、爆炸、危化品泄漏的定量风险信息分析即利用动力学模型，根据相关公式计算风险值，并考虑各种风险抵消因子，从而得出总的风险值。

此类方法的分析过程，就是通过对可能发生的突发事件演化过程的模拟，分析其可能影响的范围和程度，考察该影响范围内人的生命所面临的风险、可能的经济损失、环境破坏以及应急救援的风险补偿作用，从而计算总的风险值，其中每个阶段都存在一定的不确定性分析，具体步骤：①根据潜在风险源分析，确定风险源可能发生的突发事件类型及其发生概率。②根据可能发生的突发事件类型，采用相应事件预测模型来预测特定区域可能的危险剂量，例如泥石流堆积厚度、危化品泄漏的毒气浓度、火灾的热辐射强度、爆炸的冲击波压力等。③通过数学模型根据危险剂量计算出风险值，例如个人风险、社会风险等。

2. 基于指标体系的评估方法

通过对突发事件各种影响因素的深入分析，建立多层次的指标体系，确定相应的权重，运用专家分析或数学分析方法对风险信息进行分析。常用的风险信息评估方法有模糊综合评估法、层次分析法、灰色综合评估法等。

（1）基于指标体系的评估方法的一般要素

① 评估指标。对基于指标体系的评估方法，指标是评估的依据。由于影响风险的因素非常多且复杂，通常需要建立一套指标体系，从整体上反映风险，每个指标都要从不同的侧面刻画影响风险的某种特性。

② 权重系数。权重系数是表示某一指标项在指标系统中的重要程度。它表示在其他指标不变的情况下，这一指标的变化对结果的影响。在数学上，为了显示若干量在总量中所具有的重要程度，分别给予不同的比例系数，即加权。评估指标的相对重要性不同，是因为风险信息的分析对象不同。评估指标的相对重要性可以通过权重系数来表示。评估结果是否合理取决于权重系数的可靠性。

③ 数学模型。对于既定的指标体系，有必要通过一定的数学方法将多个指标的评估值整合为一个评估值，可用于整合的数学方法很多，应根据评估对象的特点、评估的需求灵活选择。

指标体系的好坏直接影响评估结果的合理性。指标体系的建立一般应遵循以下原则：a. 指标应尽量简练，能涵盖评估所需信息即可；b. 各个指标应该具有独立内涵，不相互交叉，同一级别的指标之间不应存在因果关系；c. 指标要有代表性，要反映被评估对象的某一属性；d. 指标应具有可操作性。

（2）常用的基于指标的风险信息分析方法

① 层次分析法。1973 年美国著名运筹学家萨蒂提出了层次分析法，其应用步骤如下：

首先，根据所要解决的问题，将复杂问题的各因素分为相互关联和有序的层次，形成多层次的分析结构模型；其次，根据客观实际，定量表达每个因素在各个层次的相对重要性，构建判断矩阵；最后，通过求和、根、特征值或最小二乘法等数学方法确定各因素的相对权重，从而确定各元素相对重要性的顺序以及对上层的影响。

② 模糊综合评估法。1965年美国自动控制专家查德提出了模糊集的概念，并引入隶属度来描述差异的转换。由于现实中存在很多模糊因素，对各种风险的分析评估同样也存在很多模糊因素，可利用模糊综合评估法提高风险信息分析结果的可靠性和科学性。模糊综合评估法的应用可分为四个步骤：第一，建立各指标的模糊隶属度函数；第二，风险信息分析师和相关专家将风险程度函数与文本语言估计结果相对应，并将其转换为数字描述；第三，结合各种风险因素，根据模糊关系的运作规则，用模糊数字描述总风险程度；第四，将结果与隶属度函数进行比较，并重新翻译成文本语言进行风险描述。

③ 灰色综合评估法。灰色系统理论是进行灰色系统分析、建模、预测和控制的理论，它将控制论扩展到复杂系统，将自动控制与运筹学的数学方法结合起来，并以灰色方式研究客观世界中的常见问题。灰色系统理论研究不良信息建模，并提供一种解决不良信息下的系统问题的方法，考虑到风险信息通常具有不完全清晰的特点，灰色系统理论可应用于风险信息分析。灰色系统理论用于风险信息分析的基本步骤：第一，分别通过累加生成方法和累减生成方法处理原始数据；第二，根据生成的数字构建灰色模型；第三，使用残差检验、后验差检验和关联度检验来检验模型的准确性；第四，当精度满足要求时，该模型可用于风险信息分析。

第四节 应急信息的数据挖掘

一、数据挖掘技术

大数据可以简单地认为是通过互联网和物联网技术把现实世界都投射到了一个数字的空间。数据挖掘就是在这些纷繁的数据中发现隐含的信息和知识。伴随网络信息高速的发展，数据挖掘技术应运而生，也为合理利用现存的纷繁复杂的信息提供了可能，大数据中包含大量与安全生产、应急管理相关的数据，这就为应急信息的数据挖掘提供了重要的基础。

数据挖掘技术，能够实现对网络信息的全面监测，并且根据应急管理部门的需求，全天候发送预警。互联网信息的庞杂，增加了信息搜索的难度，而数据挖掘技术，可以通过系统设置关键词与后台设置大数据运算的方式，对互联网信息作全面监测。根据有效的关键词与运算方法，在应急事件刚露苗头之时，第一时间捕捉有效信息，并根据网络信息的重要程度进行预警提醒，使管理部门能够及时获悉重要的舆情信息。目前，基于数据挖掘技术，舆情监测的范围可覆盖新闻、论坛、贴吧、博客、微博、微信、电子报、视频、境外网站等多项网络媒体。

二、数据挖掘的功能

数据挖掘是指从大量数据中获取有效的、新颖的、潜在有用的、最终可理解的知识过程，一般数据挖掘任务可分为描述性挖掘任务和预测性挖掘任务，描述性挖掘任务刻画目标数据中数据的一般性质；预测性挖掘任务是在当前数据上进行归纳，以便做出预测。如图 9-1 所示，常见的数据挖掘功能包括聚类、分类、关联分析、数据总结、偏差检测和预测等。其中聚类、关联分析、数据总结、偏差检测可以认为是描述性任务，分类和预测可以认为是预测性任务。

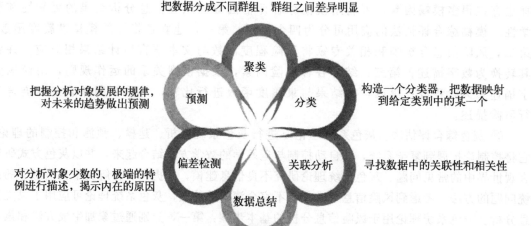

图 9-1 数据挖掘的主要功能

聚类。聚类是一个把数据对象（或观测）划分成子集的过程，每个子集是一个簇。数据对象根据最大化类内相似性、最小化类间相似性的原则进行聚类或分组。因为没有提供类标号信息，所以只能通过观察学习而不能通过示例学习。聚类是一种无监督学习。

分类。分类是一种重要的数据分析形式，它提取刻画重要数据类的模型。这种模型称为分类器，预测分类的（离散的、无序的）类标号，是一种监督学习，即分类器的学习是在被告知每个训练样本属于哪个类的"监督"下进行的。

关联分析。若两个或多个变量的取值之间存在某种规律性，就称为关联。关联可分为简单关联、时序关联、因果关联等。关联分析的目的是找出数据中隐藏的关联网，有时并不知道数据的关联函数，即使知道也是不确定的，因此关联分析生成的规则带有可信度。

数据总结。从数据分析中的统计分析演变而来，其目的是对数据进行浓缩，给出它的紧凑描述。其中，数据描述就是对某类对象的内涵进行描述，并概括这类对象的有关特征，数据描述分为特征性描述和区别性描述，前者描述某类对象的共同特征，后者描述不同类对象之间的区别。

偏差检测。偏差包括很多潜在的知识，如分类中的反常实例、不满足规则的特例、观测结果与模型预测值的偏差、量值随时间的变化等。偏差检测的基本方法是，寻找观测结果与参照值之间有意义的差别，对分析对象中少数的、极端的特例进行描述，解释内在原因。

预测。通过对样本数据（历史数据）的输入值和输出值的关联性学习，得到预测模型，再利用该模型对未来的输入值进行输出值预测。

借助数据挖掘技术的优势,应急管理部门可从互联网和各种智能终端提取到海量的、多元的应急信息数据,通过技术手段对其进行迅速分析、挖掘出有价值的信息,通过互联网、物联网对各类突发事件进行精确标识和动态监控,将危险源监测大数据与突发事件发生原因的大数据进行关联分析,识别两者之间的耦合规律,以优化突发事件应急信息管理能力。大数据时代的数据挖掘在突发事件应急信息管理中的应用可以减轻突发事件的危害。在大数据时代,应该提高对突发事件网络舆情大数据的利用,例如,通过对网络舆情进行情感分析、词云分析,可以有效挖掘公众对突发事件应急管理的态度倾向和议题焦点,为改进应急管理提供精准支持。

第五节 应急信息的决策

一、决策、信息决策与信息决策过程

决策指决定的策略或办法,是人们为各种事件出主意、做决定的过程。它是一个复杂的思维过程,是经过信息搜集、加工,最后做出判断、得出结论的过程。决策是按照最佳、满意、合理等评价标准从众多可能的备选方案中选择一个的过程。决策是为了实现特定的目标,根据客观的可能性,在占有一定信息和经验的基础上,借助一定的工具、技巧与方法,对影响目标实现的诸因素进行分析、计算和判断选优后,对未来行动作出的决定。从心理学角度来看,决策是人们思维过程和意志行动过程相结合的产物。没有这两种心理过程的参加,任何人是做不出决策的。因而决策既是人们的一个心理活动过程,又是人们的行动方案。

信息决策是以信息和数据为依据的决策,根据信息分析出结果并按设定价值准则做出决定。信息决策是决策科学所研究的一个方面,随着现代知识经济的发展,信息在决策中发挥的作用越来越大,信息决策作为一门普遍适用的科学开始被人们关注。

著名学者 H. A. 西蒙将信息决策过程分为情报活动、设计活动、选择活动与评价活动的四个阶段。情报活动:找出存在的问题,确定信息决策目标,获取相关信息;设计活动:拟定各种备选方案;选择活动:从各种备选方案中进行选择;评价活动:执行所选方案,对整个过程及其结果进行检查和评价,将所得信息作为下次信息决策的参考,或者提出新问题,启动新一轮信息决策过程。这四个阶段进一步详细分为九个步骤:提出问题、确定目标、提出价值准则、拟定备选方案、分析评价、选择方案、实施验证、普遍实施和反馈检验,如图9-2所示。

(1) 提出问题:所有信息决策工作都要从提出问题开始,一般通过寻找实际状况与理想要求(或标准)之间的差距,来发现和提出问题。这一步还需要恰当地界定问题,即通过调查研究,分析问题产生的时间、地点、条件和环境等,明确问题的性质和特点,确定问题的范围。

(2) 确定目标:信息决策目标是否正确对信息决策的成败关系极大。为确定信息决策目标,一般需要通过调查研究,找出产生问题的原因,还要进行科学预测,合理判断未来一段时间内要达到的结果。一般的信息决策目标有三个特点:① 目标概念明确或信息决策目标数量化,这样就能保证各方面对目标的理解相同;② 信息决策目标有时间限制,需要在规定的时间内完成;③ 信息决策目标有其他约束条件限制。

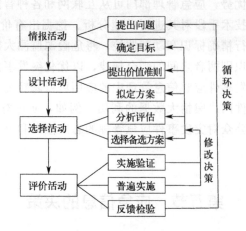

图 9-2 信息决策过程

对于复杂的任务，信息决策目标常常具有层次性，有大目标（上一级目标），也有具体目标（下一级目标）。目标要分级落实，协调执行。此外，对于多目标的场合，常常遵循两条原则：第一，在满足需要的前提下尽量减少目标个数，目标越多，选择方案就越多，选择难度也会增加；第二，要分析各个目标的重要性强弱，先集中力量实现重要性强的目标。

（3）提出价值准则：价值准则是落实目标、评价和选择方案的依据。价值是指信息决策目标或方案的作用、效益、意义等，一般通过数量化指标来反映，如产量、产值、成本、质量、利润等。价值准则的设定一般包括价值指标、取舍原则和约束条件三个内容。价值指标一般包括学术价值、经济价值和社会价值三大类，每类价值又可以分为若干项，每项又可以分为若干条，构成一个价值系统；在大多数情况下，信息决策目标或方案要同时实现整个价值系统的指标是困难的。因此，要规定价值的主次以及在相互矛盾时的取舍原则；任何信息决策都在一定的环境下进行，要指明实现价值指标的约束条件。

（4）拟定备选方案：备选方案的拟定是信息决策过程中至关重要的一步，主要根据信息决策目标和所掌握的信息资料进行。在拟定备选方案时应注意三条原则：第一，尽可能多地列出几种可行的方案；第二，多种不同方案之间必须有原则上的区别；第三，要依靠专家或专门机构来进行方案拟定，要广泛运用智囊技术。

（5）分析评价：在拟定一批备选方案后，按价值标准，对各种备选方案进行分析评价。一般有三种方法：经验评价法、数学分析法和实验法。经验评价法是使用得较为普遍的评价方法，特别是对复杂的信息决策问题，只能用经验评价法加以估计，但这种方法局限性较大，科学性较差；数学分析法是为拟定的备选方案建立相应模型，并利用计算机等工具进行计算，该方法科学性较强，已成为方案分析评价的基本手段；实验法能通过实验过程获取其他方法难以获得的评价结果。

（6）选择方案：在分析评价备选方案后，需要对方案的选择做出决断，这是信息决策过程中关键的一步。方案选择，必须要有合理的选择标准。一般来说，信息决策的目的是实现一定的目标，越是符合目标的要求就越好，这就是信息决策方案的价值标准。在理论上人们追求最优标准，但对于实际信息决策，绝对的最优化是不存在的。西蒙提出一个现实的标准，即"满意标准"，就是在现有条件下，把握追求一个满意的结果。

(7) 实施验证：当方案选定之后，必须进行局部实验，以验证方案运行的可靠性。在验证中，如果实验成功，即可进入普遍实施阶段；否则要反馈回去，进行信息决策修正。

(8) 普遍实施：方案在局部实验中能稳定地取得较好效果后，就可以加以推广，进行普遍实施。方案通过实施验证，可靠程度一般较高，但在实施过程中仍会发生偏离目标的情况。因此需要加强反馈，不断采取措施加以控制，保证方案的顺利实施。

(9) 反馈检验：这一步骤也称为"后评价"，是指信息决策实施后，应检验和评价实施的结果，检验是否达到预期的目标，回顾整个信息决策过程，总结经验教训，为今后的信息决策提供信息和借鉴，或者提出新问题，启动新一轮信息决策。

二、大数据背景下应急信息决策的机制建设

大数据时代的到来为应急管理工作提供了新的发展机遇，也对突发事件应急决策提出了新的要求。2015 年，国务院颁布了《关于促进大数据发展的行动纲要》，指出新型的管理机制要学会用数据说话、用数据决策与创新。2017 年召开的"一带一路"国际合作高峰论坛中指出，大力发展大数据与云计算，建设智慧型城市。大数据的应用已经逐渐融入政府的管理之中，在应急决策中大数据提供了强大的信息支持，为我国应急管理的发展提供了新思路。大数据在对人类活动产生影响的同时，对应急管理发展也产生了深远的影响，随着大数据的出现，应急决策体系、应急决策能力建设现代化已经成为当今社会发展的必然要求。

应急信息决策在大数据发展背景下，应急管理机构应积极完善以大数据为基础的应急信息管理平台，主要体现在以下几个方面。

第一，在大数据应急信息决策方法方面，要求决策者在面对复杂多变的突发事件时做出全面有效的决定，例如，在有限资源的分配中哪些群体应该得到优先保障？通过收集和分析大规模、异构和高分辨率的城市数据，将自然和社会系统的数据信息进行整合、分类和排序后生成具有相对弹性能力的指数，将这些指数嵌入应急管理指挥系统可用于应急决策支撑。有专家提出了监控社交网络上的特定事件的语义方法，该方法通过本体过滤来提取主题，应急情报人员就能及时收集更多有关灾害与受害人员的信息。

第二，在大数据应急信息决策模型方面，有专家将大数据分析与威胁智能技术结合起来，提出了从大量安全信息中提取威胁信息，并及时分析生成相应措施和威胁情报，辅助应急响应与预警等的系统分类保护模型。有专家提出了可以有效加载和聚类空间大数据的、基于层次结构的动态空间聚类模型，通过社交网络空间数据了解应急过程中各要素状态及分布情况，从而可以利用外部存储器数据和加载动态空间大数据实现对突发事件目标区域的快速检测。

第三，在大数据应急信息决策数据采集与整合方面，大数据条件下的应急信息决策依赖于多源、异构数据的采集与整合，随着大数据采集方法与技术发展，能够采集的数据遍及空、天、地、海等各个区域，数据来源涉及视频、音频、图片、文字等形式。数字化技术的发展提高了对多源、异构数据的整合能力，也为不同类型数据的高效快速处理与分析提供了技术支持。

第四，在大数据应急信息决策模式方面，杨旎等专家分析了传统应急决策模式在大数据时代面临的挑战和机遇，针对传统应急信息决策模式的创新和转型提出了两条新的发展路径：一是面向大数据和开源信息的开放式信息系统的构建；二是权责完备的专业

咨询系统的建立。李阳和李纲探索出由情报工程化主导、情报平行化支撑的"两融合"应急信息决策情报支持架构，实现应急数据资源、应急工具方法和应急专家智慧以情报工程化模式的协同，在突发事件中实现各情报要素的相互连接及智能化，实现人工应急情报与智能应急情报的互动互补，实现突发事件情景的自动推演、研判与展示，从而高效指导应急决策和应急行动。

　　大数据背景下研究应急信息决策的机制创新是一个具有理论、现实意义的问题。在理论层面，通过对应急信息决策的研究，能加深对应急管理理论的理解，增强应急管理理论的应用实践性，利用大数据进行应急信息决策的研究，有利于大数据与应急决策融合应用方面的理论发展。通过分析大数据下应急信息决策存在的问题与原因，提出有针对性的应急管理对策，丰富大数据应急信息决策的理论内容。在实践层面，对大数据背景下应急信息决策的研究，有利于应急管理部门及时获得突发事件相关信息，不断提高应急决策的科学性与准确性。

三、大数据在应急信息决策中的效用

　　在现代信息化条件下，如何有效提高大数据在应急信息决策中的效用，可从以下几个方面开展建设。

（一）提升应急决策信息的时效性

　　云存储是指综合运用网络、分布式和集群应用等技术，通过软件系统将不同区域连接着的大量、类别各异的存储设备进行协同工作，对外提供数据存储和访问功能的系统。应急信息管理部门可以通过云存储技术将各类应急数据进行统一管理，降低了数据染毒和数据丢失的可能性，极大地提高了应急数据的可靠性与真实性。应急决策者在决策时就可运用大数据技术将与突发事件有关的过去与现在的数据整合起来，运用严密的分析方法准确地预测突发事件。数据的开放使用打破了过去由于各部门各自拥有信息而形成的信息壁垒和孤岛，在应对突发事件时可以更快的获取有关信息，可以在短时间内做出有效的应急决策。从信息分析理念来看，大数据强调全体数据而非抽样数据，在分析方法上更注重相关分析而不是因果分析，在分析效果上更追求效率而不是绝对精确，保证了突发事件发生时决策信息的真实有效，提高了应急决策的效率。

（二）提高应急决策的科学性和准确性

　　将数据收集汇总形成大数据，并建立一个智能化数据分析平台，应急管理部门可通过该平台获得突发事件的相关信息，数据流通于各个应急管理部门之间，将不同管理主体、不同环境、不同领域紧密联系在一起。在多元管理理念下，整合有价值的应急信息，使应急决策的主体增多，信息来源渠道拓宽，从而不断提高应急决策的科学性与准确性，弥补由于信息缺乏造成的应急决策失误的现象。通过大数据技术对关键数据分析与提取，将获取的有效信息提供给应急管理部门进行科学决策，提出更准确的应急措施或方案，甚至用来预测某一具体突发事件的发展趋势。

　　大数据分析具有很强的实践能力和价值，能有效控制很多负面因素的影响，通过对综合能力的判断和全局性的分析，大数据分析能够完成最终的可持续发展指导，这是大数据分析的优势之一。以数据挖掘、数据关联等为基本功能的大数据技术，具有部门、行业和区域之间的穿透性，正在颠覆传统的、线性的、自下而上的经验性决策模型，逐步形成非线性的、面向不确定性的、自上而下的决策基础。2008年我国先后发射环境减灾卫星、北斗导航等应急遥感数据卫星,为火灾、地震、洪涝、干旱、台风等的应急决策提供了非常重要的空间数据支撑。在2010年江西省抚河决堤事件,2013年黑龙江省流域性洪水等灾害的预警决策、灾情评估中发挥了至关重要的作用。2014年新疆于田县发生7.3级地震,民政部国家减灾中心利用遥感数据卫星和大数据处理技术及时发布了震中附近地区的卫星遥感图像。2013年四川芦山地震中所使用的天地图(中国国家地理信息公共服务平台),通过云计算技术将地震灾区的地形、影像、电子地图等基础地理空间数据提供给相关部门人员,为政府应急决策部门提供了直观、便捷、持续、立体化的服务。大数据对应急决策的不断渗透,大幅度提高了应急决策的科学性和准确性,应急管理部门根据精准且及时的数据信息成功解决了多起突发事件。大数据的快速采集、处理海量数据的能力,确保了应急管理部门可以在实时数据变化分析的基础上,为其数据预测、决策的科学性提供保障。

(三)增强应急决策体制的民主性

大数据不仅指大数据技术,还包括大数据思维,它是指把目标全体作为研究样本,侧重相关性的思考方式,力求让应急管理涉及各层次人群,尽力满足不同地域的要求。利用全样本思维对数据进行多个方面、多个角度、多个层面的分析,通过引进外部资源和提升内部资源向外输出,对大范围的资源进行汇总与分析,不仅提升了资源的利用效率,还打破了传统应急决策对少数领导的依赖。全样本思维是应急决策者听取不同人群的意见和建议,不断提高应急决策民主性的思维方式。中央网信办、应急研究中心利用大数据平台整合来自网民、主流媒体、自媒体、专家等对突发事件的看法和建议,利用大数据算法准确地探查突发事件的起因、传播途径特点和事件涉及的主要人物,随时掌握突发事件的舆情反应状况,通过舆情词云图更深层次地探求民意,从而根据整合的信息提出相应的对策建议,中央网信办逐渐成为政府应急指挥部门必不可少的智囊团。政府应急指挥部门通过数据舆情把握公众关注焦点,了解人民群众的真实心声。遵循群众的普遍意愿出台相关的政策,让政府应急决策在科学性的基础上增加了民主性。

第六节 应急信息的传播

在突发事件的应急管理过程中,将应急信息高效传播给应急管理部门和社会公众,以提高突发事件的处理速度和效率是应急管理的关键工作。以微博、博客、即时聊天软件等为代表的新媒体技术的发展,开启了信息传播的新时代。在此背景下,应急信息传播进入立体化信息传播模式,实现了一对一、一对多的多元化、精准化的传播目标,提高了应急信息的传播效率,增强了全民防灾、减灾的能力。按照全危机管理过程可将应急信息划分为事前、事中和事后三个阶段,本节从应急信息传播的角度,分别介绍事前信息传播(预警信息传播)、事中信息传播(应急处置信息传播)和事后信息传播(事后恢复信息传播)。

一、预警信息传播

大数据的核心价值在于具有预测的潜能,不管是宏观经济领域,医学领域,还是应急管理领域,都能看到大数据预测获得明显成效的大量实际案例,由于发现、挖掘了大数据的潜在价值，使得人们既能够从已知的情况中发现问题、总结经验、归纳规律，又能够从未知的多样可能性中发现问题、把握方向。

（一）预警信息传播方式

预警信息的传播一般都依靠媒体来实现，媒体应确保社会公众获得及时准确的预警信息，这就需要媒体对预警信息的有效性提供可靠的保障，一般包括五个方面：第一是预警信息的来源；第二是预警信息本身的内容；第三是预警信息的格式；第四是预警信息传播媒体的属性；第五是社会响应，社会响应是指在危险发生的时候，人们能否与社会其他团队做好配合的状态。

为了充分发挥以微博、微信为代表的网络新兴媒体在应急信息传播方面时效性强、精准度高和传播范围广泛的优势，拓宽预警信息的发布渠道，2015年国家预警信息发布中心与百度、阿里巴巴等互联网公司分别签署了合作协议，通过寻求多方合作来扩大预警信息传播的范围。2015年11月，支付宝首先开通了城市服务窗口，其具备城市预警推送、查询和订阅等功能。

（二）预警信息发布系统建设

2006年，国务院办公厅明确提出要建设国家突发事件预警信息发布系统，5年后，国务院办公厅再次要求积极推进国家突发事件预警信息发布系统建设。国家突发事件预警信息发布系统主要依据中国气象局现有的业务系统，建立以国家—省—地市为核心的三级预警信息发布管理平台，实现预警信息国家—省—市—县四级传输，保障预警信息发布渠道的权威性、通畅性和有效性；建立以国家级网站为核心，预警信息反馈系统、短信平台以及社会公共资源为辅助的预警信息快速发布机制。系统建成后能有效地发布有关自然灾害、事故灾难、公共卫生事件、社会安全事件四类突发事件的预警信息，使预警信息发布、处理、接收的覆盖率达到80%以上。

以国家突发事件预警信息发布系统为整体架构，各省、市着手建设带有本地区特征的预警信息发布系统，如广西壮族自治区已建立自治区—市—县为一体的预警信息发布系统。

（三）预警信息传播流程

规范严谨的预警信息传播流程是预警信息传播质量的重要保障，根据信息传播的原理，有以下四种传播流程。

（1）突发事件发生的潜在危机→预警监测部门→政府部门→潜在危机应对与防范措施→网络及传媒部门→群众。预警监测部门通过相应的技术手段监测危机发生的可能性，一旦监测到某危机即将发生，便将具体的信息发送到政府部门，政府部门根据事件的危险系数等制定相应的防范手段，然后通过网络及传媒部门将预警信息发布给群众。

（2）突发事件发生的潜在危机→政府部门→预警监测部门→政府部门→潜在危机应对与防范措施→网络及传媒部门→群众。政府部门作为管理者，可能会率先发现某些危险信息的端倪，之后再交由预警监测部门进行核实和确定，然后预警监测部门再将核实的信息反馈给政府部门，由政府部门制定相应的防范措施，通过网络及传媒部门将预警信息发布给群众。

（3）事件发生的潜在危机→网络及传媒部门→政府部门→预警监测部门→政府部门→潜在危机防范与应对措施→网络及传媒部门→群众。该传播流程是指有时网络及传媒部门会发现突发事件的潜在迹象,网络及传媒部门通过向政府部门进行汇报,然后由政府部门交由预警监测部门进行核实,然后采取潜在危机防范与应对措施,并进行预警信息的发布。

(4) 突发事件发生的潜在危险→群众→政府部门→预警监测部门→政府部门→潜在危机防范与应对措施→网络及媒体部门→群众。当人民群众是突发事件潜在危险的发现者时,就应该构建以群众为初始的传播流程,群众将预知的突发事件信息及时上报政府,政府部门将有关信息传递给预警监测部门以核实事件的真实性、危害性,并由预警监测部门给出相关处理建议反馈给政府部门,由政府部门制定相应的预防和应对措施,通过网络及媒体部门将预防信息通知到群众。

(四) 预警信息传播常见问题

目前应急预警信息传播还存在一些不足和问题,主要包括以下几个方面。

(1) 预警信息内容不准确。由于时间、信息获取能力等多方面限制,发布的部分预警信息存在信息内容不准确、不全面、重要信息缺失等问题。一些非权威管理部门发布的信息由于来源不可靠,往往导致预警信息内容不准确。

(2) 预警信息传播不及时。部分预警信息发布方按照自主设定的时间进行更新和发布,不能满足突发事件应急预防的要求,丧失了预警信号的功能和作用;部分预警信息发布方则是因为技术能力、硬件条件等原因导致预警信息发布更新频次不能满足公众的要求。

(3) 预警信息发布时间不明确。预警信息发布时间应以国家权威部门发布的时间为准,而有些媒体将发布时间与更新时间混为一谈,有些媒体没有标注发布时间,或者将发布时间错误地标记为更新时间。

(4) 预警信息发布管理不规范。一些预警信息的发布者只发布预警信号,当预警已经解除后不及时取消预警信号,也会给公众造成巨大的不便和干扰。

(五) 提升预警信息传播效果的路径

首先,预警信息发布部门应当按照有关法律、法规发布预警信息,应急管理部门和有关媒体应当严格遵守《突发事件应对法》和《突发公共卫生事件应急条例》等的规定,保证信息来源、信息内容的准确性,信息传播的及时性和内容的完整性。其次,预警信息管理部门应加大对自身以及社会媒体发布预警信息的监督力度和执法力度,改变原有的粗放型管理机制,形成有效的管理和指导,进一步促进预警信息的标准化传播。最后,预警信息传播要以大众需求为出发点,发布公众易于理解和接受的预警信息。

二、应急处置信息传播

应急处置信息又称灾情响应信息,是为应对突发事件所产生的应急救援信息,分为应急指挥协调信息、人员投入信息、物资投入信息以及财政投入信息。应急指挥协调信息指应急管理部门为处置突发事件而进行的一系列响应的信息,包括重要会议、请示、决策等。人员投入信息主要包括消防救援人员、医护人员、武警公安、通信人员、灾评人员等信息。物资投入信息是指在应急处置过程中所使用物资的信息,包括消防物资、医疗物资、生活物资、通信物资、交通物资等信息。财政投入信息指的是应急管理部门拨款和社会捐赠等为应对应急突发事件所投入资金的情况。

应急处置信息传播对于解决突发事件具有重要的作用,应急处置信息传播需要具备以下几个具体的功能需求：应急处置信息传播要为应急决策提供支持；应急处置信息传播要实现应急信息共享；应急处置信息传播要有严格的传播标准。

对于以社交媒体为载体的应急处置信息传播，具有以下几个方面的特点：

（1）社交媒体与应急处置信息在获取与传播上具有一致性。以微博、微信为代表的社交媒体进入门槛较低，具有广泛的群众基础，另外社交媒体的信息生产、发布、转载和反馈等速度较快。而应急处置工作的第一步就是需要高效的传播速度，群众在接收到应急管理部门发布的应急处置信息之后，能够快速地传递给身边的人，以便使应急处置信息大范围、高效率地进行传播。

（2）社交媒体使应急处置信息传播更快速、有效。社交媒体拥有多种形式的传播手段，如图文、声音、视频等，可以快速地定位、接收和转化信息。另外，社交媒体实现的信息传播成本低，速度快，传播范围广，能够使应急处置信息传播效果更佳。

虽然社交媒体在应急处置信息传播的过程中能够发挥强大的作用，但是也存在不少需要注意的问题。第一，社交媒体要明确发布内容、语言风格、运维管理制度、工作细则以及责任主体等；第二，要注意网络舆论的形成，及时对影响应急处置信息传播的网络舆论进行干预与处理；第三，要加强社交媒体与社交媒体之间、社交媒体与应急处置信息发布方之间的交流互动和信息共享，以保证应急处置信息传播内容的一致性与权威性；第四，要对应急处置信息传播的语言特性、受众群体特性等进行更深入的研究，科学地利用新兴网络媒体，使社交媒体在应急处置信息发布与灾情信息收集、处理工作中的效用进一步得到增强，并加强对社交媒体人员的培训，提高其对突发事件的反应速度。

三、事后恢复信息传播

事后恢复是指在危机发生后，为了恢复正常的社会、生活秩序，必须尽快开展各种恢复工作。要进一步调查突发事件发生的原因，吸取教训，尽量减少和杜绝这类事件的发生。同时举一反三，促进应急制度和管理的创新，事后恢复信息内容主要包括：恢复与重建、灾后援助、事件调查、资源回收与修复、事后预案评估与修订、事后信息发布等。

恢复性评估是指在突发事件发生后、应急管理结束前，对于事件从现状恢复到基本正常状态的能力评估以及完成恢复所需要的时间和资源的评估。目前对于突发事件的恢复性评估大多是针对突发事件已经造成的物质损失来进行的，通常按照灾难发生的时间划分为突发事件发生之前的预评估、突发事件发生过程中的监测性评估和突发事件发生之后的实测性评估。但是在实际的事后恢复信息应用过程中，真正对应急恢复决策起重要作用的是可恢复性评估信息。

一般而言，可恢复性评估信息的有效传播对于事后恢复与决策具有更加重要的意义，传播工作流程：由专门的灾情监测机构通过合理规范的技术手段对灾情的可恢复性进行客观的评估，得到可恢复性评估报告，然后将评估报告交由应急管理部门审阅，应急管理部门要根据可恢复性评估报告得出的结论制定相应的恢复和补救措施，最后由应急管理部门将事后恢复信息传播给民众。

第七节　应急信息共享

突发事件的发生往往涉及众多利益相关者，开放共享应急信息才能更好地为突发事件应急管理决策提供保障。《突发事件应对法》规定：县级以上地方各级人民政府应当建立或者确定本地区统一的突发事件信息系统，汇集、储存、分析、传输有关突发事件的信息，并与上级人民政府及其有关部门、下级人民政府及其有关部门、专业机构和监测网点的突发事件信息系统实现互联互通，加强跨部门、跨地区的信息交流与情报合作。

应急管理过程中的信息共享行为是指在突发事件发生前、后及其发生过程中，应急管理部门、社会组织、媒体、公众之间彼此进行信息交流的过程。在应急管理协同决策基础上的信息共享行为，有利于突发事件诱发因素的信息和应急管理过程中产生的信息在相关主体之间的传播。积极开展应急信息共享可以提高应急协作的有效性，消极的应急信息共享不利于多部门的信息协调。研究表明：多部门信息协调与共享工作能加强各部门之间的协作，有利于克服管理体制改革中的一些阻力和障碍，促进体制改革目标的实现。

一、应急信息共享组织结构

构建高效的应急信息共享跨部门运作体系，实质就是要在跨部门共享合作环境和再合作关系发展过程中，调动与配置各种已有的或者潜在的客观要素资源，使其发挥积极作用。基本形式就是要形成以政府应急管理部门为中心，多方主体参与的应急信息共享组织结构。应急信息共享组织结构在构建过程中一般存在涉及管理部门多、部门管理职责不明确、管理部门之间职能重叠等问题。

调查与研究表明，应急信息共享主体主要包括政府应急管理部门、企事业单位、非政府组织、社会媒体、社会智库以及社会公众，并且不同的信息共享主体在应急信息共享机制中承担着不同的职能，应以政府应急管理部门为中心，构建与非政府组织、社会智库、社会媒体开展不同程度合作的组织结构。社会公众作为应急信息的接收者，也可以利用微博、微信等信息共享媒介，为应急信息共享做出一份努力。非政府组织在应急信息管理过程中可以与群众形成良好的应急信息互动氛围，及时收集政府应急管理部门未收集到的一些应急信息，可以采用信息上报等方式，进行应急信息的沟通与共享。社会媒体作为应急信息的传递者，在应急信息共享过程中扮演着重要的角色，是应急信息共享过程中不可忽视的重要一环。社会智库以其强大的智力资源为基础，集中了大量的高素质应急信息管理人才，可以与政府应急管理部门开展密切的合作，在信息共享过程中主要承担着信息分析和研判的职责，对收集到的应急信息进行分析，划分出哪些应急信息是群众所需要的，哪些是利用价值高的信息，在信息分析的基础上与应急管理部门开展应急信息共享合作。企事业单位和社会公众也是应急信息共享的主体，在应急信息共享组织结构中承担着重要角色，辅助应急管理部门及时进行信息的收集与传递。这些应急信息共享主体不同程度地与政府应急管理部门存在直接或者间接的关系，共同构成了应急信息共享组织结构。

在一个多方主体参与的组织机构中，想要顺利推进应急信息跨部门共享，必须要有一支能担负执行任务的管理者队伍和一支能自我管理的一线员工团队。在应急信息共享组织结构中需要应急管理部门和企事业单位、非政府组织、社会媒体、社会智库、社会公众在应急信息共享工作中建立起良好的信用机制，并努力创造一种双向信任的氛围，获得双方的理解与认同，只有这样，才能真正建立起跨部门协作关系。

传统的应急预警采取的是一种分行业、分灾种的预警模式，这样的工作模式并不利于应急信息资源横向整合。这就要求通过构建各部门、各单位之间的协同联动工作格局，整合各部门的核心信息资源，建立健全跨部门、跨地区的突发事件应急联动体系，实施协同预警。只有不断强化政府部门跨区域、跨部门之间的协调联动，才能更好地实现应急信息横向的共建共享，加强各城市公共安全预警部门之间的联系，使其积极参与跨区域的应急信息管理合作。

二、应急信息共享机制

建立一个有效的信息共享机制，需要有法律法规的保障，明确信息共享主体，确定信息共享范围，打破行政管理体制壁垒等。信息共享所面临的主要挑战不是技术层面的问题，而是在法律约束、信息共享内容、信息分类等方面存在的问题，这说明应急信息共享机制建设与法治建设是紧密相连的。还需要行政措施的保证，主要是加强对应急信息共享的领导与协调。针对应急管理中信息共享程度较低，部门之间职责不清、协调关系较为混乱的现象，应加强统一平台的信息共享机制建设，抓紧建立统一平台，统一技术标准的信息采集与共享系统，主要包括建立突发事件信息分析整理系统、信息共享与交互系统和信息发布机制等。

应根据应急管理领域的不同建立差异的共享机制，从现有的发展情况来看，应急信息共享机制通常是建立在应急管理的体系整体框架之上的，应从应急管理的信息需求出发，结合对当前影响信息共享因素的分析，采取相应的对策机制，从而建立起不同情况下的应急信息共享机制。

三、应急信息共享平台

目前有些应急信息共享平台建设是游离在应急管理体系之外的，不能与管理主体和响应程序做到很好的衔接，由此带来应急信息共享平台在应急指挥、协调与行动上主体不明确、信息沟通机制效率低等问题。

（一）应急信息共享平台的功能架构

应急信息共享平台是为应急信息用户提供方便的服务平台，使各客户端能够方便发布、灵活查询、获取服务。应急信息共享平台的最终服务目标是设置应急信息服务管理中心，相当于设置一个政务服务总线，形成全局服务目录体系，制定应急信息共享服务策略，服务管理采用集中与分布相结合的策略，在提供应急信息共享服务的基础上，进一步实现扩展计算、存储等服务。

应急信息共享平台建设主要包括以下几方面：①建设应急信息共享平台统一的服务接口；②在应急信息共享平台中心节点建设统一的服务管理中心，维护、管理全局服务目录体系，统一管理共享服务的注册与发布；③服务管理采用集中和分布相结合的策略，业务服务分布在各节点的服务器上，由服务管理中心统一管理；④服务管理中心提供全局的服务检索与共享服务查询、获取功能。

应急信息共享平台的业务功能在有限的经验基础上产生、积累并不断进行知识更新。应急信息共享平台是应急管理体系的核心技术平台，它为各类应急管理主体提供公共性的应急信息服务，一般由应急信息服务和应急信息资源数据库两部分组成。应急信息服务的功能主要是对外部的信息服务及其接口的管理；应急信息服务可以实现身份认证、信息安全服务、信息反馈调试、应急信息共享以及应急信息的追踪，并且可以实现不同应急管理主体、不同层级之间的信息交互与共享。应急信息资源数据库的功能主要是对应急信息的采集与发布、应急信息交换与传递、应急信息资源的预分析以及对应急信息的整合与利用。应急信息资源数据库主要负责接收来自不同主体、行业的应急信息系统的信息。这些信息多是资源异构信息，数据比较庞杂，所以需要对信息数据进行统一规范与筛选，并且支持对外部环境的实时感知。应急信息资源数据库主要是为应急信息服务提供后台数据资源服务。应急信息资源数据库应该包括危险源信息、重点防护目标信息、应急管理机构信息和地理信息等应急基础信息，同时还能根据以往的突发事件案例，形成应急管理案例库，为应急管理提供决策支持。

（二）应急信息共享平台的技术架构

目前应急管理的协同管理中缺乏制度化的合作路径，容易导致信息的不对称和信息资源的浪费。信息发挥着引导应急管理系统从无序走向有序的关键性作用，搭建信息共享平台可以为应急组织的自主性扩展提供信息基础，提升其应对突发事件的综合治理能力。

构建政府应急信息共享机制，除了需要对顶层设计进行合理规划，划分应急信息数据范围，确定应急信息共享数据范围，必不可少的重要内容就是应急信息共享平台的建设。加快健全完善各级政府管理部门信息网络平台建设，是政府应急信息共享平台建设不可或缺的物质基础。大数据时代应急信息共享平台的建设需要集中或者连接不同应急信息共享主体，整合不同信息共享主体的信息资源，准确划分应急信息共享的范围。在此基础上构建国家级或区域性的应急信息资源库，实现应急管理部门统一规划与管理，以及对应急信息资源的合理、有序、高效地利用与开发。

当前应急信息共享平台建设的技术设想可以通过建设一条应急政务服务总线，连接不同的应急信息共享主体，对接国家应急信息共享数据库，实现对应急信息的宏观调控与合理配置。该应急信息共享平台的整体技术架构分为服务接口层、逻辑管理层和服务部署层。其中，政务信息系统属于逻辑管理层，这一层就需要集中应急信息共享主体、共享范围和共享部门的信息，将应急信息共享的政策、法规进行集中管理与发布。服务接口就是总接线口，通过总接线口，用户可以享受应急信息共享平台的注册、查询和获取服务。服务部署层需要在中心节点上建立总的信息服务管理中心，对注册发布的信息进行统一管理，对服务活动进行统一监控。

第八节　大数据技术条件下的应急信息应用

一、大数据技术介入自然灾害类突发事件治理

为了减少自然灾害造成的损害，很多国家都在努力完善和提高对自然灾害的预测和预警能力，从源头上控制灾害带来的危害。日本地处环太平洋火山地震带，火山、地震活动频繁，在日本大地震中，由于受灾地区范围较广，日本政府无法及时准确地掌握灾害信息，因此错失了许多及时开展救援工作的机会。为此日本政府决定引入大数据技术，即分析网络、手机等庞大的电子数据，获得手机、汽车导航系统等发射的位置信息，加以仔细分析研究，以求迅速收集情报，快速支援受灾地区。同时日本政府与一些大企业合作，借助大数据技术

预测自然灾害，通过电台、电视台和手机网络等媒介及时将预警和疏散信息发送给地方政府和居民，一旦发生地震或海啸，智能手机用户就可凭借手机定位功能，接收到疏散路线和交通状况等信息，从而降低自然灾害带来的伤害。

我国也在一直探索自然灾害防治的方法，已在应急管理研究中引入大数据技术。例如陈正祥就在中国蝗虫灾害防治问题上运用了大数据的方法，通过阅读3000种地方志，确定了中国蝗虫灾害空间分布图，为我国蝗虫防治工作提供了重要基础资料。

从以上案例可以看出，大数据技术已应用于应急管理，并且在预测、防灾、抗灾等灾害治理过程中发挥着越来越重要的作用。通过大数据分析，寻求灾害事件的相关性，得出灾害发生的规律，进而预测灾害的发生，为人们赢得了应对灾害的时间，降低了灾害带来的损失。

二、大数据技术介入事故灾难类突发事件治理

大数据技术在事故灾难类突发事件的处理过程中发挥着十分重要的作用，可以用其揭示安全生产事故发生的规律，从源头上防止安全事故的发生。例如，美国安全工程师海因里希提出了著名的"事故金字塔"法则，通过分析大量工伤事故的发生概率和事故等级，得出事故发生前后的相关性，能够很好地预测事故的发生，也证明了大数据技术的应用可以减少或者消除不安全的状况。又如，哥伦比亚大学的研究人员通过系统分析沙井盖以前出现过的问题、与基础设施之间的联系，将杂乱的数据整理好后通过机器处理，发现了大型沙井盖爆炸的106种预警情况，进而预测出可能会出现问题并且需要维修的沙井盖。这样一来就只需要把人力、物力集中在维修这些沙井盖上。

大数据技术还能应用于事故调查处理工作，例如2010年美国西弗吉尼亚州煤矿发生29人死亡的矿难，在确认是矿山安全与健康监察局还是事故煤矿所属公司应承担主要责任时，被完整保存的超千条监管记录，为事故的追责提供了重要的证据，最终确认矿山安全与健康监察局无监管失职问题。由此可见，大数据的存在对事故灾害责任追究具有十分重要的作用。同时也应该认识到，大数据的来源必须有保证，才能使追责有充足的证据。

通过建立计算机大数据模型，对生产过程中的相关参数进行分析比较，从而找到事故发生的规律、预测未来，能有效地将事故的伤害降至最小，甚至能有效防止事故的发生。但大数据技术在事故灾难方面的应用与自然灾害治理具有很大的区别，大数据技术在自然灾害治理方面最初的应用主要聚焦自然灾害预测与预警，一般不能阻止灾害的发生，大数据在事故灾难处理中可以提供技术支持，充足的数据能让事故灾难的来龙去脉比较清晰地呈现在人们面前，让人们更有把握去开展事故灾难类突发事件的应急管理工作。

三、大数据技术介入公共卫生类突发事件治理

城市化与现代交通发展迅速，大规模的人员流动，加剧了流行病发生、传播、蔓延的风险。近年来，比较严重的公共卫生事件层出不穷，现在的病毒通常变异快、传播迅速，如果能提前发现病毒，不仅能为抗病毒药物的研发争取宝贵的时间，而且还有助于疫苗研发机构尽早采取措施。

美国麦肯锡全球研究院预测：如果美国医疗行业能够有效利用不断增长的大数据来提高医疗效率与质量，每年可创造超过3000亿美元的额外价值，可以挽救无数本不应该失去的

生命。据世界卫生组织统计，2009年发生的甲型H1N1流感疫情在全球造成上万人死亡。面对严重的公共卫生事件，人们一直在用大数据探索病毒传播的秘密，寻找应对病毒来袭的有效方法。《大数据时代》介绍了谷歌工程师们运用大数据技术来预测流感的事例，2008年谷歌推出了"谷歌流感趋势"，通过谷歌搜索数据库对全球当时的流感疫情进行动态估测，但当时并没有引起太多人的关注，直到2009年甲型H1N1流感疫情暴发的前几周，谷歌公司的工程师们成功预测了甲型H1N1流感疫情在全美范围的传播，甚至具体到特定的地区和州，而且判断非常及时，与官方数据的滞后性形成鲜明的对比，大数据技术呈现出巨大的优势作用。

现今，大数据技术在公共卫生类突发事件方面的应用越来越广泛和深入，如日本京都大学的荒牧研究室运营了一个名叫"流感君"的网站，它通过对感冒信息的检索来预测流感发生的具体状况。日本国立感染症研究所通过对全国约5000个医疗诊所的流感患者的数据进行分析、研究、统计并发布预测结果。利用大数据所特有的功能可以有效地预测流感等公共卫生类突发事件的发生，如在流感最严重的时候，每天会有成千上万条相关信息流出，通过对这些大量相关数据的分析也能保证分析结果的精准度。大数据技术的应用可以进一步改善公共卫生状况，帮助公共卫生管理部门对重大流行疾病作出及时响应，快速地检测出新的传染病和疫情。通过提供准确、及时的公众健康信息，不断提高公众健康风险意识，降低传染病感染风险，帮助人们创造更美好的健康生活。

四、大数据技术介入社会安全类突发事件治理

群体性事件可分为网络群体性事件与现实群体性事件两大类，其特点表现为涉及面广、规模大，对社会稳定有着十分严重的影响与危害，预防和处置群体性事件的政策性强、难度大。随着现代信息技术的发展，及大数据时代的到来，各类突发群体性事件也具备了信息社会的时代特点，突发事件的信息传播速度更快、更敏捷、时效性更高，因此信息时代的群体性事件的治理有其特有的复杂性，必须引起应急管理部门的高度关注。

如何有效地抑制信息失控与危机升级，对应急管理部门提出了更高的要求。2009年中国科学院建立了以GIS系统为基础的群体性事件数据库，不仅能够选取、管理大量的群体性事件数据，而且能够将种类繁多的数据资料加以整合，在纷繁复杂、看似孤立的群体性事件中，挖掘和寻找到其内部规律。群体性事件数据库能有效对群体事件的时间、空间和专题属性进行整合与分析，主要意义和作用包括：第一，能够在空间宽度和时间长度上为群体性事件研究工作提供准确可靠的海量研究数据；第二，能够支持群体性事件数据的组织、存储、应用及管理；第三，能够在地图上直观展示群体性事件的发生情况；第四，能够对群体性事件数据研究提供精确的量化分析。因此，群体性事件数据库能够从整体上持续、深入地推进群体性事件的研究与管理工作。

美国"9·11"恐怖事件发生后，恐怖袭击的阴影笼罩全球，尽管许多国家都逐渐加大恐怖主义防治力度，但恐怖事件的严峻形势似乎并没有因此得到明显改善。为此需要不断运用现代科学方法来增强应对社会安全类突发事件的能力，通过大数据技术应用提高对突发事件的数据分析、应急决策与有效应对等能力。

复习思考题

1. 大数据、云计算技术与应急管理需求的关系如何？这两种技术可应用在哪些方面？
2. 现代技术条件下的应急信息采集的方法有哪些？如何优选合适的采集方法？
3. 如何有效运用大数据、云计算技术来提高对突发事件的预警与预测能力？
4. 如何运用大数据技术来提升应急管理信息决策的能力？风险信息分析方法有哪些？
5. 如何运用大数据、云计算方法来实现科学与高效的突发事件应急决策目标？

附录一
公共安全与应急管理综合案例

一、自然灾害类——2023年美国夏威夷州山火灾害事件案例

（一）灾害基本情况

2023年8月，受环境干旱、强风等多因素综合影响，美国夏威夷州毛伊岛等地爆发大规模山火灾害，毛伊岛大部分地区被火灾与浓烟隔绝。2023年8月10日，美国总统宣布夏威夷州进入"重大灾难状态"，并指示美国联邦应急管理局局长赴毛伊岛协调当地的救灾工作。

毛伊岛是夏威夷群岛第二大岛，岛上人口超过10万人，此次山火过火面积超过2000英亩（1英亩≈4046.9平方米），威胁岛上3.5万人的安全，山火共造成2207座建筑受损或被毁，其中有86%是居民住宅，重建费用约55.2亿美元，山火损坏了数百根饮用水管道，造成岛上居民饮水安全无法得到保证。

2023年9月15日，夏威夷州州长在英国路透社采访时表示，毛伊岛山火造成97人死亡，31人失踪，这次山火是夏威夷州1959年以来死亡人数最多的自然灾害，也是美国近年来死伤最严重的山火灾害。

（二）灾害主要经过

2023年8月7日22时47分，拉海纳靠近森林的一个监控录像拍下一道闪光划入森林，这被认为是此次山火最初的起火点。

2023年8月8日6点30分，拉海纳的一处灌木丛着火，上午10点，火势得到控制，过火面积约3英亩。与此同时，库拉的山火失去控制，数百英亩的土地起火。当天下午约3点30分，山火蔓延至拉海纳镇。

2023年8月9日，美国夏威夷州地方官员表示，山火造成6人遇难，还有至少20人受伤。

2023年8月10日，美国夏威夷州毛伊岛山火已造成至少55人死亡、上千座建筑物焚毁，岛上著名海滨度假城镇拉海纳已成废墟。

2023年8月12日，美国夏威夷州州长表示，毛伊岛山火已造成89人死亡，死亡人数很可能将进一步上升，失踪人数还没有确切数字。

2023年8月13日，毛伊岛山火的死亡人数已升至96人，仍有约1300人失踪。

2023年8月14日下午，毛伊岛山火死亡人数已上升至99人，搜救工作仍在持续。

2023年8月15日晚，山火造成的死亡人数已升至101人，目前仅搜查了毛伊岛约三分之一的烧毁区域，未来10天死亡人数仍可能大幅上升。此外，毛伊县还公布了两名遇难者的姓名，另有三名遇难者身份在等待最后的确认。

2023年8月17日，毛伊县仍有三处火势未得到完全控制，救援工作还在持续。

2023年8月17日晚，毛伊县政府证实毛伊县应急管理部门负责人"因健康原因"辞职。

2023年8月22日，据美国政府方面通报，山火发生两周以来，美国联邦调查局已记录超过1100人失踪，且这一数字可能进一步上升。

2023年8月22日晚，美国毛伊岛大火遇难人数为115人，其中43名遇难者身份被确认，另有1000到1100人失联。

2023年8月26日，据美国有线电视新闻网报道，美国夏威夷州毛伊岛大火的搜救工作已经基本完成。

2023年9月15日，美国夏威夷州州长接受路透社采访时表示，夏威夷毛伊岛大火造成的死亡人数已经降至97人，确认失踪人数目前为31人。

（三）主要应急处置措施

2023年8月9日，美国总统下令调动在夏威夷的所有联邦资产，以应对山火。夏威夷代理州长宣布该州所有地区进入紧急状态，夏威夷州已出动国民警卫队协助救灾。当地官员呼吁游客目前不要前往毛伊岛，从美国本土飞往毛伊岛的大量航班已被取消，计划9日从岛上撤离4000名游客。

2023年8月10日，美国总统宣布夏威夷进入"重大灾难状态"，并指示美国联邦应急管理局局长赴毛伊岛协调当地的救灾工作。美国军方已调派134名国民警卫队员前往夏威夷参与山火应急救援工作，并为当地执法提供支持。此外，美国军方还出动了包括黑鹰直升机在内的7架直升机参与搜救和灭火工作。

2023年8月11日，美国卫生与公众服务部部长宣布，夏威夷州正式进入公共卫生紧急状态，组建了一支13人的初始团队来夏威夷开展应急处置，并提供紧急医疗保障。当地政府宣布已从毛伊岛撤离1.4万人，并计划在未来几小时内再完成1.45万人的撤离。

2023年8月12日，夏威夷山火向受灾严重的拉海纳北部城市卡纳帕利逼近，当地消防部门正在进行新的疏散工作。毛伊岛警察局长呼吁有亲友失踪的居民提交DNA样本，以帮助识别遇难者遗骸。

2023年8月14日，美国夏威夷州州长表示，搜救人员已搜索了约25%的火灾区域，每天都能找到10到20具遗体，预计未来十天死亡人数可能达到200至300人左右，搜索行动可能持续数周或一个月。

2023年8月15日，美国总统表示，他将尽早前往夏威夷州视察火灾情况，已与夏威夷州长就火灾有过交谈，并向后者保证"联邦政府将提供夏威夷所需的任何援助"。

2023年8月16日，美国总统将于8月21日前往夏威夷毛伊岛，会见幸存者和当地官员，视察山火造成的影响和损失，并讨论下一步的恢复工作。

2023年8月18日，美国总统授权增加联邦资金，以夏威夷火灾发生后的120天内为期限，联邦政府将在该州选择的连续30天内承担清除废墟和采取紧急保护措施的全部费用。美国司法部派遣了火灾事故调查的5人小组开展毛伊岛大火起源调查，还派遣了法警局、联邦调查局和缉毒署在内的特工前往毛伊岛协助当地开展执法。

2023年8月20日，美国夏威夷州州长表示，毛伊岛大火的搜救行动仍在进行中，搜救人员已完成对85%的受灾区域的搜寻，但仍有1000多人下落不明。

2023年8月21日，美国总统访问毛伊岛大火中被摧毁的拉海纳镇，并调动联邦应急资源用于毛伊岛等山火灾害的应急救援工作。

2023年8月22日，美国政府目前已收集到104份疑似死亡或失踪人员亲属的DNA样本，美国联邦调查局在已发现的115名遇难者中确认了其中27人的身份信息。

2023年8月23日，当地救援部门宣布，搜救人员已完成重灾区全部单层建筑的搜寻工作，接下来将开始对多层民宅及商业建筑进行搜寻。

2023年8月26日，美国夏威夷应急管理局在社交媒体平台上发布了毛伊岛西部地区的疏散令，要求居民立刻撤离。

（四）案例点评与启示

当地自然灾害监测与预警机制不完善：美国国家气象局表示，干旱的植被、强风和低湿度共同助长了大火，但当地管理部门没有及时发出火灾预警，并采取应对措施。据美国新闻媒体8月10日报道，美国干旱监测周报显示毛伊县的严重干旱面积从上周的5%上升到了16%，而整个夏威夷州中度干旱面积则从6%上升到了14%。美国国家气象局指出，飓风"多拉"在夏威夷南部肆虐，受其外围影响，毛伊岛产生了"极强的破坏性大风"。干涸的土地和植被为山火蔓延提供了条件，而此次夏威夷山火又遇上了强风助燃，大火迅速向社区蔓延，造成致命的后果。美国夏威夷州拥有全球规模最大的"户外联网公共安全预警系统"，全夏威夷州共部署了400个高分贝警报器，用来提醒民众应对突发灾害，其中毛伊岛有80个警报器。据新加坡媒体报道，在这次美国夏威夷毛伊岛山火事件中，这些综合户外警报系统被证实并未发出警报。

夏威夷州电力系统存在安全隐患：据美国媒体报道，美国的许多野火都是由于电线杆被吹倒或有异物落在电线上产生电弧引发的。虽然在夏威夷山火发生前，早已有飓风预警，当地电力公司却并没有采取断电措施。夏威夷有很多木质电线杆非常陈旧，周围植被繁茂。当地居民和能源专家一直呼吁电力公司加固电杆，并把更多电线埋在地下，但电力部门却未行动。据美国媒体报道，此次山火的起火原因或与当地电力公司的基础设施受损有关，已有律师事务所代表受害者对夏威夷电力公司提起集体诉讼，指控该公司下属的一个变电站未在强风天气来临前切断供电，此前曾出现电线倒塌的情况，而山火事发地点也靠近最初的起火点。

夏威夷州应急管理存在不少问题：夏威夷州的地理位置和其有限的消防资源使得应急救援力量不足，夏威夷州林业与野生动物部的工作人员主要是自然资源管理员、林务员、生物学家和技术人员，而缺少全职的野外消防员，夏威夷的地理位置也很难第一时间从美国其他州调派消防员过来。例如，2021年毛伊县西部发生的历史性大火，当时只有不到300名消防人员参与救援。当地的消防栓水压太低，拉海纳镇消防员表示，当他们想要救火时，却发现消防栓水压太低，几乎不可能灭火。2022年6月30日，由于严重干旱和水资源枯竭，当地法院颁布"限水令"对居民实施强制性限水措施，该措施严重拖延了救火时间，直到山火发生几天后才宣布暂停。

美国军队参与应急处置行动迟缓：夏威夷群岛基地驻扎着美国军事基地，是美军在太平洋战区的指挥中枢，驻扎着几万名美军士兵。毛伊岛山火发生当天没有看到美军参与应急处置的身影，直到两天后，美国总统宣布夏威夷州重大灾难声明，下令为灾区提供联邦援助后，美军才出动134名国民警卫队队员协助救灾。

二、事故灾害类——2011年日本福岛核电站事故案例

（一）事故基本概况

日本福岛核电站位于日本福岛工业区。日本标准时间2011年3月11日14时46分，日本发生了9.0级大地震，震源深度约10公里，震中位于仙台以东130公里的海域，在东京东南约372公里。这次地震造成东北海岸四个核电厂的反应堆自动停堆，其中包括福岛第一核电厂和第二核电厂。

地震引发的大海啸冲破了福岛第一核电厂的防御设施，导致该核电厂所有的厂外供电丧失，应急柴油发电机自动启动开始运转，随着海啸海水深入核电厂内部，造成核电厂的直流供电系统严重损坏，最终导致第一核电厂所有交、直流电丧失，由此核电厂的冷却系统失去散热作用，第一核电厂机组在堆芯余热的作用下迅速升温，锆金属包壳在高温下与水作用产生了大量可燃氢气，随后引发了一系列爆炸事故。此次事件对日本东北部沿海地区的基础设施和工业造成了巨大的破坏，死亡或失踪人数约2万余人，导致大量日本民众流离失所。

（二）事故基本过程

2011年3月11日14时46分，西太平洋海域发生里氏9.0级地震，震中位于北纬38.1度，东经142.6度，震源深度约10公里。日本气象厅随即发布了海啸警报称地震将引发约6米高海啸，后修正为10米。

地震发生46分钟后，地震引起的第一波海啸浪潮抵达福岛第一核电厂，海啸冲破了福岛第一核电厂的防御设施，造成只有一台应急柴油发电机能正常运行，一些能使用的蓄电池也由于充电接口损坏而导致电力耗尽，导致福岛第一核电厂所有交、直流电丧失。由于第一核电厂丧失了把堆芯热量排到最终热阱的手段，福岛第一核电厂1、2、3、4号机组在堆芯余热的作用下迅速升温，锆金属包壳在高温下与水作用产生了大量氢气，随后引发了一系列爆炸。

2011年3月12日15点36分，福岛第一核电厂1号机组燃料厂房发生氢气爆炸，12日20点20分，东京电力公司开始向1号机组堆芯注入海水。

2011年3月14日11点01分，福岛第一核电厂3号机组燃料厂房发生氢气爆炸，14日16点34分，东京电力公司开始向2号机组堆芯注入海水。

2011年3月15日6点00分，福岛第一核电厂4号机组燃料厂房发生氢气爆炸。

2011年3月24日，东京电力公司3名员工在具有高核辐射水中作业时遭受过量辐射而受伤。

2011年3月26日，东京电力公司在福岛第一核电厂3号反应堆里检测出浓度超过炉心1万倍的放射量，这是迄今为止检测出的最高放射量。

2011年3月30日，日本政府宣布永久关闭福岛第一核电厂1、2、3、4号机组，并在后期工作过程中制定并修改了福岛第一核电厂未来40年的中长期退役路线。

2011年4月12日，日本原子能安全委员会（NSC）估计从3月11日至4月5日期间福

岛第一核电厂总的大气释放量：碘 131 为 $1.5×10$Bq，铯 137 为 $1.5×10$Bq。日本原子力安全保安院（NISA）将福岛核事故等级定为核事故最高分级 7 级（特大事故）。

2011 年 7 月，在福岛核电厂周边 320 公里范围内，包括菠菜、茶叶、牛奶、渔虾、牛肉等很多食物都检测出放射性污染。

2012 年 5 月 24 日，东京电力公司公布福岛核事故所释出的辐射量。从 3 月 12 日至 31 日估计总共有 $5×10$Bq 碘 131、$1×10$Bq 铯 134 与 $1×10$Bq 铯 137 释入大气层；从 3 月 26 日至 9 月 30 日，共有 $1.1×10$Bq 碘 131、$3.5×10$Bq 铯 134、$3.6×10$Bq 铯 137 释入大海。

2013 年 2 月，世界卫生组织发表报告显示福岛核事故造成的周边人口总癌症发病率预期不会出现显而易见的增加，但是某些特定族群可能会出现较高癌症发病率。

2018 年 3 月，日本会计审计署公布结果显示，东京电力公司因福岛核事故支付的赔偿总额，包括临时预付补偿在内，截至 2017 年底已达 76821 亿日元。

2021 年 7 月，东京电力在对福岛第一核电站存放核废弃物区域进行调查时，发现其中 2 个容器的容器盖松动出现缝隙，其内部积水的放射性物质浓度非常高，周边区域也遭到污染。

2021 年 4 月 13 日，日本政府正式决定将福岛第一核电厂上百万吨核污染水排入大海。

2021 年 11 月 19 日，国际原子能机构将派遣专家组于 12 月中旬赴日本，就福岛第一核电站核污染水的放射性、处置程序的安全性及环境影响进行评估。

2022 年 7 月 22 日，日本原子能规制委员会正式批准了东京电力公司有关福岛第一核电厂事故后的核污染水排海计划。

2023 年 8 月 22 日，日本政府宣布，福岛第一核电厂核污染水从 24 日开始排入海洋，按计划将在 17 天内排放第一批共 7800 吨核污染水。

2023 年 12 月 18 日，东京电力公司宣布，福岛第一核电厂第四轮核污染水将于 2024 年 2 月下旬开始排海，核污染水排海总量预计为 7800 吨。

（三）事故应急处置措施

2011 年 3 月 11 日，地震发生后，日本首相在官邸危机管理中心设立官邸对策室，并要求所有内阁成员到官邸集中。数小时以后日本首相发表电视讲话，要求政府有关部门精诚合作，动员所有资源尽全力减少地震带来的损失和人员伤亡，呼吁日本民众发扬互助精神，团结起来，共渡难关。

2011 年 3 月 11 日，中国政府表述愿为帮助日本抗震救灾向日本派遣救援队和医疗队，中国红十字会向日本红十字会捐款 100 万元人民币。

海啸及其夹带的大量杂物对福岛第一核电厂的基础设施造成了严重破坏，现场操作员面临电力供应中断、反应堆仪控系统失灵、厂内外通讯系统不畅等灾难性情况，只能在黑暗中开展应急处置工作，局部区域救援人员无法到达。

2011 年 3 月 12 日，福岛第一核电厂发生爆炸后产生大量放射性物质。日本政府要求核电厂周围半径 3 公里范围内的居民进行撤离，不要在撤离过程中吃喝任何东西，尽量不要让皮肤暴露在外，到安全场地后要更换衣物，如不能马上疏散的人员应该立即关闭门窗和空调。日本自卫队派遣 8000 名人员开展了应急救援行动，调动搭载有视频传送仪器的直升机和空军战机前往灾区上空开展灾区受损情况侦查与核实，随后将福岛第一核电厂人员疏散范围上调至半径 20 公里范围内居民。

核电厂机组爆炸造成了进一步的破坏作用，使得现场抢险救灾工作更加困难。现场操纵员采取的救援措施主要包括：利用汽车电瓶、小型发电机和消防泵等尝试部分恢复电源和供水，以便读取核电厂关键安全参数、实施反应堆冷却剂系统卸压、实施压力容器卸压、冷却反应堆堆芯和乏燃料水池等。由于现场工作环境非常恶劣，许多抢险救灾工作往往以失败告终。

2011年3月12日，现场淡水资源用尽后，东京电力公司分别于3月12日20点20分、3月13日13点12分、3月14日16点34分陆续向第一核电厂1、3、2号机组堆芯注入海水，以阻止事态的进一步恶化。3月25日，福岛第一核电厂建立了淡水供应渠道，开始向所有反应堆和乏燃料池注入淡水。

2011年3月20日，当地应急指挥中心要求距离福岛第一核电厂20公里半径范围内的居民都开始撤离。

2011年3月13日，中国救援队抵达日本受灾严重的岩手县大船渡市，并于14日清晨7点从集合营地出发，与日本当地救援队一起展开搜救工作，这是参与救援活动的第一支国际救援队。

2011年3月17日，日本陆上自卫队的两架直升机已开始向福岛第一核电厂3号机组注水，一次注水量可达7.5吨。日本政府计划派遣更多直升机前往福岛核电站协助注水作业，同时，直升机也对福岛核电站上空的辐射量进行检测和监测。

中国政府驻日使馆本着对中国公民安全高度负责的态度，根据自愿的原则，立即安排尚在重灾区的中国公民有序撤离，安排大巴前往宫城县、福岛县、茨城县、岩手县的指定地点接出中国公民，分别送到成田机场和新潟机场，并联系航班，协助回国。

2011年3月16日，中国政府决定立即组织对我国核设施进行全面的安全检查，切实加强正在运行核设施的安全管理，全面审查在建核电厂，严格审批新上核电项目。从2011年3月开始至2011年8月，核安全检查团对所有在运行核电厂进行检查。

2011年3月18日，美国要求国内核电厂采取措施避免类似问题出现，并在后期加强核电厂安全监管，要求各核电厂评估其抵御外部灾害的能力并对不足之处采取措施。

2018年3月，日本会计审计署公布检查结果显示，截至2017年底，东京电力公司因福岛核电站事故支付的赔偿总额已达76821亿日元。

2022年9月9日，日本经济产业省发表声明称，国际原子能机构调查团于11月14日至18日再次访问日本，并将前往东京电力公司福岛第一核电厂，对核污染水排海安全性进行验证。

2023年1月31日，日本东京电力公司表示，根据日本政府关于福岛第一核电厂事故赔偿标准，对生活基础发生变化和生活状况严峻的避难者等每人最多追加赔偿280万日元。

（四）事件点评与建议

根据日本政府向国际原子能机构（IAEA）提交了福岛核电站事故报告，主要的经验教训包括：做好超预期事故的准备工作、准备应对超预期事件的措施、提升核事故的应急处置能力、加强安全应急基础能力建设和开展广泛的安全文化建设。结合核电厂事故而言具体包括：加强核设施的抗震等级和防海啸的应对措施，当面临严重突发灾难事件时，各类核设施具有较强的独立运行与安全保障能力，例如核电站实现核反应堆、乏燃料池等部位的冷却功能本质安全。

加强对突发事件的衍生、次生灾害管理能力：福岛核电站事故的直接原因来源于"3.11"大地震所引发的海啸，超大规模的海啸抵达福岛第一核电厂，冲破了第一核电厂的防御设施，这些防御设施最初设计标准是抵御浪高5.7米的海啸，而当天袭击核电厂的最大海啸高达14米。海啸及其夹带的大量杂物进入第一核电厂，对电厂的厂房、门、道路、储存罐和其他厂内基础设施造成严重破坏，最终导致核电厂所有交、直流电丧失。电力系统的中断导致核电厂的核反应堆、乏燃料池释放的大量热量得不到冷却，几个机组在堆芯余热的作用下迅速升温，锆金属包壳在高温下与水作用产生了大量氢气，随后引发了一系列爆炸。爆炸进一步对核电厂造成了破坏，增加了现场应急处置的难度，爆炸产生大量放射性物质随大气、洋流扩散到周边地区，造成了更大范围的环境危害。由此可见，在开展突发事件应急管理时，从编制应急预案、现场态势监测、潜在风险研判、到现场应急处置都要关注可能引发的衍生、次生灾害事件。

完善应急处置后续问题的应对机制：福岛核电站发生爆炸事故后，为了阻止事态进一步恶化，东京电力公司分别于3月12日20点20分、3月13日13点12分、3月14日16点34分陆续向福岛第一核电厂1、3、2号机组堆芯注入海水，直到3月25日福岛第一核电厂建立了淡水供应渠道，才开始向所有反应堆和乏燃料池注入淡水，由此产生大量具有放射性的核污染水。2021年4月13日，日本政府正式决定将福岛第一核电厂上百万吨核污染水排入大海，多国对此表示质疑和反对。2023年8月24日13时，日本福岛第一核电厂启动核污染水排海，预计整个排放期将持续30年左右。福岛核电站事故核废水处置问题不只是日本国内问题，它关系到本国民众、周边国家人民切身利益和国际公共健康安全的大事，为此，重大灾难事件管理要注重发挥联合国等国际组织的协调职能，充分运用多边、双边合作机制开展区域危机管理，防止少数国家从狭隘国家利益出发转嫁危机和转移矛盾，导致人类整体安全利益受损。

三、公共卫生类——2008年河北"三鹿"奶粉事件案例

（一）突发事件概况

2008年，很多食用河北三鹿集团生产的婴幼儿奶粉的婴儿被发现患有肾结石，随后在其奶粉中发现化工原料三聚氰胺。根据卫生部公布的数字，截至2008年10月8日，全国因食用三鹿奶粉和其他个别问题奶粉住院治疗的婴幼儿还有10666名，其中较重症患儿8名，累计康复出院36144名。事件引起各国的高度关注和对乳制品安全的担忧。国家质检总局公布对国内的乳制品厂家生产的婴幼儿奶粉的三聚氰胺检验报告，其中22个厂家69批次产品中都检出三聚氰胺。9月24日，国家质检总局表示，牛奶事件已得到控制，9月14日以后新生产的酸乳、巴氏杀菌乳、灭菌乳等主要品种的液态奶样本的三聚氰胺抽样检测中均未检出三聚氰胺。

三聚氰胺是一种低毒的化工原料，性状为纯白色单斜棱晶体，无味，密度1.573克/立方厘米（16℃），动物实验结果表明，其在动物体内代谢很快且不会存留，主要影响泌尿系统。三聚氰胺在婴儿体内最大耐受量为每公斤奶粉15毫克。专家对受污染婴幼儿配方奶粉进行的风险评估显示，以体重7公斤的婴儿为例，假设每日摄入奶粉150克，其安全阈值即最大耐受量为15毫克/公斤奶粉。由于食品和饲料工业蛋白质含量测试方法的缺陷，三聚氰胺也常被不法商人用做食品添加剂，以提升食品检测中的蛋白质含量指标，从而使劣质食品通过食品检验机构的测试。

（二）事件主要经过

2008年3月，一些经销商发现，全国发生多起哺乳期婴幼儿患有"双肾多发性结石"

和"输尿管结石"的病例，但是三鹿公司一直没有予以解决，更没有拿出有效措施，甚至和经销商、股东发生意见冲突。部分医院也接受了一些患儿，但一直无法确定患儿发病的原因，只是作了备忘登记。

2008年9月8日，甘肃《兰州晨报》等媒体首先以"某奶粉品牌"为名，爆料毒奶粉事件。根据报道，从2008年6月26日以来，中国人民解放军第一医院泌尿科已经收治了14名患有相同疾病的不满周岁的婴儿。根据流行病学调查，14名患儿有许多相同点：都来自甘肃农村，从出生起就一直食用河北省石家庄三鹿集团所生产的三鹿婴幼儿奶粉，但三鹿集团没有作出任何反应。

2008年9月11日，除甘肃外，陕西、宁夏、湖南、湖北、山东、安徽、江西等地都有类似事件发生。卫生部调查小组进行初步调查，高度怀疑三鹿奶粉含有危险物质。此后，三鹿集团召开新闻发布会，发布产品召回公告，公告声明，经公司自检发现2008年8月6日前出厂的部分批次三鹿婴幼儿奶粉受到三聚氰胺的污染，市场上大约有700吨。

2008年9月12日，由卫生部牵头的联合调查组赶赴奶粉生产企业所在地，会同当地政府查明原因，查清责任，并将严肃处理有关责任人。但是，面对毒奶粉事件，中国奶业协会常务理事说三聚氰胺一般是来源于奶粉的包装材料，如铁罐、软包装，在一定条件下，如婴儿体重偏小，喝水少等情况下，也会导致磷酸钙的形成，沉积在肾脏。当日14时，三鹿集团发布消息称，此事件是由于不法奶农为获取更多的利润向鲜牛奶中参入三聚氰胺，并宣称通过对产品大量深入监测排查，在8月1日就得出结论：是不法奶农向鲜牛奶中掺入三聚氰胺造成婴儿患肾结石，不法奶农才是这次事件的真凶，并立即上报，而且通过卫生部发布会召回婴幼儿奶粉的声明。

党中央、国务院对此高度重视，对严肃处理三鹿牌婴幼儿奶粉事件专门作出部署，2008年9月13日，国务院对三鹿牌婴幼儿奶粉事件作出六项决定。一是立即启动国家重大食品安全事故Ⅰ级响应，成立由卫生部牵头、质检总局等有关部门和地方政府部门参加的国家处理三鹿牌婴幼儿奶粉事件领导小组。二是全力开展医疗救治，对患病婴幼儿实行免费救治，所需费用由财政承担。三是全面开展奶粉市场治理整顿，由质检总局负责会同有关部门对市场上所有婴幼儿奶粉进行全面检验检查，对不合格奶粉立即实施下架。四是尽快查明婴幼儿奶粉污染原因，组织地方政府和有关部门对婴幼儿奶粉生产和奶牛养殖、原料奶收购、乳品加工等各环节开展检查。五是在查明事实的基础上，严肃处理违法犯罪分子和相关责任人。六是有关地方和部门要认真吸取教训，举一反三，建立完善食品安全和质量监管机制，切实保证人民群众的食品消费安全。

9月14日，河北省政府对外通报，三鹿重大食品安全事故目前被刑事拘留的19名犯罪嫌疑人中有18人是牧场、奶牛养殖小区、挤奶厅的经营者，河北警方正全力彻查。2008年9月15日，石家庄三鹿集团股份有限公司向因食用三鹿婴幼儿配方奶粉导致的患儿及家属道歉。

截至2008年9月15日8时，全国医疗机构共接诊、筛查食用三鹿婴幼儿配方奶粉的婴幼儿近万名，临床诊断患儿1253名，其中2名死亡。913名患儿症状较轻，生命体征稳定，正在进行院外随诊治疗或已经治愈，留院观察治疗患儿340名，53名患儿症状较为严重。河北、江苏、甘肃几个省的患儿较多。

2008年9月16日，鉴于三鹿集团股份有限责任公司法人代表对事故负有很大责任，石家庄市委作出决定，责成新华区委免去其石家庄三鹿集团股份有限责任公司党委书记职务，按照董事会章程及程序罢免董事长职务。为进一步加大对三鹿集团污染事件的调查力度，加派四个工作组进入三鹿集团进行彻底调查。这四个工作组分别是生产流程调查组、三鹿集团管理和技术人员调查组、出入库和成本分析调查组、维护稳定组。鉴于对奶源质量监督不力，石家庄市食品药品监督管理局局长、党组书记，石家庄市质量技术监督局局长、党组书记也被上级主管机关免去了党内外职务。

同日，国家质检总局对全国婴幼儿奶粉三聚氰胺含量进行检查，结果显示，有22家婴幼儿奶粉生产企业的69批次产品检出了含量不同的三聚氰胺，所有检出问题奶粉被要求立即下架。

9月22日，国家质检总局局长引咎辞职，毒奶粉事件在中国形成了一股"行政问责与司法问责风暴"。根据《中华人民共和国食品卫生法》和《中华人民共和国产品质量法》，三鹿集团最高将被罚两亿元人民币。

国家质检总局2008年9月30日公布对普通奶粉和其他配方奶粉三聚氰胺专项检测情况，这次共抽检154家企业，合计市场占有率达70%以上，有134家企业未检出三聚氰胺，占87.0%；共抽检9月14日前生产的265个批次产品，有234个批次产品没有检出三聚氰胺，占88.3%。验出三聚氰胺的涉及20家企业31个批次产品中，分别占检测企业和检测批次的13.0%、11.7%。

2009年1月22日，河北省石家庄市中级人民法院一审宣判，三鹿前董事长被判处无期徒刑，三鹿集团三名高层管理人员则分别被判有期徒刑15年、8年及5年。三鹿集团作为单位被告，以生产、销售伪劣产品罪被判处罚款人民币4937余万元。涉嫌制造和销售含三聚氰胺的牛奶奶农都受到了刑事处罚，其中3人被判处死刑，2人无期徒刑，1人有期徒刑15年，1人有期徒刑8年，1人有期徒刑5年。

（三）主要应急措施

2008年9月13日，党中央、国务院启动国家重大食品安全事故Ⅰ级响应机制，成立应急处置领导小组，由卫生部牵头，质检总局、工商总局、农业部、公安部、食品药品监管局等部门和河北省人民政府参加，共同参与三鹿牌婴幼儿配方奶粉重大安全事故的处置。

根据国家重大食品安全事故应急预案，Ⅰ级应急响应由国家应急指挥部或办公室组织实施。特别重大食品安全事故的应急响应包括：①特别重大食品安全事故发生后，国家应急指挥部办公室应当及时向国家应急指挥部报告情况、事态发展和救援进展等；②向指挥部成员单位通报事故情况，组织有关成员单位立即进行调查确认，对事故进行评估，根据评估确认的结果，启动国家重大食品安全事故应急预案，组织应急救援，组织指挥部成员单位迅速到位，立即启动事故处理机构的工作；③迅速开展应急救援和组织新闻发布工作，并部署省（区、市）相关部门开展应急救援工作；④开通与事故发生地的省级应急救援指挥机构、现场应急救援指挥部、相关专业应急救援指挥机构的通信联系，随时掌握事故发展动态；⑤根据有关部门和专家的建议，通知有关应急救援机构随时待命，为地方或专业应急救援机构提供技术支持；⑥派出有关人员和专家赶赴现场参加、指导应急救援，必要时协调专业应急力量救援；⑦组织协调事故应急救援工作，必要时召集国家应急指挥部有关成员和专家一同协调指挥。

三鹿婴幼儿配方奶粉重大安全事故发生后，全国卫生系统和医疗专业工作人员立即行动起来，认真细致地对患儿进行了筛查诊断和医疗救治。卫生部发出响应，搜索病人的工作大范围展开，临床一线的医务工作者对患儿进行紧急救治。为了使患儿得到及时、有效的诊治，卫生部积极组织专业技术力量深入各地，科学规范患儿诊断治疗。9月13日，国务院宣布对因服用三鹿奶粉而患结石病的患儿实行免费治疗。

国家质检部门发出24小时不间断检验所有奶制品的倡议。中央派出工作组赴河北、广东、黑龙江、内蒙古四省区，督促检查三鹿婴幼儿配方奶粉重大安全事故应急处置工作。国家质检总局全面启动应急管理机制，紧急部署各地质检部门和检测机构将专项监督检查的范围扩大到所有乳制品。

国家工商行政管理总局也于9月13日发出紧急通知，要求各地工商行政管理机关立即开展奶粉市场清查工作，发现2008年8月6日前生产的三鹿婴幼儿配方奶粉即责令经营者停止销售、立即全部下架并依法处理。工商总局还会同有关部门将三鹿集团尚未出库的2176吨婴幼儿奶粉全部封存，对上市销售的三鹿婴幼儿奶粉全部回收。

农业部要求各地农牧部门迅速成立生鲜牛奶质量专项检查工作小组，逐级落实农产品质量安全属地管理责任，明确工作制度，确保工作到位、人员到位、措施到位。杜绝不合格生鲜牛奶流入市场。9月14日，农业部对内蒙古、黑龙江、河南、河北、山东、陕西、新疆、北京等奶业生产大省（区、市）的50个重点县，以及奶制品消费重点城市开展生鲜牛奶质量安全专项监测，加大对标准化奶牛养殖小区和机械化挤奶站的管理力度，引导养殖户集中饲养，加强养殖环节的技术培训，推行标准化规模养殖模式。

公安部门对三鹿牌婴幼儿配方奶粉重大安全事故进行调查，依法传唤了78名有关人员，其中19人因涉嫌生产、销售有毒、有害食品罪被刑事拘留。经过缜密的侦查取证，在证据确凿的基础上移交检察机关审查。

（四）事件善后处置

三鹿奶粉事件发生后，中国乳制品工业协会协调有关责任企业出资筹集了总额11.1亿元的婴幼儿奶粉事件赔偿金。赔偿金用途有二：一是设立2亿元医疗赔偿基金，用于报销患儿急性治疗终结后、年满18岁之前可能出现相关疾病发生的医疗费用。据介绍，经卫生部组织医学专家反复论证，认为婴幼儿的泌尿系统再生能力强，奶粉事件患儿治愈后将来发生相关疾病的概率很低，但尽管如此，责任企业仍本着对患儿身体健康高度负责的态度设立了这笔基金。患儿在急性治疗结束后一旦发生相关疾病，经儿童医院、妇幼保健院和二级以上综合医院诊断，就可以凭上述医疗机构出具的证明报销医疗费。二是用于发放患儿一次性赔偿金以及支付患儿急性治疗期的医疗费、随诊费，共9.1亿元。截至2010年底，已有271869名患儿家长领取了一次性赔偿金。

考虑到中国人寿拥有遍布全国并延伸到基层的服务网点，患儿家长办理报销手续方便，中国乳协将2亿元医疗赔偿基金委托给中国人寿代为管理。为做好基金的管理和支付工作，中国人寿对基金实行专户管理，专款专用，配备了专职人员，制定了相关业务、财务管理办法，开发了专门的信息系统，设立了95519专线电话指引，方便患儿相关疾病医疗费用的报销。至2011年4月30日，中国人寿累计办理支付1794人次，支付金额1048万元，基金银行账户余额1.92亿元，含利息及2011年当年由中国人寿垫付但未划账金额。

（五）案例点评与启示

由三鹿婴幼儿配方奶粉事件引发的中国乳制品行业的这场危机，不仅造成了大量婴幼儿患病，还引发了乳制品行业一场严重的信任危机。三鹿奶粉事件不但使婴儿奶粉，而且也使中国的奶粉乃至食品的声誉受到很大的影响。在事件的应对中，暴露出当时在食品安全监管和应急处置等方面存在的一些问题。

（1）食品安全监管。食品安全监管在实践中就是政府相关部门对食品安全与质量进行检测和执法。具体来说，就是需要明确谁来监管，依据何种法律法规监管，如何监管，能不能最终保证食品安全等问题。当时，食品安全监管自身还存在着一些基础性问题：质量监督与卫生监督两套功能重叠的机构和队伍，管理上混乱，责任不清；各个机构之间基本上是封闭式管理，缺乏内部纵向和外部横向的交流与沟通；食品安全监管预警体系失灵，在危机爆发前期，不能有效预测危机并将危机消灭在萌芽之中。如果各级食品监督和质量监管部门、地方政府认真履行职责，就可以避免很多食品危机事件的发生，为此需要完善食品安全监管制度，加强食品安全立法工作，构建以《食品安全法》为核心的法律体系，采用法治化的手段对食品安全全链条、全环节进行安全管理。

（2）应急处置的观念。在三鹿奶粉事件中，政府各部门作出了自己的反应，较为有效地控制了事态的发展和蔓延。但是，不得不承认，当时一些地方管理部门在事件的处理上反应比较迟钝，立场不清。根据三鹿集团的内部信息，从2008年3月开始就有涉及奶粉质量问题的投诉。从3月到9月事件全面爆发的这段时间里，不仅各乳制品企业没有采取措施应对，当时相关管理部门也没有对这一问题加以重视，对已经出现的事件苗头缺乏敏锐的判断，任由事态发展蔓延。甚至有些部门在事件爆发后还对三聚氰胺问题多方掩护，反映了当时一些管理部门和工作人员在应急处置观念方面存在极大的问题，没有积极、主动应对，采取被动应付，甚至对其置之不理，隐瞒不报，为此必需加强监管责任追究制度和违纪违法问责制度体系建设，整合、优化监管部门的日常执法力量和技术水平，加强食品安全应急管理能力建设。

（3）企业社会责任。企业社会责任是企业在谋求股东利润最大化之外所负有的维护和增进社会利益的义务。企业社会责任包括提供满意产品和诚信服务、保障劳工权益、保护生态环境、参与公益事业和慈善事业等方面的基本内容。当时，我国处于社会转型的重要时期，市场经济的利益驱使不法商人和企业唯利是图，对利益的考虑大于对他人生命的尊重。三鹿集团在追逐企业利润最大化的过程中，超越了企业道德底线和法律红线，严重侵害了消费者利益，造成了严重的社会危害。为此要强化和落实企业食品安全责任制，树立食品安全责任大于天的责任意识，完善食品安全一票否决制的制度体系建设。

四、社会安全类——2015年"11.13"巴黎恐怖袭击事件案例

（一）事件基本情况

2015年11月13日晚，在法国巴黎市发生一系列恐怖袭击事件，袭击事件始于欧洲中部时间11月13日21时20分，几名自杀式恐怖分子袭击了位于圣但尼的法兰西体育场，随后巴黎的咖啡馆、餐馆及音乐场所发生自杀式炸弹袭击和大规模枪击事件。恐怖袭击事件造成来自26个国家的130余人遇难，300多人受伤。法国政府随后宣布法国本土和科西嘉岛进入紧急状态，并开展追查袭击者的应急处置行动，恐怖袭击者已全部击毙。世界各国纷纷谴责恐怖袭击，向法国和法国人民表示支持和慰问。法国总统宣称这次袭击事件系"伊斯兰国"组织策划于叙利亚，组织于比利时，并与法国同谋者实施的战争行为。

（二）事件主要经过

2015年11月13日21点20分，法兰西体育场附近第一次爆炸袭击，21点25分比夏街

发生枪击事件，21点29分共和国大街发生枪击事件，21点30分法兰西体育场附近第二次爆炸袭击，21点38分夏尔诺街发生枪击事件，21点43分伏尔泰街253号发生爆炸事件，21点49分巴塔克兰剧院发生枪击事件，随后发生爆炸袭击，21点53分法兰西体育场附近第三次爆炸袭击，22点博马歇街发生枪击事件。

当晚位于巴黎北郊圣丹尼的法兰西体育场附近共发生了3次自杀式炸弹袭击，导致包括3名袭击者在内的4人死亡。当时体育场正在举行法国与德国之间的足球友谊赛，法国总统当时也在现场观看比赛。

第一宗枪击事件发生在比夏街和阿里伯特街交界、邻近圣马丁运河的区域，袭击者首先向阿里伯特街酒吧外的人群射击，然后转向比夏街，向餐馆里的人群开枪，随后驾驶车辆逃离。

巴塔克兰音乐厅剧场内的美国加州摇滚乐团正在开展演出，场内约有1500名观众，演唱会进行一段时间后4名配有突击步枪的黑衣袭击者冲入会场，随后朝观众区域开火，攻击时间持续了约20分钟，在音乐厅内最少有120人死亡，有100人被劫为人质。

（三）事件应急处置

2015年11月13日，法兰西体育场恐怖袭击发生后，法国总统随即撤离后赶往内政部，与总理和内政部长举行紧急会议，会后总统宣布全国进入紧急状态并关闭法国所有边境口岸，取消所有航班。

2015年11月13日，巴黎市政府发布消息，全市所有公共设施在14日关闭，其中包括学校、博物馆、图书馆、体育场、游泳池和公共市场。巴黎警方要求所有市民呆在家中，不要外出。

2015年11月13日，法国出动1500名军人、200名警察及800名高速交警前往巴黎各个街道开展戒备，部署约150名郊区警力在高速公路及收费站维持正常秩序。

2015年11月14日0点08分，法国安全部队向巴塔克兰音乐厅发起冲锋，0点22分在音乐厅进行表演的美国乐队已经撤离，0点30分左右，法国警方的特警队进入音乐厅将几名袭击者击毙。

2015年11月14日，法国警方在巴塔克兰音乐厅附近发现一辆挂有比利时牌照的汽车。同日比利时警察在布鲁塞尔的一个居民区采取了数次搜查逮捕行动，多名与法国恐怖袭击事件有关联的嫌犯被逮捕。

2015年11月14日，"伊斯兰国"组织宣称对发生在巴黎的系列恐怖袭击事件负责，并宣称伦敦将是下一个目标。在巴黎恐怖袭击发生后，英国立即启动了最高规格的安保措施。

2015年11月14日，德国联邦政府提高了本国的安保级别，加强了火车站和机场的安全防范措施，提高对已知"伊斯兰国"极端分子和极端右翼分子的监视，并加强对德法边境地区的检查。

2015年11月15日，法国警方实施了168次突袭行动，与巴黎恐怖袭击事件相关的23人被拘捕，另有104人被软禁。巴黎警方确认所有参与巴塔克兰剧院袭击事件的袭击者已全部死亡，同时呼吁公众向警方提供关于一名涉嫌参与恐怖袭击者的信息。

2015年11月15日晚，法国国防部宣布法国战机当天对极端组织"伊斯兰国"在战场的目标实施空袭，摧毁该组织一个指挥所和一个训练营。这次行动与美军进行了协调，战机是从阿联酋和约旦起飞执行任务。

2015年11月18日，法国警方在巴黎北郊塞纳圣丹尼地区发起巴黎袭击事件幕后主谋嫌疑人的抓捕行动，警方在行动中逮捕 8 名嫌疑人。

2015 年 11 月 19 日，法国检方公布声明称，确认巴黎系列恐怖袭击案主谋已在法国警方此前实施的突袭行动中死亡。

2019 年 6 月 20 日，德国检方透露一名涉嫌参与巴黎恐怖袭击案有关的男子在德国萨克森－安哈尔特州被抓捕。

（四）事件应急管理点评

国际反恐形势依然严峻：2001 美国"9.11"事件后，美国要求其他国家参与、支持其开展全球反恐活动，投入了大量的人力、财力和资源用于打击国际恐怖主义及其恐怖组织。随着美国本土反恐力度的加大，国际恐怖、极端势力和组织开展对追随、全力配合美国的西方主要国家发动了恐怖袭击，国际恐怖主义已向世界扩散，欧洲成为恐怖袭击的重点目标。国际联合反恐已成为当成世界各国的共识，但要根除恐怖主义仍任重道远。

欧洲国家松散的边境管理：根据法国国会 2015 年 4 月发布的调查报告显示，从叙利亚、伊拉克等国流入法国的民众超过 1500 人，相对之前数量呈现大幅度增长的态势。很多来自战乱国、贫困地区的民众涌入法国等欧洲国家，大部分的人员都是没有相关资料可以进行审查的国外难民，这使得法国的安全工作陷入困境，虽然法国一直在扩建安全力量，但由于难民大量涌入的速度过快，安全隐患并没有得到有效的控制。这些涌入的难民与法国国内已存在的种族、宗教、经济等社会问题，容易被恐怖主义和恐怖组织所利用，尤其是与美国反恐管理相比，法国国内的安保工作一直较为松懈，使得恐怖组织、极端分子有机会发动恐怖袭击事件。

情报、安全和反恐力量配备不足：此次袭击事件中多名恐怖袭击人员事先已经引起了法国警方的注意，部分人员已经进入了警方的监控名单，例如参与袭击《查理》周刊的库阿奇兄弟，此前已被列为法国安全部门的危险分子，但似乎一直没有受到严格的监视与控制，导致错过了提前干预，防止恐怖袭击发生的机会。法国政府不能有效监管涌入难民中是否有人暗中筹谋和组织恐怖袭击活动，无法判断有多少恐怖分子以难民的身份涌入了法国。另外一个方面，恐怖分子的战略正在发生变化，法国总统声称，"伊斯兰国"实际是通过大规模恐怖手段发动一场"战争"，既然是战争，靠简单加大反恐举措根本不可能轻松解决潜在危机。可以认为，这场欧洲国家定义的"反恐战争"将是一场旷日持久的消耗战，甚至会引发一场全球性的冲突，需要从政治、外交、战略等多方面开展反思和未雨绸缪。

附录二
国内相关法规一览

一、自然灾害类法规

1. 《中华人民共和国森林法》
2. 《森林病虫害防治条例》
3. 《中华人民共和国防汛条例》
4. 《中华人民共和国自然保护区条例》
5. 《破坏性地震应急条例》
6. 《中华人民共和国防震减灾法》
7. 《中华人民共和国森林法实施条例》
8. 《蓄滞洪区运用补偿暂行办法》
9. 《中华人民共和国防沙治沙法》
10. 《中华人民共和国水法》
11. 《城市抗震防灾规划管理规定》
12. 《地质灾害防治条例》
13. 《军队参加抢险救灾条例》
14. 《中华人民共和国突发事件应对法》
15. 《森林防火条例》
16. 《草原防火条例》
17. 《气象灾害防御条例》
18. 《农作物病虫害防治条例》

二、事故灾难类法规

1. 《中华人民共和国刑法》
2. 《中华人民共和国海上交通安全法》
3. 《中华人民共和国水污染防治法》

4. 《中华人民共和国民用核设施安全监督管理条例》
5. 《中华人民共和国大气污染防治法》
6. 《防止拆船污染环境管理条例》
7. 《中华人民共和国河道管理条例》
8. 《中华人民共和国环境保护法》
9. 《中华人民共和国海上交通事故调查处理条例》
10. 《中华人民共和国防治海岸工程建设项目污染损害海洋环境管理条例》
11. 《中华人民共和国矿山安全法》
12. 《核电厂核事故应急管理条例》
13. 《中华人民共和国计算机信息系统安全保护条例》
14. 《淮河流域水污染防治暂行条例》
15. 《中华人民共和国矿山安全法实施条例》
16. 《中华人民共和国固体废物污染环境防治法》
17. 《中华人民共和国行政处罚法》
18. 《中华人民共和国环境噪声污染防治法》
19. 《中华人民共和国建筑法》
20. 《中华人民共和国消防法》
21. 《建设工程质量管理条例》
22. 《煤矿安全监察条例》
23. 《国务院关于特大安全事故行政责任追究的规定》
24. 《农业转基因生物安全管理条例》
25. 《危险化学品安全管理条例》
26. 《中华人民共和国职业病防治法》
27. 《中华人民共和国安全生产法》
28. 《中华人民共和国渔业船舶检验条例》
29. 《中华人民共和国放射性污染防治法》
30. 《工伤保险条例》
31. 《安全生产许可证条例》
32. 《建设工程安全生产管理条例》
33. 《中华人民共和国道路交通安全法》
34. 《中华人民共和国道路运输条例》
35. 《劳动保障监察条例》
36. 《电力监管条例》
37. 《国务院关于预防煤矿生产安全事故的特别规定》
38. 《放射性同位素与射线装置安全和防护条例》
39. 《烟花爆竹安全管理条例》
40. 《海洋石油安全生产规定》
41. 《民用爆炸物品安全管理条例》
42. 《生产安全事故报告和调查处理条例》
43. 《大型群众性活动安全管理条例》

44. 《安全生产事故隐患排查治理暂行规定》
45. 《生产安全事故应急预案管理办法》
46. 《生产安全事故信息报告和处置办法》
47. 《防治船舶污染海洋环境管理条例》
48. 《中华人民共和国特种设备安全法》
49. 《中国民用航空应急管理规定》
50. 《港口危险货物安全管理规定》
51. 《烟花爆竹生产经营安全规定》
52. 《生产安全事故应急条例》

三、公共卫生事件类法规

1. 《植物检疫条例》
2. 《中华人民共和国国境卫生检疫法》
3. 《中华人民共和国国境卫生检疫法实施细则》
4. 《中华人民共和国传染病防治法》
5. 《中华人民共和国传染病防治法实施办法》
6. 《中华人民共和国食品安全法》
7. 《中华人民共和国动物防疫法》
8. 《突发公共卫生事件应急条例》
9. 《重大动物疫情应急条例》
10. 《职业健康检查管理办法》
11. 《中华人民共和国基本医疗卫生与健康促进法》

四、社会安全事件类法规

1. 《中华人民共和国民族区域自治法》
2. 《行政区域边界争议处理条例》
3. 《中华人民共和国野生动物保护法》
4. 《中华人民共和国民兵工作条例》
5. 《中华人民共和国领海及毗连区法》
6. 《中华人民共和国陆生野生动物保护实施条例》
7. 《中华人民共和国水生野生动物保护实施条例》
8. 《中华人民共和国监狱法》
9. 《国防交通条例》
10. 《中华人民共和国人民警察法》
11. 《中华人民共和国中国人民银行法》
12. 《中华人民共和国保险法》
13. 《中华人民共和国商业银行法》
14. 《中华人民共和国预备役军官法》
15. 《中华人民共和国戒严法》
16. 《中华人民共和国民用航空安全保卫条例》

17.《中华人民共和国价格法》
18.《中华人民共和国专属经济区和大陆架法》
19.《中华人民共和国证券法》
20.《中华人民共和国种子法》
21.《中央储备粮管理条例》
22.《民用运力国防动员条例》
23.《粮食流通管理条例》
24.《军人抚恤优待条例》
25.《兽药管理条例》
26.《信访条例》
27.《营业性演出管理条例》
28.《中华人民共和国治安管理处罚法》
29.《中华人民共和国银行业监督管理法》
30.《期货交易管理条例》
31.《生活必需品市场供应应急管理办法》
32.《中央企业应急管理暂行办法》
33.《中华人民共和国反间谍法》
34.《中华人民共和国国家安全法》
35.《中华人民共和国反恐怖主义法》
36.《中华人民共和国境外非政府组织境内活动管理法》
37.《中华人民共和国网络安全法》
38.《中华人民共和国香港特别行政区维护国家安全法》
39.《中华人民共和国国防法》

附录三
相关国际公约一览

一、联合国

1. 《联合国宪章及国际法院规约》
2. 《联合国人类环境会议宣言》
3. 《公民权利和政治权利国际公约》
4. 《反对劫持人质国际公约》
5. 《保护臭氧层维也纳公约》
6. 《蒙特利尔破坏臭氧层物质管制议定书》
7. 《联合国禁止非法贩运麻醉药品和精神药物公约》
8. 《控制危险废物越境转移及其处置巴塞尔公约》
9. 《联合国海洋法公约》
10. 《联合国防治荒漠化公约》
11. 《制止恐怖主义爆炸事件的国际公约》
12. 《联合国打击跨国有组织犯罪公约》
13. 《制止向恐怖主义提供资助的国际公约》
14. 《联合国反腐败公约》
15. 《关于持久性有机污染物的斯德哥尔摩公约》
16. 《制止核恐怖行为国际公约》

二、国际劳工组织

1. 《1910年统一船舶碰撞某些法律规定的国际公约》
2. 《保护生育公约》(第3号公约)
3. 《确定准许儿童在海上工作的最低年龄公约》

4. 《在船舶灭失或沉没时的失业赔偿公约》
5. 《本国工人与外国工人关于事故赔偿的同等待遇公约》（第 19 号公约）
6. 《（海员）劳动监察建议书》（第 28 号建议书）
7. 《事故赔偿同等待遇公约》（第 19 号公约）
8. 《船舶装卸工人伤害防护公约》
9. 《各种矿场井下劳动使用妇女公约》
10. 《船东在海员患病、受伤或死亡时的责任公约》（第 55 号公约）
11. 《海员社会保障公约》
12. 《未成年人（非工业）夜间工作建议书》（第 80 号建议书）
13. 《未成年人就业体格检查（非工业）公约》（第 78 号公约）
14. 《未成年人就业体格检查（工业）公约》（第 77 号公约）
15. 《工资、船上工作时间和配员公约》
16. 《（采矿和运输业）劳动监察建议书》（第 82 号建议书）
17. 《（工商业）劳动监察建议书》（第 81 号建议书）
18. 《（工商业）劳动监察公约》（第 81 号公约）
19. 《（工业）未成年人夜间工作公约》（第 90 号公约）
20. 《在工作场所保护工人健康建议书》（第 97 号建议书）
21. 《消除就业和职业歧视公约》
22. 《辐射防护建议书》（第 114 号建议书）
23. 《辐射防护公约》（第 115 号公约）
24. 《保护工人以防电离辐射公约》
25. 《机器防护公约》（第 119 号公约）
26. 《工伤事故津贴建议书》（第 121 号建议书）
27. 《未成年人（井下作业）就业建议书》（第 125 号建议书）
28. 《未成年人（井下作业）体格检查公约》（第 124 号公约）
29. 《商业和办事处所卫生公约》（第 120 号公约）
30. 《未成年人从事矿山井下作业体格检查公约》（第 124 号公约）
31. 《最大负重量公约》（第 127 号公约）
32. 《最大负重量建议书》（第 128 号建议书）
33. 《渔民船员住宿公约》（第 126 号公约）
34. 《（农业）劳动监察建议书》（第 133 号建议书）
35. 《（农业）劳动监察公约》（第 129 号公约）
36. 《苯公约》（第 136 号公约）
37. 《防止海员工伤事故公约》
38. 《职业癌公约》（第 139 号公约）
39. 《预防和控制致癌物质和制剂导致职业危害建议书》（第 147 号建议书）
40. 《移民工人公约（补充条款）》（第 143 号公约）
41. 《三方协商促进履行国际劳工标准公约》（第 144 号公约）

42. 《准予就业最低年龄公约》（第 138 号公约）
43. 《工作环境（空气污染、噪音和振动）建议书》（第 156 号建议书）
44. 《工作环境（空气污染、噪音和振动）公约》（第 148 号公约）
45. 《劳动行政管理公约》
46. 《码头作业职业安全和卫生建议书》（第 160 号建议书）
47. 《码头作业职业安全和卫生公约》（第 152 号公约）
48. 《职业安全、卫生和工作环境建议书》（第 164 号建议书）
49. 《职业安全卫生公约》（第 155 号公约）
50. 《残疾人职业康复和就业公约》（第 159 号公约）
51. 《职业卫生设施建议书》（第 171 号建议书）
52. 《安全使用石棉建议书》（第 172 号建议书）
53. 《安全使用石棉公约》（第 162 号公约）
54. 《建筑业安全卫生公约》（第 167 号公约）
55. 《职业卫生设施公约》（第 161 号公约）
56. 《1989 年国际救助公约》
57. 《夜间工作公约》（第 171 号公约）
58. 《作业场所安全使用化学品公约》（第 170 号公约）
59. 《化学制品在工作中的使用安全建议书》（第 177 号建议书）
60. 《雇主破产情况下保护工人债权公约》（第 173 号公约）
61. 《预防重大工业事故公约》（第 174 号公约）
62. 《矿山安全与卫生公约》（第 176 号公约）
63. 《禁止和立即行动消除最恶劣形式的童工劳动公约》
64. 《保护生育公约（修订）》（第 183 号公约）
65. 《农业安全卫生公约》（第 184 号公约）

三、国际海事组织

1. 《国际海事组织公约》
2. 《国际防止海洋油污染公约》
3. 《国际便利海上运输公约》
4. 《国际载重线公约》
5. 《国际船舶吨位丈量公约》
6. 《国际干预公海油污事件公约》
7. 《国际油污损害民事责任公约》
8. 《防止海员工伤事故公约》
9. 《海上核材料运输民事责任公约》
10. 《设立国际油污损害赔偿基金公约》
11. 《特种业务客船协定》

12. 《防止倾倒废物及其他物质污染海洋的公约》
13. 《国际海上避碰规则公约》
14. 《国际集装箱安全公约》
15. 《国际干预公海非油污类物质污染议定书》
16. 《国际防止船舶造成污染公约》
17. 《海事索赔责任限制公约》
18. 《托列莫利诺斯国际渔船安全公约》
19. 《海员培训、发证和值班标准国际公约》
20. 《国际海上搜寻救助公约》
21. 《国际海事卫星组织公约》
22. 《制止危及海上航行安全非法行为公约》
23. 《国际救助公约》
24. 《国际油污防备、反应和合作公约》
25. 《海员工作和生活条件监察公约》
26. 《海员工时和船舶配员公约》
27. 《国际海上运输有害有毒物质损害责任和赔偿公约》
28. 《国际燃油污染损害民事责任公约》
29. 《国际控制船舶有害防污底系统公约》
30. 《国际船舶压载水和沉积物控制和管理公约》
31. 《约克-安特卫普规则》
32. 《鹿特丹规则》

四、其他国际公约

1. 《世界卫生组织宪章》
2. 《国际刑事警察组织章程与规则》
3. 《关于在航空器内的犯罪和其他某些行为的公约》
4. 《制止危害民用航空安全的非法行为的公约》
5. 《保护世界文化和自然遗产公约》
6. 《禁止细菌（生物）及毒素武器的发展、生产及储存以及销毁这类武器的公约》
7. 《濒危野生动植物种国际贸易公约》
8. 《关于防止和惩处侵害应受国际保护人员包括外交代表的罪行的公约》
9. 《核材料实物保护公约》
10. 《保护野生动物迁徙物种公约》
11. 《保护臭氧层维也纳公约》
12. 《引渡示范条约》
13. 《作业场所安全使用化学品公约》
14. 《关于注标塑性炸药以便探测的公约》

15.《生物多样性公约》
16.《工业事故跨界影响公约》
17.《国际卫生条例》
18.《核损害民事责任维也纳公约》
19.《烟草控制框架公约》

参考文献

[1] 寇丽平. 应对危机：突发事件与应急管理[M]. 北京：中国人民公安大学出版社，2013.

[2] 孙华山. 中国与国际安全生产现行立法精选[M]. 北京：应急管理出版社，2021.

[3] Lucien canton. Emergency management(second edition)[M]. Hoboken：Wiley-Interscience，2018.

[4] Lidewey E. C. van der Sluis. Leadership for risk management[M]. Berlin：Springer，2022.

[5] 田野. 突发地质灾害应急防治概论[M]. 北京：地质出版社，2018.

[6] 曾令锋，吕曼秋，戴德艺. 自然灾害学基础[M]. 北京：地质出版社，2015.

[7] 董幼鸿. 应急管理[M]. 上海：上海人民出版社，2014.

[8] 王宏伟. 健全应急管理体系[M]. 北京：应急管理出版社，2020.

[9] Cristina florio. Risk management[M]. Berlin：Springer，2021.

[10] 成都市改革发展研究中心联合课题组. 应急管理新思维[M]. 成都：四川大学出版社，2020.

[11] 夏一雪. 应急管理整合与重塑[M]. 天津：天津大学出版社，2019.

[12] 李季. 中国应急管理报告[M]. 北京：国家行政学院出版社，2018.

[13] Stefan hunziker. Enterprise risk management[M]. Berlin：Springer gabler，2021.

[14] 迈克尔·法格尔. 应急管理原理和应急运行指挥[M]. 于航，译. 北京：中国工人出版社，2020.

[15] Meyer. Risk Management and education[M]. Berlin：Walter de gruyter，2019.

[16] 黄宏纯. 突发事件全面应急管理[M]. 北京：北京理工大学出版社，2018.

[17] 李燕芳. 自然灾害与应急管理研究[M]. 北京：经济日报出版社，2017.

[18] 贾英杰，胡秀强. 公共安全管理概论[M]. 成都：四川科学技术出版社，2018.

[19] 惠志斌，李佳. 人工智能时代公共安全风险治理[M]. 上海：上海社会科学院出版社，2021.

[20] 李聪. 公共安全大数据技术与应用[M]. 长春：吉林大学出版社，2018.

[21] 张顺合. 公共安全与科技支撑[M]. 北京：中国质检出版社，2015.

[22] 张爱军. 公共安全应急管理教程[M]. 徐州：中国矿业大学出版社，2016.

[23] 张登国. 我国公共安全体系建构研究[M]. 济南：山东大学出版社，2017.

[24] 齐力. 公共安全大数据技术与应用[M]. 上海：上海科学技术出版社，2017.

[25] Michael regester，Judy larkin. Risk Issues and crisis management in public relations[M]. London：Kogan page，1988.

[26] 中国船级社. 国际海事约汇编[M]. 大连：大连海事大学出版社，2020.

[27] 中华人民共和国海事局. 船舶油污损害赔偿国际公约及国内法规汇编[M]. 北京：人民交通出版社，2013.

[28] 中共中央党校（国家行政学院）应急管理培训中心. 新编应急管理常用法律法规及文件全书[M]. 北京：应急管理出版社，2020.

[29] 国际劳工局（日内瓦）组织. 职业卫生与安全百科全书[M]. 原国家经贸委组织专家，译. 北京：中国劳动社会保障出版社，2000.

[30] 自然资源部地质灾害技术指导中心. 2018年度全国重大地质灾害事件与应急避险典型案例[M]. 北京：地质出版社，2019.

[31] 杨亮. 河南省A县"7·19"特大暴雨应急管理问题研究[D]. 河南：郑州大学，2017.

[32] 游志斌. 俄罗斯的防救灾体系[J]. 中国公共安全（综合版），2006(9)：124-127.

[33] 甘迪, 季晟超, 邵钦, 等. 法国大巴黎地区反恐应急演练的实践与探讨[J]. 中华灾害救援医学，2020(3)：166-168.

[34] 施鹏鹏. 综合的反恐体系及检讨—以法国"新反恐法"为中心[J]. 中国刑事法杂志，2017(1)：131-144.

[35] 马克·埃尔博, 王鲲. 法国反恐怖主义和反有组织犯罪的斗争[J]. 国家检察官学院学报，2009(6)：27-31.

[36] 朴光海. 韩国公共卫生应急管理体系的构成及特征[J]. 人民论坛，2021(8)：91-93.

[37] 杨丽君, 郑静晨, 黄钢, 等. 我国突发公共卫生事件应急救援体系建设研究[J]. 中国工程科学，2021(5)：9-17.

[38] 陈世武, 夏聃. 联合国打击恐怖主义工作评估[J]. 中国信息安全，2017(9)：80-82.

[39] 康均心. 全球反恐背景下国家安全法治体系构建[J]. 山东大学学报（哲学社会科学版），2017(2)：1-11.

[40] 合肥施凯公交天然气有限公司. 防"漏"于未然[J]. 劳动保护，2021(9)：16-17.

[41] 王敦辉, 甘满堂. 中美新冠疫情防控战的战况、影响因素及机制比较—基于孙膑兵法的视域[J]. 呼伦贝尔学院学报，2021(2)：37-43.

[42] 李倩, 李庆四. 中美新冠疫情治理的差异及其根源分析[J]. 安阳师范学院学报，2021(06)：52-60.

[43] 赵月华, 达婧玮, 万强, 等. 面向突发公共卫生事件的多主体协同应对策略研究—以"新冠疫情"为例的中、美、英三国应对策略比较分析[J]. 现代情报，2021(12)：38-47.

[44] 赵文静, 张琳, 尚媛媛, 等. 国际公共卫生紧急事件下中美科学合作模式比较分析[J]. 图书情报工作，2021(18)：58-70.

[45] 李彩容, 金欣怡. 新冠肺炎疫情防控期间中外国家档案馆的应对举措调查及启示[J]. 档案管理，2021(05)：106-108.

[46] 冉娜·迪力夏提. 中日地震灾害应急救援体系比较研究[D]. 乌鲁木齐：新疆大学，2015.

[47] 杨星月. 历史建筑密集区抗震防灾安全体系研究[D]. 天津：天津大学，2014.

[48] 李纪恩, 李一行, 陈平. 日本地震预警信息发布法律制度与实践[J]. 世界地震工程，2013(03)：41-44.

[49] 吴白乙. 2005年法国骚乱的应急管理及启示[J]. 中国应急管理，2008(06)：54-57.

[50] 国务院事故调查组. 湖北十堰"6·13"重大燃气爆炸事故调查报告公布[J]. 安全与健康，2021(11)：20-22.

[51] 张磊. "两个至上"理念下的安全生产事故救援—以山东省栖霞市笏山金矿"1·10"重大爆炸事故为例[J]. 中国应急管理科学，2021(12)：44-55.

[52] 田新俊. 我国政府对非典和新冠肺炎疫情应急管理的比较研究[D]. 武汉：湖北大学，2021.

[53] 宫兆燊, 陈爱平, 林一民. 中国与欧洲新冠肺炎疫情应急管理措施比较[J]. 中国公共卫生，2020(12)：1847-1851.

[54] 詹姆斯·M. 伯兰德. 解读恐怖主义[M]. 王震, 译. 上海：社会科学院出版社，2019.

[55] 陈建宏, 杨立兵. 现代应急管理理论与技术[M]. 长沙：中南大学出版社，2013.

[56] 非常规突发事件应急管理研究项目组. 非常规突发事件应急管理研究[M]. 杭州：浙江大学出版社，2019.

[57] 张屹. 国际反恐合作法律机制研究[M]. 武汉：武汉大学出版社，2019.

[58] 姬广科. 突发事件应急管理中的政府责任机制研究[M]. 长沙：湖南人民出版社，2015.

[59] 范维澄, 闪淳昌. 公共安全与应急管理[M]. 北京：科学出版社，2018.

[60] 曹杰, 朱莉, 刘明, 等. 应急协同决策理论与方法[M]. 北京：科学出版社，2015.

[61] 何小朝. 纵横大数据：云计算数据基础设施[M]. 北京：电子工业出版社，2014.

[62] 高芙蓉. 突发公共事件应急管理[M]. 北京：经济科学出版社，2014.

[63] 陈兰杰. 应急信息管理与应急信息行为[M]. 北京：知识产权出版社，2021.

[64] 许珍. 大数据时代国家治理能力现代化法治化研究[M]. 北京：光明日报出版社，2017.

[65] 陈潭. 大数据时代的国家治理[M]. 北京：中国社会科学出版社，2015.

[66] 范一大. 重大自然灾害应急空间数据共享机制研究[M]. 北京：科学出版社，2014.
[67] 龙军，章成源. 数据仓库与数据挖掘[M]. 长沙：中南大学出版社，2018.
[68] 江青. 数字中国：大数据与政府管理决策[M]. 北京：中国人民大学出版社，2018.
[69] 宋劲松，夏霆. 大数据对公共卫生安全风险治理的赋能机理研究—以新冠肺炎疫情防控为例[J]. 行政管理改革，2022(04)：21-29.
[70] 付净，聂方超，荆德吉，等. 数据挖掘在预测组织事故防控效果中的应用[J]. 中国安全生产科学技术，2020(10)：152-157.
[71] 杨月江，田立勤，张志远. 基于云计算技术的应急管理研究[J]. 华北科技学院学报，2020(06)：101-106.
[72] 杨青，任晶. 基于大数据挖掘和综合分析的应急管理案例库系统设计[J]. 行政科学论坛，2019(12)：37-42.
[73] 中共中央党校（国家行政学院）. 应急管理典型案例研究报告[M]. 北京：社会科学文献出版社，2021.
[74] 中国新闻网. 南亚各国纪念大海啸5周年当天印尼又发地震[OB/OL]. https://www.chinanews.com.cn/gj/gj-yt/news/2009/12-27/2040348.shtml，2009-12-27/2022-6-7.
[75] 解放军报. 武警青海总队玉树州支队地震当天救出900名群众[OB/OL]. http://mil.news.sina.com.cn/2010-04-24/0746591715.html，2010-4-24/2022-6-7.
[76] 机械头条新闻. 汶川地震灾后重建已完成使用资金达1.7万亿元[OB/OL]. https://news.ji-qi.com/china/domestic/201202/88-566385.html，2012-2-24/2022-6-7.
[77] 新华网. 全国防汛抗旱表彰大会在甘肃引起强烈反响[OB/OL]. http://www.wenming.cn/xj_pd/201012/t20101208_27631.shtml，2010-12-08/2022-6-7.
[78] 新浪公益. 08年罕见雪灾见证真情[OB/OL]. http://gongyi.sina.com.cn/gyzx/2009-09-01/154812599.html，2009-9-1/2022-6-7.
[79] 中国新闻网. 民政部会同财政部紧急下拨1.26亿元救灾应急资金[OB/OL]. https://www.chinanews.com.cn/gn/news/2009/07-05/1761549.shtml. 2009-7-5/2022-6-7.
[80] 人民网. 江苏阜宁射阳遭龙卷风冰雹袭击伤亡惨重[OB/OL]. http://scitech.people.com.cn/n1/2016/0624/c1007-28474400.html，2016-6-24/2022-6-7.
[81] 新华社. 中央财政向江苏省紧急拨付救灾资金1.6亿元[OB/OL]. http://www.81.cn/gnxw/2016-06/25/content_7119261.html，2016-6-25/2022-6-7.
[82] 新华报业网. 江苏启动救灾一级应急响应民政厅2个工作组已到达阜宁[OB/OL]. http://jiangsu.china.com.cn/html/jsnews/around/6128733_1.html，2016-6-24/2022-6-7.
[83] 每日新报. 河南郑州"7·20"特大暴雨灾害调查报告公布[OB/OL]. https://baijiahao.baidu.com/s?id=1722664004551295132&wfr=spider&for=pc，2022-1-22/2022-6-7.
[84] 中国新闻网. 卫生部最后1次公布每日疫情：中国内地无非典病人[OB/OL]. https://www.chinanews.com.cn/n/2003-08-16/26/335985.html，2003-8-16/2022-6-7.
[85] 人民日报. 山东烟台通报金矿爆炸事故：事发企业存在迟报行为[OB/OL]. https://china.huanqiu.com/article/41U7ntr8T7z，2021-1-12/2022-6-7.
[86] 环球网. 应急管理部调度山东烟台栖霞市一金矿爆炸事故救援处置派出工作组赶赴现场[OB/OL]. https://china.huanqiu.com/article/41UDtoO4yer，2021-1-12/2022-6-7.
[87] 央视新闻. 山东栖霞金矿重大爆炸事故调查处理结果公布45人被追责问责[OB/OL]. https://news.cctv.com/2021/02/23/ARTIurx5VA6m1rowg3214xqX210223.shtml，2021-2-23/2022-6-7.
[88] 央视新闻网. 湖北全力展开十堰燃气爆炸事故救援[OB/OL]. https://news.cctv.com/2021/06/14/ARTIjUjIg1d6bKuF7VMO3HAH210614.shtml，2021-6-14/2022-6-7.
[89] 中华人民共和国水利部. 10年防汛抗旱减灾成效显著[OB/OL]. http://mwr.gov.cn/ztpd/2012ztbd/xyddsbdzt/sjldt1011/201210/t20121015_330540.html，2012-10-15/2022-6-7.

[90] 新浪军事. 911恐怖袭突发公共事件应急管理击事件:美国人永远的伤痛[OB/OL]. https://mil.news.sina.com.cn/2006-09-08/1633396552.html, 2006-9-8/2022-6-7.

[91] 梁靖雪. 国家减灾委员会办公室发布《"十二五"时期中国的减灾行动》[OB/OL]. http://www.ce.cn/xwzx/gn-sz/gdxw/201610/12/t20161012_16658831.shtml, 2016-10-12/2022-6-8.

[92] 北京日报. 应急管理部:中央应急物资储备实现31个省区市全覆盖[OB/OL]. https://baijiahao.baidu.com/s?id=1699067701301696397&wfr=spider&for=pc, 2021-5-7/2022-6-8.